JN102049

第1章 評論文最重要語
第2章 テーマ別重要語
第3章 その他の重要語
第4章 小説語

大学受験 一問一答シリーズ

現代文重要語一問一答【完全版】

東進ハイスクール・東進衛星予備校 講師
西原剛（にしはらたけし）

東進ブックス

はじめに

本書は入試現代文頻出の重要語（約７００語）を、一問一答形式で覚える問題集です。執筆で心がけたのは、各語の説明を「すっと頭に入る」ものにするということです。例えば、【科学】を辞書で引くと、「様々な事象を一定の方法や目的のもとに系統的に認識する活動。また、その結果得られた知識の総体」といった説明がありますが、本書では「自然の法則性を明らかにする営み」と定義し、例として中学校の理科の実験を挙げています。辞書の説明は、言葉の意味を正確かつ網羅的に知りたいときには大変参考になりますが、その一方で、言葉が硬く、情報量が多過ぎるために、意味が頭に入りにくいという欠点もあります。

記憶の定着に意味の理解は欠かせません。「あぁ、そういうことね」とすんなり頭に入った内容は自然と記憶に残りますが、意味を理解していない言葉はただの文字列に過ぎず、一週間もすればきれいさっぱり脳内から消えてしまいます。本書の語句説明は、理解しやすいこと、頭に入りやすいことを重視しています。

本書は紙面もシンプルで見やすいものとして、受験生にとって必要十分な情報をわかりやすく提示しています。何度も何度も読み返し、確かな語彙力を身に付けてください。出版後、電車やカフェ、ＳＮＳなどで、マーカーやポストイットまみれになった本書の姿を見かけることを心待ちにしています。

二〇二四年三月

西原剛

本書の特長

❶「一問一答」形式で最速マスター

本書では、現代文（評論文・小説）重要語の意味の一部を空欄（問題）にし、「**解きながら覚える**」という今までになかった形式を用いています。「**自分で考える**」という行程を入れることで、重要語とその意味が印象に残りやすくなり、定着度が高まります。

❷ 最高にわかりやすい解説（第1章・第2章）

評論文で使用される言葉は抽象的で難解なものが多く、辞書を引いても「結局よくわからない」ということが多々あります。本書ではそのような難解な言葉を、身近な具体例を用いながら**やさしくかみ砕いて解説**しています。また、頭の中でビジュアルにイメージしやすいよう、**イラストも豊富に掲載**しました。問題を解き終えた後は、ぜひ「解説」をじっくりと読み込み、重要語や重要テーマへの理解を深めましょう。

現代文が苦手な生徒や、初めて重要語の学習を行う生徒は、先に「解説」を読んでから問題に取り組んでもかまいません。

❸ 入試に「必須」の重要語を徹底分析（↓6ページ）

現代文には膨大な数の「ことば」が使われており、すべてを覚えることはできません。そこで本書では、**大学入試の過去問を徹底的に分析**し、その結果に基づいて覚えるべき単語を絞り込みました。さらに、学習優先度が一目でわかるよう、すべての見出し語に「頻出度」（★マーク）を明示。無駄な努力をせず、現代文読解に必須の重要語を最短期間で効率良く身に付けられます。

本書の構成と使い方

本書は次の**全4章**で構成されています。学習優先度の高い内容から順に掲載していますので、まずは**第1章**から順番に取り組むことをおすすめします。

第1章　評論文最重要語

評論文を読むうえで最も重要な36語を学習します。**志望校や目標にかかわらず必ず学習**し、最優先で修得しましょう。

第2章　テーマ別重要語

評論文を読むうえで重要な122語を、一〇個のテーマに分けて学習します。

第1章と**第2章**は、右ページに「問題」、左ページ以降に「解説」が掲載されています。まずは「問題」を解き、見出し語の意味をチェックしましょう。解き終えたら「解説」を読み、理解を深めましょう。

第3章　その他の重要語

第1章・**第2章**で扱わなかったその他の重要な367語を学習します。語の掲載順は、入試で出題された評論文を分析し、出現回数が多い順としています。

第4章　小説語

小説を読むうえで重要な182語を、「行為・振舞いに関する語句」「内面に関する語句」「その他の語句」の三個のジャンルに分けて学習します。

第3章と**第4章**は、右ページ・左ページともに「問題」が掲載されています。「問題」を解き、見出し語の意味をチェックしましょう。（**第3章**と**第4章**には「解説」はありません。）

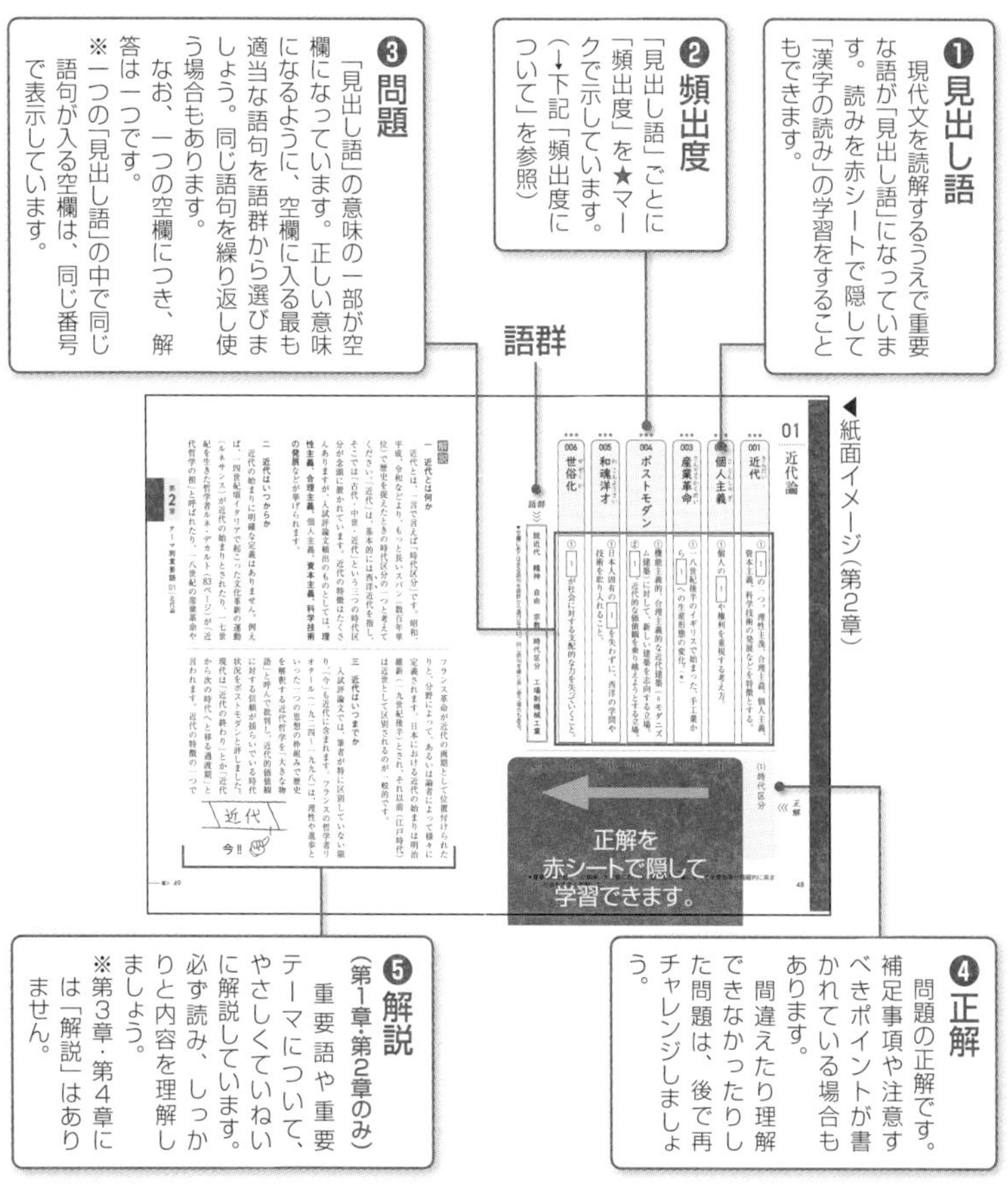

頻出度について

本書では、「見出し語」ごとに大学入試における「頻出度」を★マークで示しています。★の数が多いほど、「頻出度」が高いことを意味します。

※「頻出度」は①**入試での出現回数**と②**現代文の読解における重要度**を踏まえて決定しています。

★★★…**最頻出（158語）**→現代文の読解において最も重要かつ頻出の語。全員必修。

★★……**頻出（335語）**→やや頻出度の高い語。上位の国公立大・私立大を志望する生徒はここまで押さえておきたい。

★………**標準（214語）**→出題頻度は低いが、覚えておくと差がつく語。

大学入試問題分析について

本書の制作にあたり、われわれは現役東大生と共に大規模な大学入試問題分析を敢行。共通テスト(+センター試験)を13年分・主要23大学計163学部の現代文入試問題を各10年分、合計[※1]1396題を対象に分析を行いました(下表)。

分析では、「大学入試で出題された**評論文・小説・随筆**を対象に、問題文(本文+設問文)中に出現[※2]した語」を集計。得られた語を出現回数順でランキング化し、その結果に基づいて収録する語を選定しました。したがって、膨大な単語の中から、優先的に覚えるべき「必須」の重要語を効率良く身に付けることができます。

また、単語の分析と並行し、漢字問題の分析も実施しました。その分析結果に基づき、読解においても重要で、かつ漢字問題としてもねらわれやすい語にはアイコンを付けて明示しました(書=書き取り問題で問われる/読=読み問題で問われる)。

▼分析対象大学・分析した問題数の一覧

No.	大学	種別	学部数	問題数
1	共通テスト	-	-	6
2	センター試験	-	-	20
3	北海道大学	国立	5	22
4	東北大学	国立	4	24
5	千葉大学	国立	4	40
6	一橋大学	国立	5	24
7	東京大学	国立	6	36
8	名古屋大学	国立	5	12
9	京都大学	国立	13	48
10	大阪大学	国立	5	48
11	神戸大学	国立	4	10
12	広島大学	国立	6	30
13	九州大学	国立	4	36

No.	大学	種別	学部数	問題数
14	青山学院大学	私立	5	112
15	学習院大学	私立	4	55
16	上智大学	私立	7	73
17	中央大学	私立	5	100
18	法政大学	私立	11	120
19	明治大学	私立	8	159
20	立教大学	私立	10	43
21	早稲田大学	私立	10	172
22	同志社大学	私立	11	46
23	関西大学	私立	10	38
24	関西学院大学	私立	10	56
25	立命館大学	私立	11	66
		合計	163	1396

▼〈評論文〉出現回数ランキング

順位	語	出現回数
1	自然 しぜん	357
2	対象化 たいしょうか	343
3	概念 がいねん	334
4	認識 にんしき	332
5	近代 きんだい	330
6	経験 けいけん	317
7	文化 ぶんか	307
8	本質 ほんしつ	279
9	一般 いっぱん	278
10	構造 こうぞう	272
11	具体 ぐたい	254
12	他者 たしゃ	232
13	環境 かんきょう	210
14	主体 しゅたい	203
15	原理 げんり	192
16	客観 きゃっかん	184
16	制度 せいど	184
18	観念 かんねん	168
19	矛盾 むじゅん	164
20	秩序 ちつじょ	162
21	抽象 ちゅうしょう	160
22	象徴 しょうちょう	155
23	分析 ぶんせき	154
24	システム	153
25	普遍 ふへん	149
26	絶対 ぜったい	146
27	創造 そうぞう	138
28	権力 けんりょく	135
29	無意識 むいしき	133
30	必然 ひつぜん	127

▼〈小説〉出現回数ランキング

順位	語	出現回数
1	容赦ない ようしゃない	9
2	風情 ふぜい	7
3	鬱屈 うっくつ	5
3	逡巡 しゅんじゅん	5
3	たたずまい	5
3	不遜 ふそん	5
3	プライド	5
3	彷徨 ほうこう	5
3	妙味 みょうみ	5
10	あくせく	4
10	糸口 いとぐち	4
10	うごめく	4
10	詰問 きつもん	4
10	常軌を逸する じょうきをいっする	4
10	焦燥 しょうそう	4
10	神妙 しんみょう	4
10	詮索 せんさく	4
10	放心 ほうしん	4
10	まがまがしい	4
10	無情 むじょう	4
10	律義 りちぎ	4
10	憐憫 れんびん	4
23	あがなう	3
23	慰安 いあん	3
23	いつくしむ	3
23	軌を一にする きをいつにする	3
23	忸怩 じくじ	3
23	沈潜 ちんせん	3
23	度しがたい どしがたい	3
23	徒労 とろう	3

※1：同大学における複数学部共通問題の重複分を除いた正味の問題数。問題文として出題されている1つの出典を「1題」として集計。

※2：本書では、同じ語が1つの大問の中で複数回出現していた場合でも、1つの大問につき「1回」とカウントした。大問1および大問2でそれぞれ出現していた場合は「2回」とカウントした。

もくじ

第1章　評論文最重要語

01 抽象・具体……10
02 主観・客観……12
03 相対・絶対……14
04 主体・客体……16
05 普遍・一般……18
06 観念・概念……20
07 矛盾・逆説・皮肉……22
08 記号・象徴……24
09 理性・対象化……26
10 合理・不合理・非合理……28
11 有機的・無機的……30
12 帰納・演繹……32
13 ○○主義・イデオロギー……34
14 恣意・虚構……36
15 コスモス・カオス……38
16 自律・他律……40
17 アニミズム……42
18 アイデンティティ……44
◆コラム01……46

第2章　テーマ別重要語

01 近代論……48
02 科学論……66
03 哲学・思想……78
04 文化……100
05 言語……122
06 現代社会……126
07 情報・メディア……136
08 環境……142
09 医療……146
10 文学……150
◆コラム02……160

第3章　その他の重要語

01 必ず覚える重要語……162
02 押さえておきたい重要語……180
03 差がつく重要語……210
◆コラム03……226

第4章　小説語

01 行為・振る舞いに関する語句……228
02 内面に関する語句……244
03 その他の語句……250

さくいん……258

第1章

評論文最重要語

第1章では、入試の評論文を読むうえで最も重要な36語を学習します。まずは右ページの問題を解き、見出し語の意味をチェックしましょう。問題を解き終えたら、左ページの解説を読みましょう。この章で扱う語は抽象的で理解しにくいものもあるかもしれません。解説中の具体例やイラストも活用して、その語がどんな意味を持つのかイメージするとよいでしょう。

01 抽象・具体

★★★
001
抽象（ちゅうしょう）

対 ↔

①ある性質を［1］こと。
②異なるものの中から［2］を抜き出してまとめること。
③［3］でわかりにくいこと。現実的でないこと。

★★★
002
具体（ぐたい）

①はっきりした［1］や［2］を持っていること。

語群

共通の性質　粗悪　内容　抜き出す　表現　批判する　曖昧
形　意見　理解する　デザイン　分析する　感情

▼空欄にあてはまる語句を語群から選びなさい。同じ語句を繰り返し使う場合もある。

正解

(1)⑴抜き出す
(2)共通の性質
(3)曖昧

(1)形　(2)内容　※順不同

▼「明確でわかりやすい」という意味で用いられることもある。

解説 「扌（＝手）」で何かを抜き出す（＝抽出する）というのが**抽象**の根本的なイメージです。そこから派生して、〈異なるものの中から共通の性質を抜き出してまとめる〉という意味にもなります。

「リンゴ」「いちご」「バナナ」を「果物」と抽象化するとき、個々の大きさや色、形などの違いなどは無視していますね。これを**捨象**（しゃしょう）といいます。抽象と捨象はいつも同時に起こります。

さらに、抽象は〈曖昧でわかりにくい〉という意味になることもあります。例えば、あなたが買い物を頼まれたとします。「果物を買ってきて」と言われるよりも、「リンゴを買ってきて」と具体的に指示される方がわかりやすいですよね。裏返せば、抽象は具体に比べて〈わかりにくい〉ということです。日常会話で「あなたの意見は抽象的だよね」などと言う場合はこの意味です。

また、「リンゴ」「いちご」「バナナ」という個物は、スーパーに行けば、「リンゴ一個一五〇円」とか、「いちご一パック五五〇円」といった形で、実際に見たり触ったりすることのできる「物」として存在していますが、スーパーのどこを探しても「果物」という「物体」はありません。抽象には、形がないとか目に見えないといった意味合いが含まれることがあります。

具体は「体（＝形や内容）」を「具（そな）えている」ことです。そこから派生して、〈明確でわかりやすい〉という意味になることもあります。

02 主観・客観

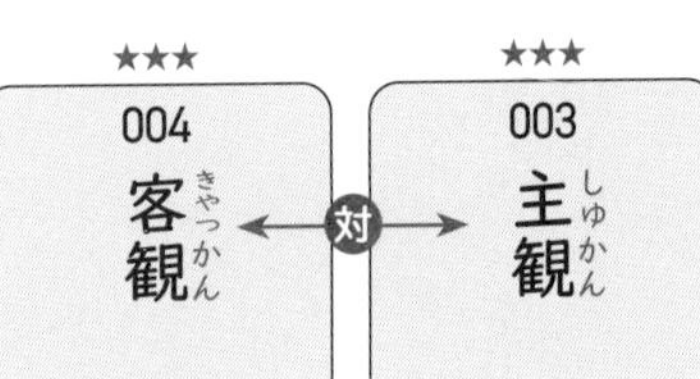

003 主観

①［ 1 ］の（他者とは異なることもある）考え方・感じ方。

②物事を認識し、思考する心の働き。また、その主体。

004 客観

①誰にとっても［ 1 ］であること。

②主観によって認識されるもの。また、主観とは独立して存在する（と考えられる）外界の事物。

自然　同じ　自分　容易　従来　必然　曖昧

正解

003 (1) 自分

004 (1) 同じ

解説 客観は〈誰にとっても〉、主観は〈自分だけ〉というイメージです。例えば、糖度一三度のリンゴがあったとします。一三度という数値は客観的な事実ですが、それを食べておいしいと感じるかは人によって異なる主観的な事柄といえます。

客観的時間と主観的時間

時計の時間は、一定の速度で過去から未来へ向かう均質な時間であり、社会で広く共有されています。私たちが友達と待ち合わせできるのは、「六時」が誰にとっても同じ「六時」だからです。時計の時間は客観的時間といえます。

一方、同じ一時間でも、楽しいときはあっという間に過ぎ去り、つまらないときは長く感じられます。一人一人異なって感じられる時間を、主観的時間といいます。

客観的＝真実？

客観的であることは、必ずしも真実であるとは限りません。例えば、僕の手元にある消しゴムは、僕の目には止まって見えますし、妻や娘を呼んで見せても、止まっていると言うはずです。その意味で「消しゴムが静止している」ことは客観的事実だと思われます。しかし、宇宙人が地球外からこの消しゴムを眺めた場合、地球の自転や公転によって「猛スピードで動く消しゴム」に見えることでしょう。ここでの〈誰にとっても同じ〉というのは、ある一定の範囲の中で誰にとっても同じということなのです。

03 相対・絶対

★★★

005 **相対**（そうたい）

対 ↔ 006 **絶対**

①他との 1 、 2 によって成り立つこと。

②〈「相対化」の形で〉それだけというわけではないと考えること。絶対化しないこと。

★★★

006 **絶対**（ぜったい）

①他のものに 1 されたり影響を受けたりしないこと。

②〈「絶対化」の形で〉それだけを認めること。

排除　比較　関係　断定　制限　相殺　注目　内容　意見

正解

005 (1)関係 (2)比較 ※順不同

006 (1)制限

解説 僕が中学生のときは、成績評価は「相対評価」といって、評定（「1・2・3・4・5」）の人数割合が決まっていました。周りの生徒との比較で評定が決まるので、極端な話、テストで九五点を取っても、周りが皆九六点以上であれば、評定は「1」になります。

一方、「絶対評価」であれば周囲は関係ありません。基準さえ超えていれば、全員が「5」になることもありえます。

「相対化」には、〈それだけというわけではないと考える〉、〈多くの中の一つと考える〉といった意味があります。評論文で「相対化」が出てきたら、**絶対化しないこと**などと言い換えると文意が理解しやすくなります。

【例】 成長とは、経験を積み、自分の価値観を相対化することだ。

＝成長とは、経験を積み、自分の価値観を**絶対化しなくなる**（自分の価値観は、多くの価値観のうちの一つに過ぎないと気づく）ことだ。

現代は多様化、相対化の時代といわれます。人それぞれという言葉が重宝され、「一つの正しい考え」は嫌われがちです。しかし、「人それぞれ」は対話を拒否する思考停止の言葉ともいえるでしょう。相対化が行きすぎると、「正しいことなんて何もない」という何でもありの状況に陥ります。相対化の時代だからこそ、皆が納得できる正しさを作り上げる努力が必要です。

04 主体・客体

★★★
007
主体（しゅたい）
対
①他のものに［1］もの。

★★★
008
客体（きゃくたい）
①他のものから［1］もの。

働きかけを行う　働きかけを受ける

正解

(1) 働きかけを行う
▼○○する側。
▼「主体的」の形で用いられると、「自分の意志で○○する」という意味になる。

(1) 働きかけを受ける
▼○○される側。

解説 主体は〈○○する側〉、客体は〈○○される側〉というイメージです。「主体的」という形で用いる場合、**自分の意志で○○する**（＝能動的・積極的）という意味が含まれます。

僕は切る側
＝主体
私は切られる側
＝客体

近代という時代は、人間を自律的な主体として捉えます。理性を備えた人間が、自分の意志で周囲に働きかけを行うというイメージです。しかし、二〇世紀後半のポストモダニズムと呼ばれる思想潮流の中で、人間の生は、言語や無意識、文化慣習に強く規定されているのではないか（＝人間は客体的存在なのではないか）という知見が示されました。

そして、二一世紀に入り、情報技術の発展に伴い、人間の客体化は一層進行しているように見えます。家の外に出ると、街中の防犯カメラによってわれわれの生活が常に監視され、Amazonのサイトを開くと、過去の購入履歴に基づいた「おすすめ」に促されてついつい商品を購入してしまいます。

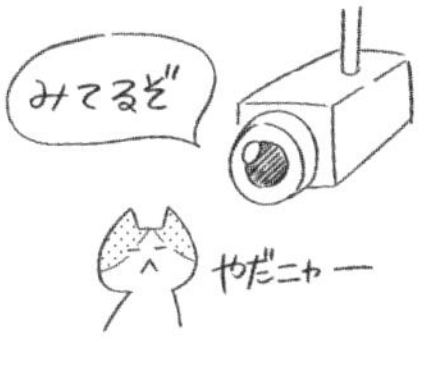

みてるぞ
やだニャー
nyanzon
うま フード
おすすめ
ボクの好きな マグロのごはん だニャ♡

もちろん、情報技術によって生活の安全、快適さ、利便性が向上しているのも事実です。防犯カメラに関していえば、かつては「監視する国家⇔監視される国民」という対比で論じられることがありましたが、現実には、私たち自身が犯罪抑止のためにそれを望み、街中への設置を進めてきたのです。

人間の主体性をどのように捉え、どのような暮らしを望むのか。私たちの主体的な選択が問われています。

05

普遍・一般

★★★
009
普遍（ふへん）
書

①時代、地域などを問わず、[1]にあてはまること。

★★★
010
一般（いっぱん）

①広く全体に行きわたっていること。[1]に共通していること。

動物のみ　すべて　多くのもの　一部の範囲

正解

009 (1)すべて

010 (1)多くのもの

解説 普遍は〈いつでもどこでも誰でも〉というイメージです。一般も意味が近い語ですが、こちらが例外を許容するのに対し、普遍は原則例外を認めません。例えば、アインシュタインの「$E=mc^2$」という公式は、場所や時代を選ばず、例外なく成立する普遍的な公式です。一方、「日本人は家の中では靴を脱ぐ」は、一般論といえます（少数派だとは思いますが、靴を脱がないライフスタイルの人もいるでしょう）。

普遍

$E=mc^2$

いつでも成り立つヨ

一般

例外もある

普遍の「遍」は訓読みすると「あまね（く）」です。字形が似ている「偏」は「かたよ（る）」と読み、意味が正反対になるので混同しないよう注意しましょう。また、漢字の書き取りで普遍と不変を混同する人がいます。不変は「変わらないこと」の意で、意味が異なります。

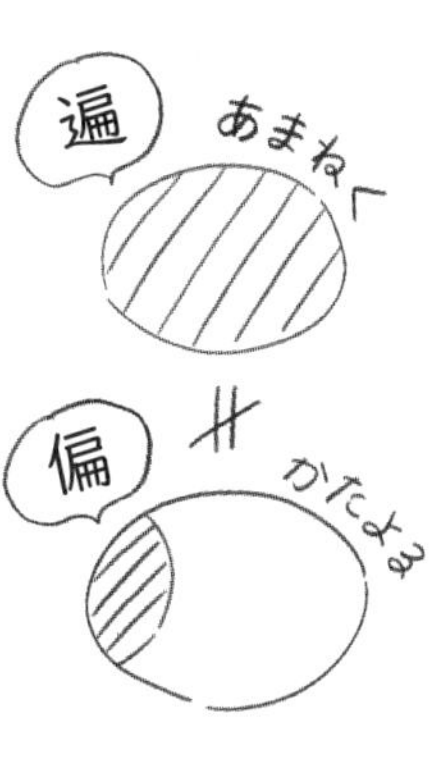

入試評論文において、多くの場合、常識や一般論は否定されます（誰もが知っていることをわざわざ指摘しても仕方ないからです）。「一般的には〜」「〜と考えられている」といった表現があったら、その後ろで、「〜」の内容が否定されることを予測して読みましょう。

他にも、「譲歩（じょうほ）」が来たら「逆接」を予測する、「前近代」が来たら「近代」との対比を予測するなど、展開の予測は読解スピードの向上につながります。

06 観念・概念

★★★
011
観念（かんねん）

①ある事物について頭に浮かぶ［1］、［2］。

★★★
012
概念（がいねん）

①事物の［1］。

意味内容　考え　イメージ　大枠　表層

正解

(1)考え　(2)イメージ
※順不同
▼「観念的」は、頭の中で考えているだけで現実離れしているという否定的な意味合いを含む。

(1)意味内容

解説 観念と概念は意味の近い言葉ですが、**観念**は**個人的**、**主観的な考え**を表します。例えば、時間の観念（イメージ）は人によって異なります。一方、**概念**は**抽象的**、**客観的な意味内容**を表します。辞書に載っている意味と考えればよいでしょう。

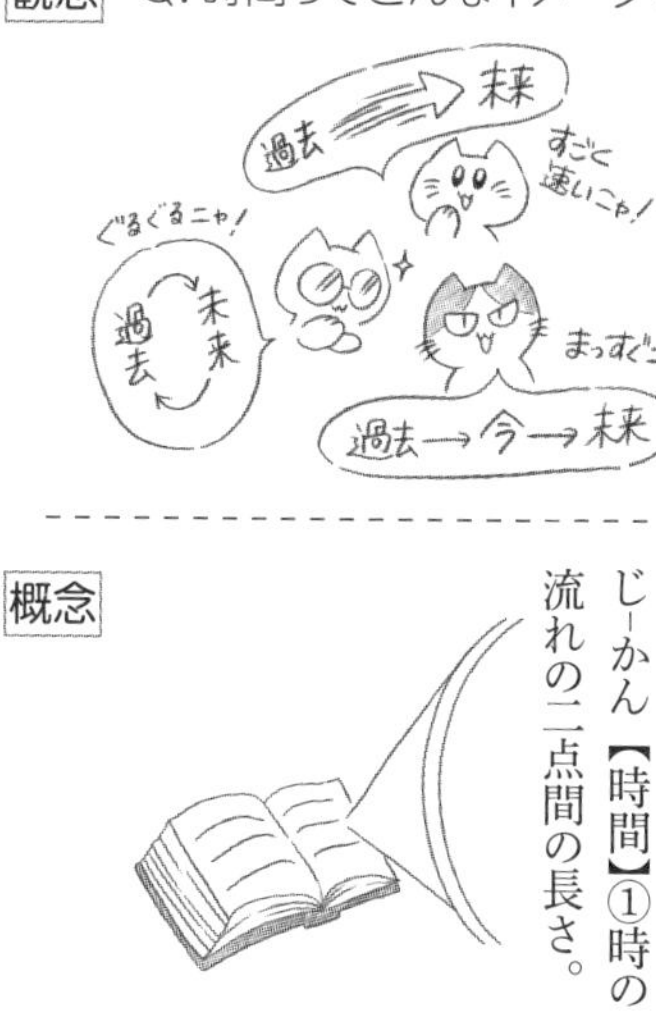

「観念的」は、**頭の中で考えているだけで現実離れしている**という否定的な意味合いを含むことがあります。次の文を読んでください。

> （耕作は）観念的な綴り方※の多いことに驚いて、耕作は生徒たちをつれて小川に行った。春の小川がさらさら流れているなどと書いてあったからだ。生徒たちは大きな音を立てて流れている雪解水を見、太い縄がよじれるように流れている様を見て驚いた。
>
> 三浦綾子『続　泥流地帯』＊
>
> ※綴り方…作文

生徒達は現実の小川を見ずに、「小川＝さらさら流れる」という、頭の中のイメージで（＝観念的に）描いていたのです。日常会話における「君の考えは観念的だよ」という言葉にも、「もっと現実を見ようよ」とか「地に足をつけたほうがいいよ」といった含意が感じられます。

＊三浦綾子著『続　泥流地帯』（新潮社、1982年発行）より引用。

07

矛盾・逆説・皮肉

★★★
013
矛盾（むじゅん）
書

① [1] が合わないこと。（＊）

★★★
014
逆説（ぎゃくせつ）

① 常識的な考えや、当然予想される結論と [1] であること。
② 矛盾を抱えた状態。

★★★
015
皮肉（ひにく）

① 遠回しの [1] 。
② [2] や期待に反して良くない結果になること。

意図　つじつま　結果　非難　反対　賛成

正解

(1) つじつま

(1) 反対
▼「逆接」と混同しないように注意。

(1) 非難　(2) 意図
▼評論文では②の意味が重要。

＊矛盾：中国の故事成語。楚の国に矛と盾を売る者がおり、「私の盾はどんな矛でも防ぐ」「私の矛はどんな盾でも貫く」と言った。ある者が「あなたの矛であなたの盾を突いたらどうなるか」と言うと、その商人は答えられなかったという。

解説 矛盾と逆説は意味に重なる部分がありますが、矛盾が単に〈つじつまの合わないこと〉を表すのに対して、逆説には〈つじつまが合わないように見えるものの現実には成立している〉〈一面の真理を突いている〉といった意味合いが含まれます。例えば、「負けるが勝ち」は、一見つじつまが合っていないように見えますが、現実には、無益な争いに参加せずに相手に勝ちを譲る（＝負ける）ことが、大局的な勝利（＝勝ち）をもたらすということがありえます。「急がば回れ」も同様です。

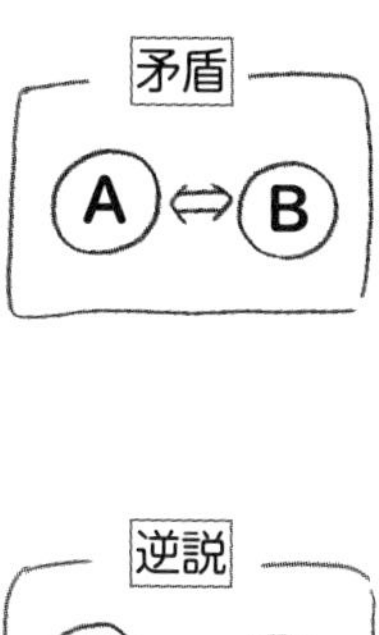

逆説は設問で問われることが非常に多い単語です。評論文中に「逆説」が出てきたら、**何と何が逆なのか**を必ず押さえるようにしましょう。

皮肉は日常会話では〈遠回しの非難〉の意味で使われます。例えば、満点が一〇〇点の試験で一七点しか取れなかった友達に「君は本当に頭がいいね」と言うのは「皮肉」ですね。一方、評論文では多くの場合、〈意図や期待に反して良くない結果になること〉の意で用いられます。例えば、「孤独に苛（さいな）まれ、友達を増やすためにSNSを始めたのに、フォロワーが全く付かず、孤独が一層深まった」というとき、「皮肉な結果となった」などと表現します。

08 記号・象徴

★★★
016
記号（きごう）
類

①○○を 1 するもの。

★★★
017
象徴（しょうちょう）
書

① 1 な概念を 2 な事物や形で表すこと。
また、表されたもののこと。

意味　具体的　客観的　総合　分析　抽象的

正解

(1) 意味
▼あるものをその代わりとして表すもの。

(1) 抽象的 (2) 具体的
▼形がないものやわかりにくいものを、わかりやすいもので代わりに表すこと。

解説 記号は〈あるものをその代わりとして表すもの〉です。例えば、地図上の「Y」は「消防署」を表す記号であり、交通信号の「赤」は「止まれ」を表す記号です。

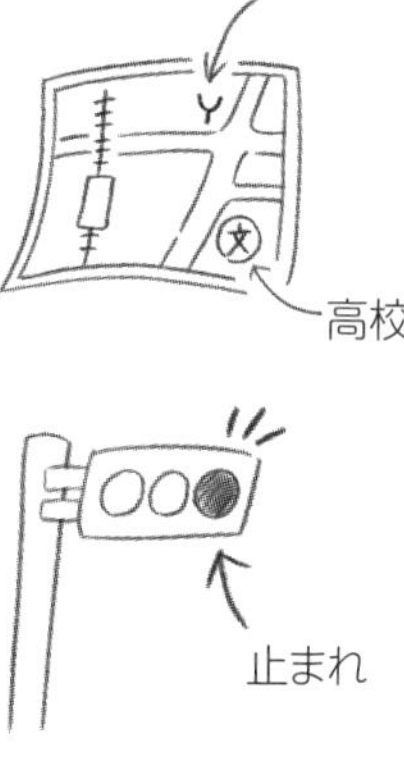

他にも、「つ・く・え」という言葉は、「物を置く台（＝机）」を表す記号といえますし、身ぶり（例：腰を曲げる動作が「ありがとう」を意味する）や服装（白いワンピースが「清楚（せいそ）」を意味する）も記号の一種として捉えることができます。

象徴は〈形がないものやわかりにくいものを、わかりやすいもので代わりに表す〉というイメージです。「ハトは平和の象徴」「天皇は日本国の象徴」という言い方がありますね。平和や日本国は形ある事物ではないので、ハトや天皇という具体的な存在でわかりやすく表しているのです。

記号と象徴は意味が似ており、区別なく使われることもありますが、記号は、等価（とうか）性が強い（「Y」と「消防署」は互いに置き換え可能である）言葉であるのに対して、象徴は、捉えがたいものを捉えやすいもので代わりに表すという意味合いが強く、表すものと表されるものが等価ではありません（「ハトは平和の象徴」とは言いますが、「平和はハトの象徴」とは言いません）。

09 理性・対象化

★★★
018
理性(りせい)

①物事を［1］に沿って考える力。

★★★
019
対象化(たいしょうか)

①物事から距離を取り、［1］に捉えること（＝客体化）。

理屈　意味　具体的　表現　平易　客観的　結果　抽象的

正解

018 (1)理屈

019 (1)客観的

解説 理性とは、〈本能や感情ではなく理屈に沿って考える力〉、〈論理的に考える力〉です。数学の問題を解くときに働かせる力をイメージするとよいでしょう。

近代人は、理性の力を働かせ、自然を客観的に捉える（＝**対象化する**）ことで、そこに様々な法則性があることを発見し、科学的知識を蓄積してきました（66ページ科学論参照）。対象化は、主体・客体（16ページ）と関連が強い語です。左図のようなイメージを持ちましょう。

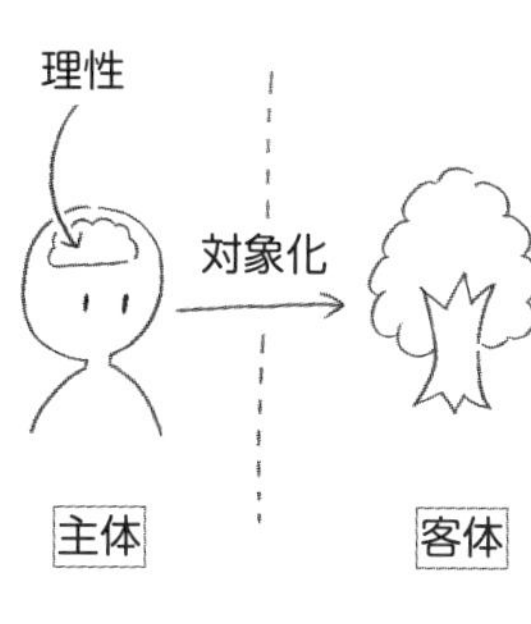

次の文は、自然主義作家田山花袋（一八七一～一九三〇）が実体験に基づいて書いたとされる小説『蒲団』の一節で、中年の作家（時雄≒花袋）が、若く美しい女弟子に恋人ができたことを知り、思い乱れる場面です。

> 時雄は悶えた、思い乱れた。妬みと惜しみと悔恨との念がいっしょになって旋風のように頭の中を回転した。師としての道義の念もこれに交わって、ますます炎をさかんにした。わが愛する女の幸福のためという犠牲の念も加わった。
>
> 田山花袋『蒲団』

心をかき乱されながらも、その様子をもう一人の自分が冷静に分析している（＝対象化している）さまがうかがえます。事物をあるがまま客観的に描くことを目指した自然主義の特徴がよく表れている箇所です。

10 合理・不合理・非合理

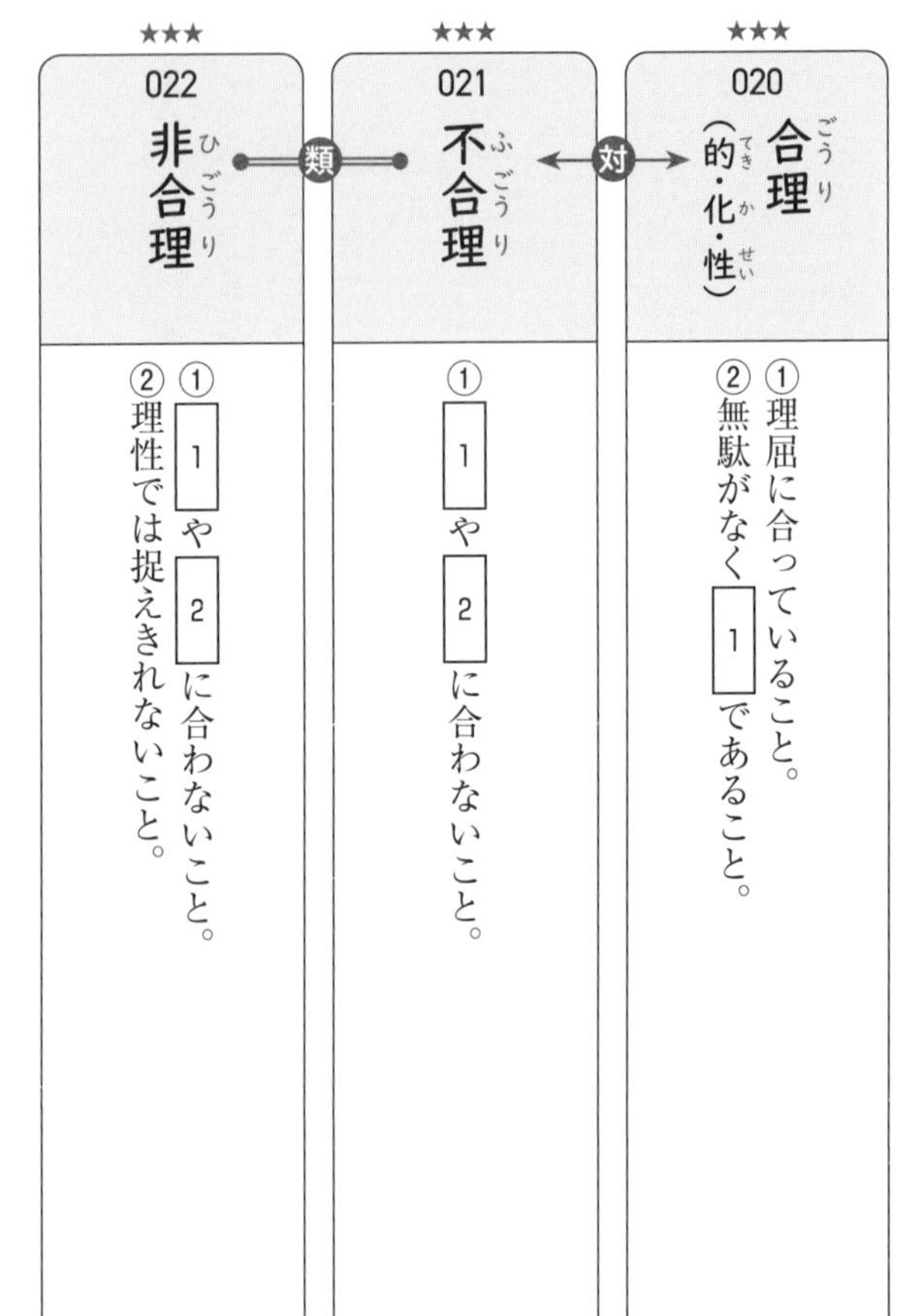

論理　意見　時代　道理　直感的　欲望　効率的　抽象的

正解

020 (1)効率的

021 (1)道理 (2)論理 ※順不同

022 (1)道理 (2)論理 ※順不同

解説 合理は〈理屈に合っていること〉という意味ですが、理屈を考えた結果として、合理的＝〈無駄がなく効率的であること〉という意味にもなります。基本的には肯定的に使われる言葉ですが、入試評論文では合理性や効率(こうりつ)性を否定的に論じるものも少なくありません。効率性とは、**ある目的をどれだけ速く達成できるか**ということであり、効率性の追求が他の重要な価値の軽視につながるということがありえます。例えば、経済合理性の追求が、公正さや環境保護といった価値を毀損(きそん)することがあるでしょう。また、目的自体に誤りがあるために、効率性の追求が多くの人の不幸をもたらすということもありえます。例えば、歴史上の大虐殺は、誤った目的に向かって合理性が際限なく推し進められた現象といえます。

不合理と**非合理**はどちらも、〈道理や論理に合わないこと〉という意味ですが、非合理には〈理性では捉えきれないこと〉という意味もあります。例えば、「私はなぜ生まれてきたのか」という問いに対して、生物学の知見に基づき、精子や卵子といった言葉を用いて説明することは可能でしょう。しかし、いくらそうした合理的な説明を重ねても、「なぜ他の誰かではなくこの私なのか」「なぜこの時代にこの両親のもとに生まれてきたのか」という疑問は解消されません。人間の出生には非合理的な（＝理性では捉えきれない）側面があるのです。このような意味で使用する場合、非合理に〈道理に合わない〉という否定的な意味は含まれません。

11 有機的・無機的

★★★

023
有機的（ゆうきてき）

①生命感が感じられる様子。
②全体と部分が切り離せず、［1］してまとまっている様子。

対

★★★

024
無機的（むきてき）

①生命感が感じられない様子。
②全体が部分の集合に過ぎず、［1］に切り離せる様子。

密集　調和　容易　部分　整列　同じ形

正解 《《

(1) 調和

(1) 部分

解説 有機的は人間や動植物などの生物、無機的は機械をイメージすればよいでしょう。生物は一つ一つの部分（動物であれば臓器や筋肉、骨など）の密接なつながりのもとに生命活動が営まれており、一度分解してしまうと、元には戻せません。一方、機械は一つ一つの部分（自動車であればハンドル、ブレーキ、ワイパーなど）は、独立性の強い部品であり、故障してもそこだけ取り替えることができます（その意味で、臓器移植は人間を機械のように扱っているともいえます）。

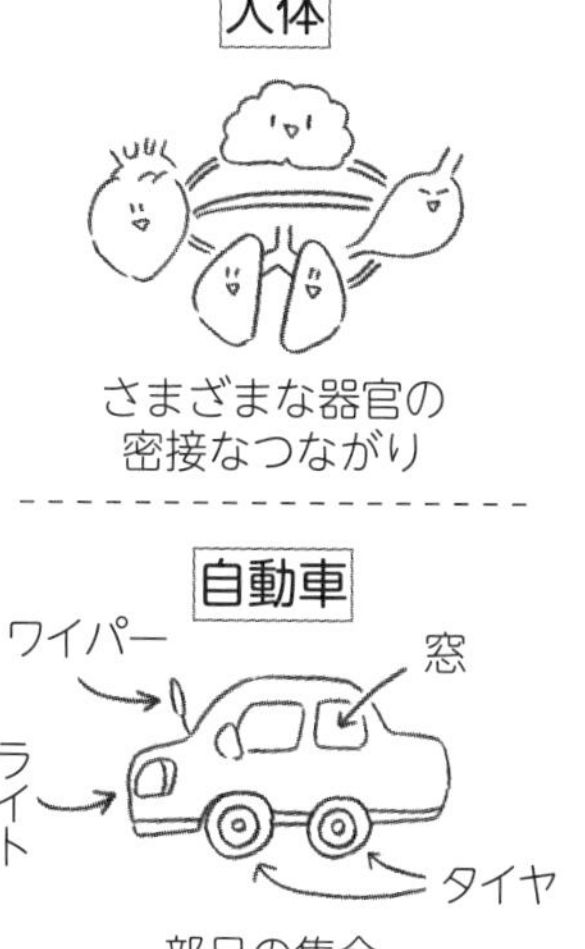

有機的は英語にすると「organic（オーガニック）」ですが、「organ」には「臓器」という意味があります。生物の臓器は他の器官とのつながりの中で機能しており、有機的のイメージにぴったりと合いますね。あるいは、高校の化学で「有機化学」「無機化学」という言葉を使うと思います。有機物とは炭素化合物のことですが、炭素は左図のように、他の元素とつながる「手」をたくさん持っています。これもまた、有機的のイメージと一致します。

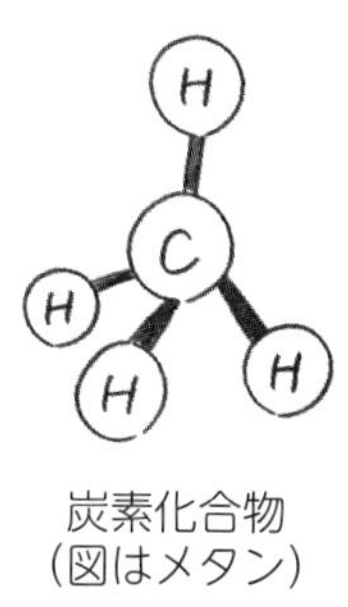

炭素化合物
（図はメタン）

入試評論文において、多くの場合、有機的は**プラスイメージ**、無機的は**マイナスイメージ**で使用されます。

12 帰納・演繹

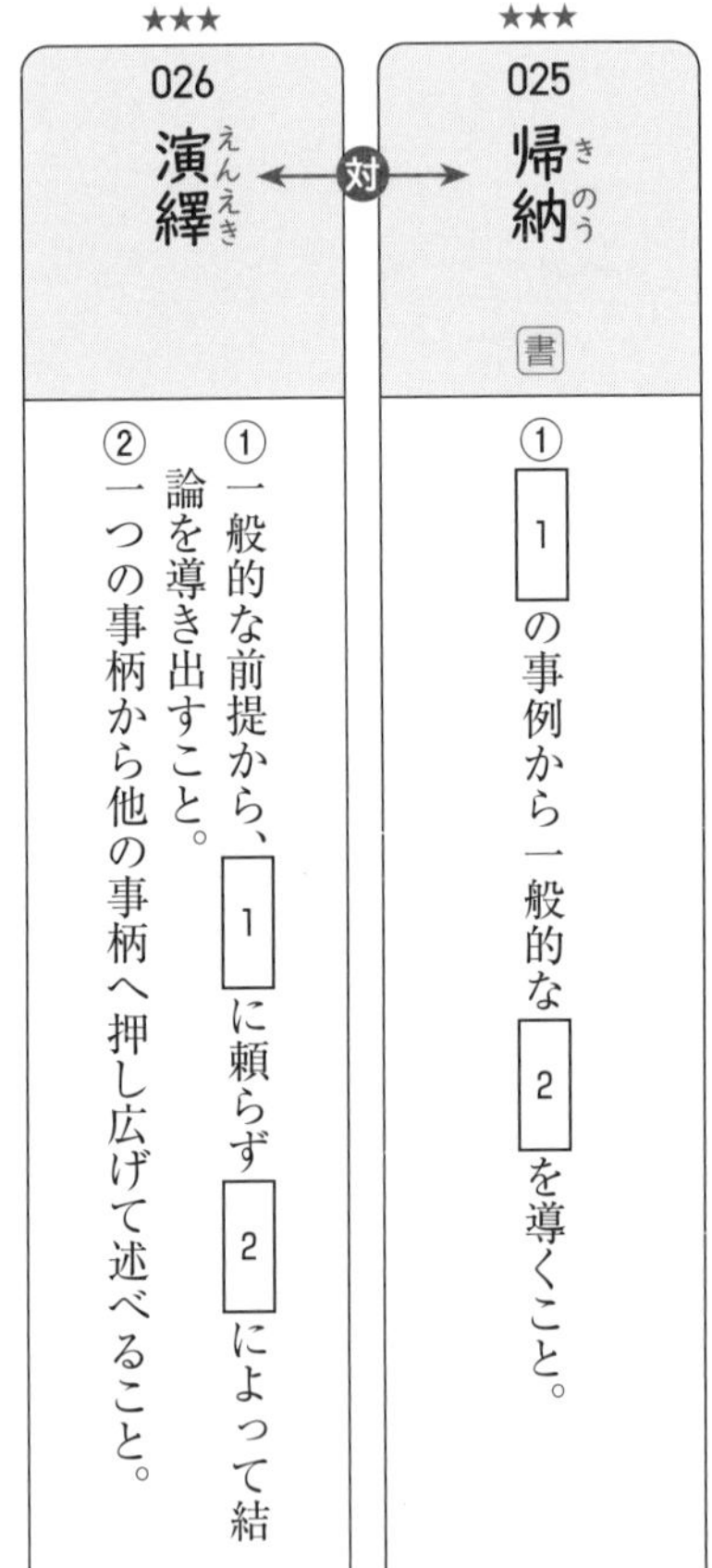

★★★
025
帰納（きのう）
書

① [1]の事例から一般的な[2]を導くこと。

★★★
026
演繹（えんえき）

① 一般的な前提から、[1]に頼らず[2]によって結論を導き出すこと。
② 一つの事柄から他の事柄へ押し広げて述べること。

論理　経験　質問　例外　弁論　反論
制約　法則　個々　過去　直感

正解 《《

025 (1) 個々 (2) 法則

026 (1) 経験 (2) 論理

解説 帰納は〈個々の事例から一般的な法則を導くこと〉です。例えば、二〇XX年、火星探査を行っていた地球人が、八本足の火星人と遭遇したとします。そして、二人目も八本足、三人目も、四人目も……という具合に、遭遇した一万人の火星人が皆八本足だったので、地球人は「火星人は八本足である」という法則を作りました。これは帰納的な思考です。

一人目
二人目
三人目
…
一万人目
事例
帰 納
火星人は**八本足**である!!
法則

一方、**演繹**は〈一般的な前提から結論を導き出すこと〉です。例えば、「人間は皆死ぬ」、「西原は人間である」という前提から、「西原は死ぬ」という結論を導くいわゆる三段論法は演繹的推論の一種です。

帰納的な思考には、法則の正しさが保証されないという欠点があります。先ほどの例でいえば、火星人一万人が八本足だったからといって、一万一人目も八本足であるとは限りません（一本足で飛び跳ねる火星人に遭遇するかもしれません）ので、法則が本当に正しいのかはわからないのです。

一方、**演繹的推論には、新しい知識を生み出すことができないという欠点があります。**先ほどの例でいえば、「西原」は人間という集合の一部ですから、「人間は死ぬ」という前提の中にすでに、「西原は死ぬ」という結論が含まれています。確実に正しい推論ともいえますが、悪く言えば「当たり前のことを述べただけ」の推論です。

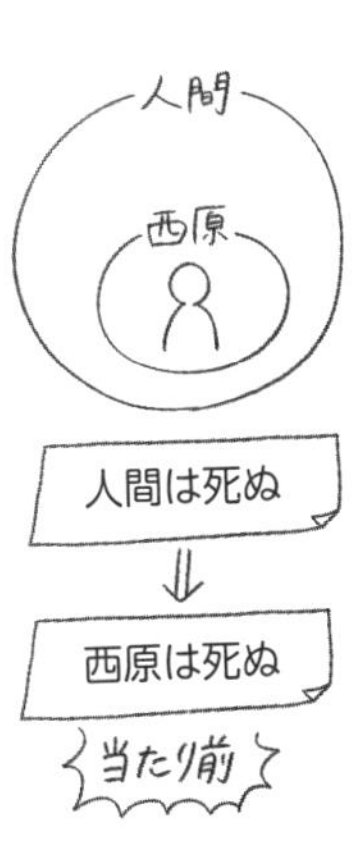

13 ○○主義・イデオロギー

★★★
027
○○主義（しゅぎ）

①○○を［1］する考え方。

類

★★★
028
イデオロギー

①特定の［1］・［2］立場に基づいて形成される、基本的なものの考え方。

論理的　重視　社会的　信頼　批判的　歴史的　象徴　美化

正解

(1) 重視

(1) 歴史的 (2) 社会的
※順不同
▼「排他的なもの」「人の考えや行動を縛るもの」という含意がある。

解説 ○○主義は〈○○を重視する考え方〉と言い換えられます。例えば、「平和主義」は平和を重視する考え方、「個人主義」は、個人（の権利や自由）を重視する考え方です。

字面からは意味が取りづらいかと思いますが、「功利(こうり)主義」は、行為の結果として多くの人が幸福になることを重視する考え方です。「トロッコ問題」を知っているでしょうか。「トロッコのブレーキが壊れて暴走しており、このままだと前方の五人をひいてしまう。レール切り替えのレバーを倒せば五人の命は救われるが、その場合、切り替えたレールの先にいる一人をひいてしまう」という状況で、あなたはレバーを倒すか否かという問題です。ここで、レバーを倒すべきと考える人は、「一人の命よりも五人の命（＝多くの人の幸福）を優先する」選択をしたわけですから、功利主義的な態度を取ったということになります。よく混同されますが、功利主義と利己(りこ)主義（＝自分の利益だけを重視する態度）は別物です。取り違えないようにしましょう。

○○主義
＝
○○を重視
言い換え！

ボクはマグロ主義だニャ♡

イデオロギーは「○○主義」と近い意味の言葉ですが、**排他的(はいた)なもの、人の考えや行動を縛るものといった否定的な含意**があり、他者の考えの偏向(へんこう)や独(どく)善(ぜん)性を指摘するときによく使われます。

14 恣意・虚構

★★★

029 恣意(的)(しい(てき)) 書 読

① 〈日常的には〉勝手気ままなさま。
② 〈評論文では〉[1]がないこと。明確な[2]がないこと。

★★★

030 虚構(きょこう) 書

① [1]。フィクション。

想像　必要性　つくりごと　根拠　必然性　心

正解

029 (1) 必然性 (2) 根拠

030 (1) つくりごと

解説 恣意的の「恣」は、訓読みすると「ほしいまま」です。日常会話では〈勝手気まま〉という意味ですが、評論文では〈必然性がないこと〉という意味で使われ、必ずしもそこに否定的な意味合いは含まれていません。例えば、**言語の恣意性**という話があります。左の動物は「イヌ」と呼ばれますが、なぜ「イネ」や「イノ」ではなく、「イヌ」なのでしょうか。

この問いには、「人々が昔からイヌと呼んでいるから」以外の答えは見つかりそうにありません。仮に「イノ」であっても、皆がそう呼ぶのであれば、意思疎通に問題はないはずです。もし「　」と「イヌ」の結び付きに必然性があるのであれば、世界中どこの国でも「イヌ」と呼ばれているはずですが、現実には「dog（英語）」、「狗（中国語）」、「perro（スペイン語）」など、様々な名で呼ばれています。すなわち、「　」と「イヌ」の結び付きに必然性はないのです。これが言語の恣意性です。

虚構は〈つくりごと〉という意味です。入試評論文では、多くの場合、**当然だと思われているが、実は恣意的な構築物であること**という意味で使われます。例えば、近代論で「理性的主体という虚構」といった表現が出てきます。近代において、人間は「物事を理性的に判断できる存在」と捉えられてきましたが、現実の人間は、感情や無意識といった非理性的なものに少なからず影響を受けています。理性的主体という人間観は、必ずしも現実を反映していない恣意的な構築物であったということです。

15 コスモス・カオス

★★★
031
コスモス（秩序［ちつじょ］）
対 カオス
①物事が［ 1 ］とまとまっているさま。

★★★
032
カオス（混沌［こんとん］）
対 コスモス
①物事がバラバラでまとまりのないさま。
②すべてが［ 1 ］区別がつかないさま。

雑然　入り混じり　全く同じで　整然

正解

031 (1) 整然

032 (1) 入り混じり

解説 コスモスは、「**調和／秩序**」を表すギリシア語の「κόσμος（kosmos）」に由来する言葉です。古代ギリシアの哲学者ピタゴラスは、コスモスを「宇宙」を指す言葉として使用しました。天体の動きに、一定の規則性や秩序を感じたのでしょう。秋に美しい花を咲かせるコスモス（花びらが規則正しく整然と並んでいます）や、人の顔に美しい秩序を生み出すコスメ（＝化粧品）も語源は同じです。

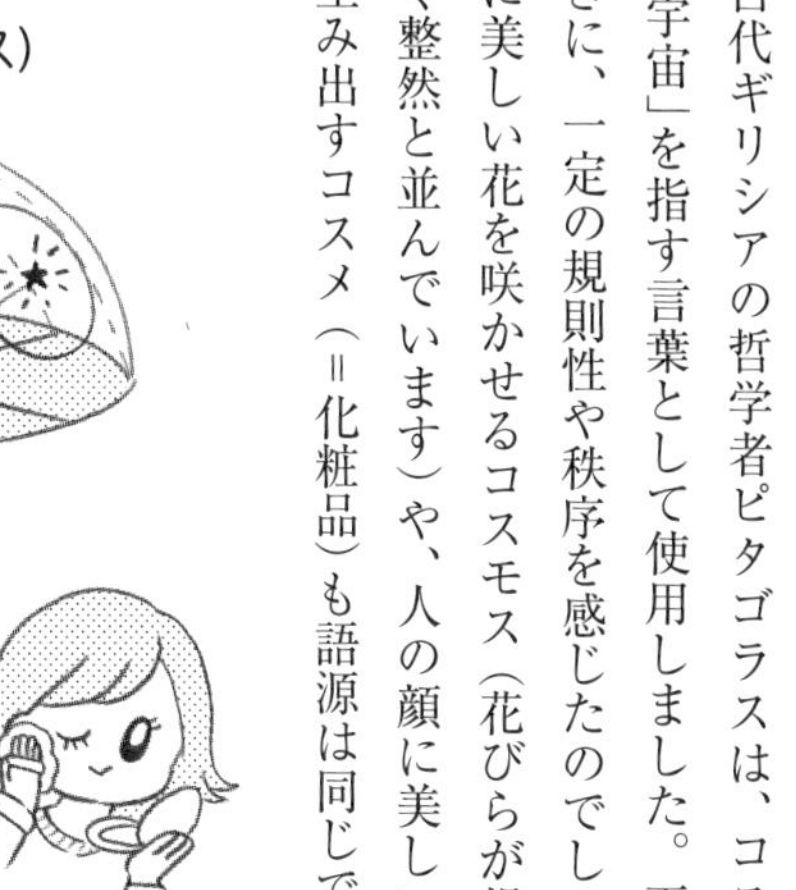
宇宙（コスモス）

化粧品（コスメ）

秋桜（コスモス）

カオスは、日常会話では〈物事がバラバラでまとまりのないさま〉というマイナスイメージで使われますが、評論文では、**新たな秩序を作り出すエネルギーを持った状態**としてプラスイメージで用いられることもあります。左に示すのは『日本書紀』の一節です。

> 昔、天と地が分かれておらず、陰陽の区別もなかったとき、混沌として未分化であるさまはあたかも鶏の卵のようであり、ほの暗くぼんやりとはしているが、そこには物事が生まれようとする兆しがあった。
>
> 『日本書紀』

このように、多くの神話は「混沌から秩序が生まれた」という形で世界の生成を語ります。また、コスモスやカオスは**混沌とした世界を言語によって秩序づける**といった文脈で言語論でも頻出します（123ページ参照）。

16 自律・他律

★★★
033
自律（じりつ）

①自身の立てた［ 1 ］に従って行動するさま。
②他からの制約を受けず、独立性が保たれているさま。

対

★★★
034
他律（たりつ）

①自分の意志にかかわらず、他からの［ 1 ］、［ 2 ］によって行動するさま。

規範　批判　強制　命令

正解

(1)規範

(1)命令　(2)強制
※順不同

解説 自律は意味の幅が大きい言葉です。哲学的文章では〈自身の立てた規範に従って行動するさま〉の意味になります。近代論における「自律的な主体」とは、**理性の力で自分自身をコントロールしている（＝律している）**存在、**本能や感情にとらわれず物事を理性的に判断できる存在**ということです。混同されることの多い「自立」は〈他者に頼らない〉という意味であり、「理性の力」とか「自分自身をコントロール」といった含意はあまり感じられません。

自律は、社会評論では、〈他からの制約を受けず独立性が保たれているさま〉の意味で使われます。例えば、社会福祉に関する文章で「高齢者の生の自律を尊重すべきだ」とある場合、「どのように生きるかの最終決定は高齢者本人に任せるべきだ」といった意味になります。

また、〈自己完結しているさま〉を表すこともあります。例えば、地域の住民が生産したものを地域の住民が消費するといった具合に、外部に依存しない暮らしが成り立っているときに「自律的な経済が実現されている」などと表現します。

この意味の自律も、自立と重なる部分が多いのですが、自立が単に他に頼らないことを表すのに対して、自律には**他に頼らずとも自分だけでうまく機能しているという**含意が感じられます。

17 アニミズム

★★★

035 アニミズム

①生物・無生物を問わず、自然界のあらゆるものに 1 が宿ると考え、崇拝する信仰。

人間らしさ　霊魂　言霊　神々

正解

(1) 霊魂

解説 アニミズム（animism）は、ラテン語のanima（生命・魂）に由来する言葉で〈生物・無生物を問わず、自然界のあらゆるものに霊魂が宿ると考え、崇拝する信仰〉です（ちなみに、アニメの語源もanimaです。キャラクター達が命を吹きこまれたかのように動きますね）。現代社会では霊魂にリアリティを感じる人は少ないと思いますが、それでも、例えば神社の御神木には霊性のようなものを感じるのではないでしょうか。日本で広く親しまれている「もののけ姫」「千と千尋の神隠し」といったジブリ作品にもアニミズム的な世界観が色濃く表れています。

哲学者の大森荘蔵（おおもりしょうぞう）（一九二一〜一九九七）は『知識と学問の構造』*で次のように述べています。

> 森や湖に心を付することが迷信ならば、人間仲間に心を付することもまた迷信でありアニミズムなのである。それは何ものかを等しく「私に擬して」心あるものとして理解することだからである。

私たちは普段、自分の周囲の人も、自分同様、「心を持つ存在」であると考えていますが、それを確かめる術はありません。極端な話、周囲の人々は皆、高性能AI内蔵のロボットかもしれないのです。

自然物に心を見いだすのがアニミズムなのであれば、周囲の人間を「心を持つ存在」として捉えることもまたアニミズムといえるでしょう。裏返せば、人間が心を見いだしさえすれば、ロボットも人間（のようなもの）になるということです。私たちが備えるアニミズム的な心性は、今後、AIと人間の共生において重要な役割を果たすことになるでしょう。

＊大森荘蔵著『知識と学問の構造　知の構築とその呪縛』（旺文社、1983年発行、絶版）より引用。

18

アイデンティティ

★★★

036

アイデンティティ

①自分は（ 1 とは異なる）自分であるという感覚。
②自分は（ 2 と変わらず）自分であるという感覚。

以前　理想　他人　両親

正解

(1) 他人
▼「自分は何者か？」という問いかけに対して、自分なりの答えが安定的に保持されている状態。
(2) 以前

解説 アイデンティティの一つ目の意味は〈自分は（他人とは異なる）自分であるという感覚〉です。**「自分は何者か？」という問いかけに対して、自分なりの答えが安定的に保持されている状態**と言い換えてもよいでしょう。もっと簡単に**自分らしさ**の意味で用いられることもあります。例えば、サッカー強豪校のエースは、周囲よりもサッカーが得意であることにアイデンティティ（＝自分らしさ）を感じているでしょう。

アイデンティティの確立には、自己定義以外に他者からの承認も不可欠です。どれだけサッカーがうまくても、周囲からの称賛がなければ、アイデンティティの感覚を持つのは難しいはずです。また、「最後まで絶対に諦めないことがこのチームのアイデンティティだ」というように、集団や共同体にも用いられます。

二つ目の意味は〈自分は（以前と変わらず）自分であるという感覚〉です。私たちは、昨日も一週間前も一〇年前でも、自分は変わらず自分であるという感覚を持っています。

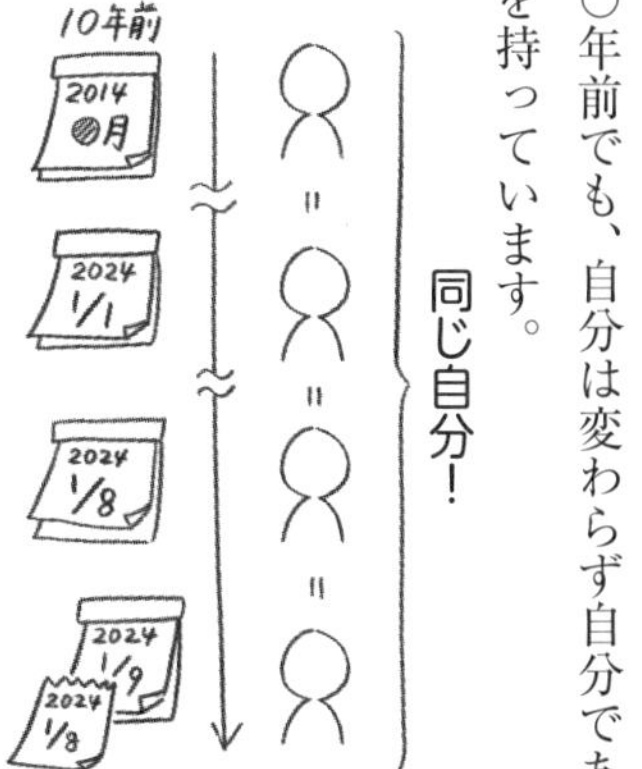

しかし、人間の身体は常に新陳代謝（しんちんたいしゃ）が起きており、一〇年前と現在を比べると、ほぼすべての細胞が入れ替わっています。また、人間の記憶はひどく曖昧なものであり、一〇年前の出来事のうち、はっきりと思い出せることなどごくわずかでしょう。自己の継続性を示す確かな証拠はありません。〈自分は（以前と変わらず）自分であるという感覚〉は、意外と基盤の脆（もろ）いものなのです。

COLUMN 01

語彙力はどうして大切なのですか?

文章は「語」のかたまりだからです。一つ一つの語の意味を正しく理解していなければ、入試問題の傍線部の理解も不正確になり、正答を選ぶことはできません。文章読解における語彙力とは、格闘家にとっての筋力のようなものです。格闘家がどれだけ技術を磨いても、一定の筋力がなければ試合で勝つことはできません。

語彙力の有無で文章の見え方は大きく変わります。例えば、本文中に「近代」という語があったとします。語彙力が低い人の場合、「キ・ン・ダ・イ」という音が頭に浮かぶだけですが、語彙力が高い人は「近代といえば合理主義だな」とか「入試現代文定番の近代批判が始まるのかな」などと、一瞬のうちに色々と考えをめぐらせています。「本文中の記述を根拠に解く」のが入試現代文の鉄則ですが、語彙力がないと、解答の根拠となる言葉が、根拠に見えなくなってしまいます。語彙力は解答力に直結します。

普段の予備校の授業で四〇問の語句テストを行うことがあります。同じ一〇〇点をとっていても、ある生徒は制限時間の一〇分ギリギリで解き終わり、別の生徒は七分で楽々と終えています。わずか四〇語で三分もの差が出るのであれば、入試の文章では「読み終える」だけで大きな時間差が生まれているはずです。速く読むためにも語彙力は欠かせません。

「語彙力はどうして大切なのですか?」という質問をする人は、「読解力と語彙力は関係がない」といった「教え」を目にして、語彙力の重要性に疑いを持ったのかもしれません。しかし、僕にはそうした教えの根拠がよくわかりません。文章が語のかたまりである以上、読解力と語彙力は不可分に結び付いています。

第2章 テーマ別重要語

第2章では、評論文を読解するうえで重要な122語を、一〇個のテーマに分けて学習します。語句の意味が大切なことは言うまでもありませんが、その語句の背景知識も身に付けることで、文章の理解度、そして読解のスピードは格段に上がっていきます。問題を解いた後は解説をじっくり読み、そのテーマや語句について自分で簡潔に説明できる状態を目指すとよいでしょう。

01 近代論

★★★
001 近代（きんだい）
①［1］の一つ。理性主義、合理主義、個人主義、資本主義、科学技術の発展などを特徴とする。

★★★
002 個人主義（こじんしゅぎ）
①個人の［1］や権利を重視する考え方。

★★★
003 産業革命（さんぎょうかくめい）
①一八世紀後半のイギリスで始まった、手工業から［1］への生産形態の変化。（＊）

★★★
004 ポストモダン
①機能主義的、合理主義的な近代建築（＝モダニズム建築）に対して、新しい建築を志向する立場。
②［1］。近代的な価値観を乗り越えようとする立場。

★★★
005 和魂洋才（わこんようさい）
①日本人固有の［1］を失わずに、西洋の学問や技術を取り入れること。

★★★
006 世俗化（せぞくか）
①［1］が社会に対する支配的な力を失っていくこと。

語群 ≫

脱近代　精神　自由　宗教　時代区分　工場制機械工業

▼空欄にあてはまる語句を語群から選びなさい。同じ語句を繰り返し使う場合もある。

正解 ≪

001 (1) 時代区分
002 (1) 自由
003 (1) 工場制機械工業
004 (1) 脱近代
005 (1) 精神
006 (1) 宗教

＊産業革命が起こった結果、大工場における大量生産が可能になって生産効率が飛躍的に高まり、社会も大きく変動した。

解説

一　近代とは何か

近代とは、一言で言えば「時代区分」です。昭和、平成、令和などより、もっと長いスパン（数百年単位）で歴史を捉えたときの時代区分の一つと考えてください。「近代」は、基本的には西洋近代を指し、そこでは「古代・中世・近代」という三つの時代区分が念頭に置かれています。近代の特徴はたくさんありますが、入試評論文頻出のものとしては、**理性主義**、**合理主義**、**個人主義**、**資本主義**、**科学技術の発展**などが挙げられます。

二　近代はいつからか

近代の始まりに明確な定義はありません。例えば、一四世紀頃イタリアで起こった文化革新の運動（ルネサンス）が近代の始まりとされたり、一七世紀を生きた哲学者ルネ・デカルト（83ページ）が「近代哲学の祖」と呼ばれたり、一八世紀の**産業革命**やフランス革命が近代の画期として位置付けられたりと、分野によって、あるいは論者によって様々に定義されます。日本における近代の始まりは明治維新（一九世紀後半）とされ、それ以前（江戸時代）は近世として区別されるのが一般的です。

三　近代はいつまでか

入試評論文では、筆者が特に区別していない限り、「今」も近代に含まれます。フランスの哲学者リオタール（一九二四〜一九九八）は、理性や進歩といった一つの思想の枠組みで歴史を解釈する近代哲学を「大きな物語」と呼んで批判し、近代的価値観に対する信頼が揺らいでいる時代状況を**ポストモダン**と評しました。現代は「近代の終わり」とか「近代から次の時代へと移る過渡期」と言われます。近代の特徴の一つで

近代

今!!

ある個人主義は現代社会に広く浸透していますし、科学技術なしにわれわれの生活は成り立ちません。その意味で現代は近代に含まれます。一方で、現代は気候危機や経済格差など、近代的なものの考え方に起因する様々な問題が噴出している時代でもあります。**現代は、近代の問題点が噴出する中で人類が新たな価値観を模索している時代なのです。**

四　前近代と近代

前近代において、多くの人間は地縁、血縁、信仰でつながった相互扶助的な共同体に身を置いていました。人と人の結び付きが強く、良くいえば助け合いの世界、悪くいえば個人の自由が抑圧された世界です。彼らの身分や職業は生まれた時点でほぼ決まっており、どこで、何をして、どのように生きるかは選択可能なものではなかったのです。しかし、近代に入り事態は大きく変わりました。産業革命を契機に都市には工場が並び、多くの農民が労働者として都市に流れ込みました。彼らは地縁や血縁、宗教的共同体のしがらみから解放され、自らの意志で他者と契約する自由な個人となったのです。

⊕自由
⊖孤独

近代の自由な個人は、同時に、**相互扶助の関係から切り離された孤独な不安感に包まれた存在**でもありました。明治期の日本では、文明開化や和魂洋才の名のもとに急速な近代化、西洋化が進められましたが、一部の知識人は、近代的自我の苦悩を冷静に見つめていました。例えば、夏目漱石（一八六七～一九一六）は『こころ』で「先生」に「自由と独立と己とに充ちた現代に生れた我々は、その犠牲としてみんなこの淋しみを味わわなくてはならないでしょう」と語らせています。

五　近代の人間像

自律的な主体、理性的に自己決定する個人というのが近代の人間像です。理性の力で自分自身をコントロールする（＝律する）存在、本能や感情にとらわれず物事を理性的に判断できる存在というイメージです。

中世は宗教の影響力が強い時代でした。一三世紀の神学者トマス・アクィナスは「哲学は神学の婢(はしため)（＝召使い）である」という言葉を残しています。しかし、近代に入ると、科学技術の発展や宗教の多元化を背景として、宗教は社会に対する支配的な力を失っていきました（＝**世俗化**）。一般に、多様な信仰が認められると、各々(おのおの)の教義が相対化され、信仰の絶対性は失われる傾向があります。もちろん、近代人が神を全く信じなくなったわけではありませんが、社会的な影響力は低下していったのです。

神から人間へと世界の中心が移動したのが近代という時代です。近代哲学の祖とされるデカルトは、考える働き（理性）に人間の本質を見いだしました。デカルト自身には神への信仰があったものの、彼の哲学は人間（理性）を中心に据える近代的な世界観をよく表しています（83ページ参照）。入試の近代論では、〈世界を認識する主体としての人間〉と〈認識される客体としての自然〉を明確に区分する物心二元論が頻出します。

主体

客体

対象から距離をとり、信仰ではなく理性の力で世界を理解しようとした人々（＝後の科学者）は、自然の中に様々な法則性を発見します（67ページ参照）。自然の法則性を発見した人類は、やがて自然を資源とみなし、利用するようになります。現代の環境問題はその延長線上にあるといえるでしょう。

★★★

007 進歩史観（しんぽしかん）

①歴史を人間の[1]の過程と捉える見方。

★★★

008 啓蒙（けいもう）

①正しい知識を与え、[1]こと。

★★★

009 啓蒙思想（けいもうしそう）

①一八世紀のヨーロッパに広まった思想。[1]・[2]を絶対視し、旧来の思想・社会制度の打破を目指した。

★★★

010 オリエンタリズム

①東方趣味。異国趣味。

②〈E・W・サイードが用いた用語として〉西洋人が東洋に抱く[1]。

最高到達点　理性　進歩
偏見　合理的思考　教え導く

---

007 (1)進歩

008 (1)教え導く

009 (1)理性 (2)合理的思考 ※順不同

010 (1)偏見

解説

一 右肩上がりの近代

近代とは絶え間ない変化を続ける時代です。右肩上がりのイメージを持つとよいでしょう。西洋近代は、歴史を「未開」から「西洋型文明」への進歩の過程と捉えました。このような見方を**進歩史観**といいます。

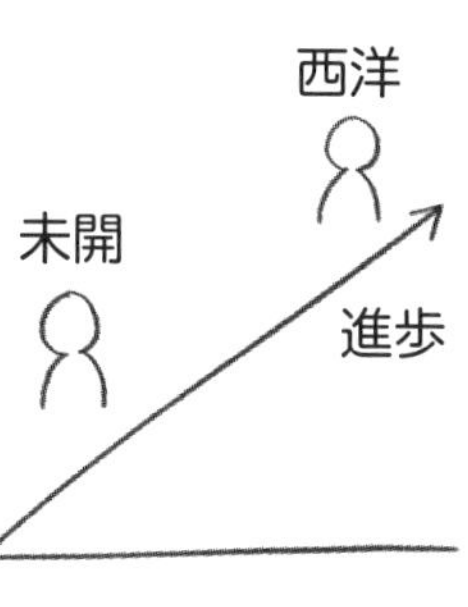

啓蒙は〈正しい知識を与え、教え導くこと〉の意味です。「蒙」は無知蒙昧（むちもうまい）の蒙ですね。無知な人間を啓（ひら）く（＝教え導く）ということです。**啓蒙思想**とは一八世紀ヨーロッパに広まった思想で〈合理的思考を絶対視し、旧来の思想・社会制度の打破を目指す立場〉を意味します（フランス革命は啓蒙思想を象徴する出来事です）。「啓蒙」は英語にするとenlightenmentであり、light（光）が入っていますね。道理に暗い人々に理性の光を当てるということです。

進歩史観は西洋の歴史を〈古代→中世→近代〉という単線的なイメージで捉えるものですが、これは〈未開／東洋／西洋〉という区分に重なるもので、西洋近代を歴史の中心に据える考え方です。

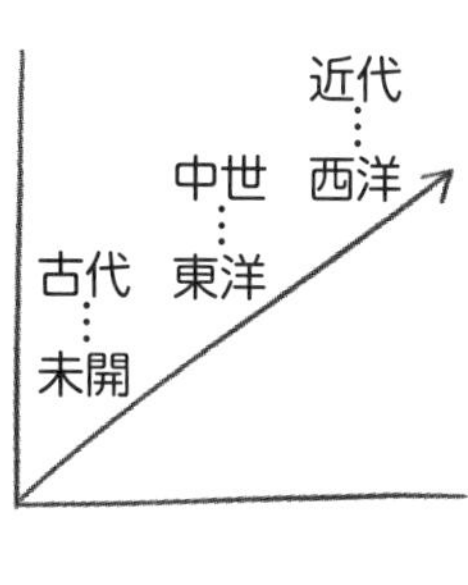

エドワード・サイード（一九三五〜二〇〇三）は〈西洋人が東洋に抱く偏見〉をオリエンタリズムと

呼びました。彼によると、西洋人は、東洋を後進的・受動的・官能的・神秘的な地域として捉え、自らの植民地支配を肯定してきたのです。官能的・神秘的という表象には、オリエント（＝ヨーロッパから見て東方にある中近東地域）への憧れが見いだせる一方で、理性的ではない存在という侮蔑的な意味合いも含まれます。進歩史観のような単線的な歴史観は、「非西洋」を西洋的な価値基準の中に不当に押し込める自民族中心主義的な考え（100ページ参照）として現在では批判されていますが、西洋人はもちろん、日本人の中にも、こうした意識はいまだに残っているように思われます。

二　子どもの誕生

　近代の右肩上がりのイメージは、西洋近代内部での〈子ども／大人〉の区別にも重なります。現代社会には、子ども服や子ども向け番組が溢れており、大人と子どもの区別は自明であるように思われます。しかし、フィリップ・アリエス（一九一四〜一九八四）の『〈子供〉の誕生』によると、**大人と異なる存在としての「子ども」は近代になって誕生した概念です**。例えば、中世の絵画に描かれた「少年」や「少女」は、大人と同じような服を着て、同じような表情をしています。彼らは「小さな大人」であり、そこに子どもと大人の明確な区別はありません。

　現代社会では、子どもと大人は明確に区別され、子どもは純粋無垢な存在（オムツのパッケージ写真が良い例です）、あるいは、理性的な判断力が十分に備わっていない存在とみなされますが、これは近代になってつくられた子どものイメージなのかもしれません。

大人
子ども

★★★

011

弁証法（べんしょうほう）

①対話法。問答法。

②〈ヘーゲルが用いた用語として〉ある考え（＝ 1 ）と、それに対立する考え（＝ 2 ）が統合されることで、より高い次元の考え（＝ 3 ）に至るということ。

★★★

012

プロテスタンティズム

①プロテスタント（＝一六世紀の宗教改革で 1 教会から分かれたキリスト教の宗派）の思想。

★★★

013

エートス

①ある集団・民族の行動を規定する精神的気風。 1 。

★★★

014

予定説（よていせつ）

①人間の救済は 1 によって予め定められているという説。

アンチテーゼ　カトリック　神
気質　ジンテーゼ　テーゼ　人間

---

011 (1)テーゼ (2)アンチテーゼ (3)ジンテーゼ

012 (1)カトリック

013 (1)気質

014 (1)神

解説

一 ヘーゲルの思想

近代哲学の完成者といわれるヘーゲル(一七七〇~一八三一)は、**自由を欲望することに人間の本質を見いだし、人類の歴史を、自由を実現するプロセスと捉えました。**

ヘーゲルは人間の〈精神〉やその表れである歴史の発展を弁証法的に説明しています。**弁証法**とは〈ある考え(=テーゼ)と、それに対立する考え(=アンチテーゼ)が統合されることで、より高い次元の考え(=ジンテーゼ)に至ること〉です。テーゼ・アンチテーゼ・ジンテーゼは、正・反・合と訳されることもあります。また、高い次元に引き揚げることを「止揚(=アウフヘーベン)」といいます。ヘーゲルは主著『精神現象学』で、人間の〈精神〉が様々な経験を通じて少しずつ次元の高い精神(欲望・信仰・理性・良心など)に成長していくさまを描きました(さながら〈精神〉が主役のＲＰＧ(ロールプレイングゲーム)のようです)。

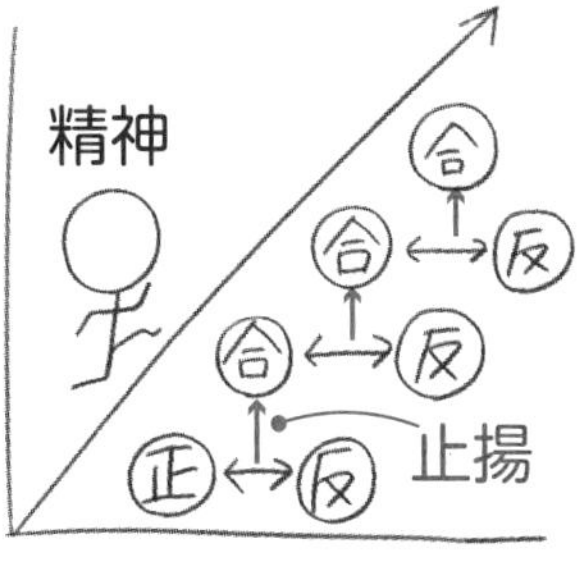

ヘーゲルの考える自由とは、個人が好き勝手に振る舞うという意味ではありません(そのような振る舞いは他者との対立の中で止揚されていきます)。彼は真の自由を、他者との調和的な関係性の中に実現されるものと考えていたのです。

二 資本主義とプロテスタンティズム

資本主義(126ページ)下の企業は、生産で得た利潤の一部を再び投資に回し、生産規模を拡大していきます(予備校であれば、校舎数を増やしていきます。これもまた右肩上がりのイメージですね)。この仕組みを拡大再生産といいますが、ドイツの社会学者マックス・ウェーバー(一八六四~一九二〇)

は、主著『プロテスタンティズムの倫理と資本主義の精神』で、プロテスタント（聖書を重視するキリスト教の一派）の予定説や禁欲主義が、意図せざる結果として資本主義の**エートス**（＝気質・性向）を生み出したことを、緻密な論証で示しました。具体的に説明しましょう。

　プロテスタントの教義の一つに「天職」があります。これは、われわれの仕事は神からの呼びかけ（calling）に応えるものであるという考え方であり、信仰に篤い人ほど神の意志を実現するべく勤勉に働くことになります。また、**予定説**とは〈人間が救われるかどうかは、神によって予め定められているという説〉ですが、これは、私たちの普通の感覚とは相いれない原理であるため注意が必要です。予定説に従えば、救済の有無は予め決まっているわけですから、現世で善行を積んでも全く意味がありません。神の意志は絶対的なものであり、卑小な人間がいくら働きかけても神の差配を動かすことなどできないのです。このような教えの中で人々は善く生きることの意味を失うことになり……ませんでした。救済されるかわからないという不安の中に放り出された信徒は、救済の確信を得るために勤勉に働いたのです。「これだけ善いことをしているのだから、自分は救済される側に違いないと信じようとする」ということでしょう（志望校合格の不安に駆られた受験生が「誰よりも勉強しているから自分は受かるに違いない」と言い聞かせるのに近いかもしれません）。信仰の篤いプロテスタントは生活上の必要を超えて一心不乱に働くことになります。そして、その結果として多くの富を得ても、「禁欲」の教義があるので散財することはありません。神の意志を実現すべく一層勤勉に働くのです。

　このような勤労と禁欲の中で富が増殖していくプロセスは、資本主義の拡大再生産の仕組みと似ていますね。プロテスタンティズムの倫理が、意図せざる結果として資本主義の精神を生み出したのです。

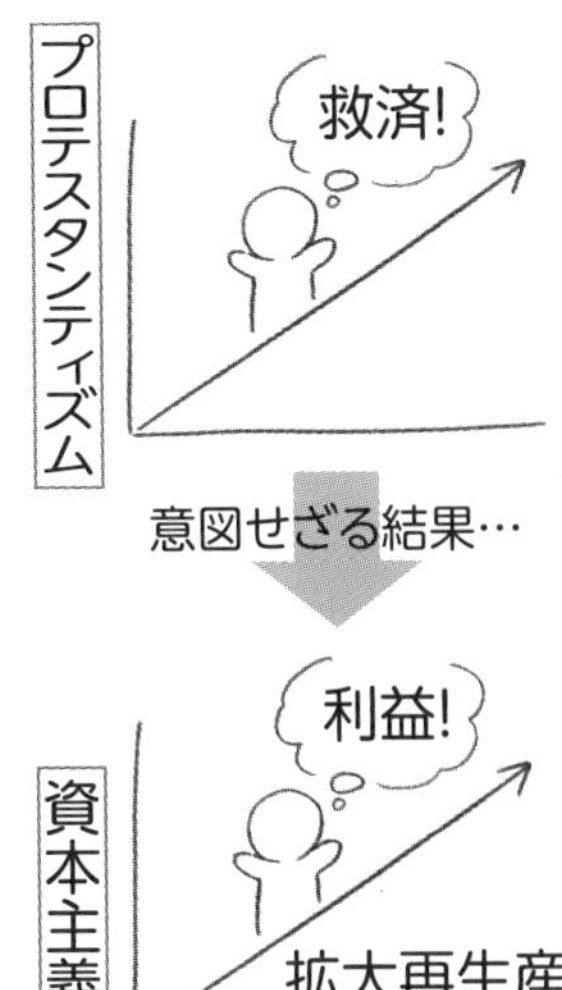
プロテスタンティズム
救済!
意図せざる結果…
資本主義
利益!
拡大再生産

★★★

015

王権神授説（おうけんしんじゅせつ）

①国家を統治する権力は［1］から与えられたものであるという考え方。

★★★

016

社会契約説（しゃかいけいやくせつ）

①国家を統治する権力は人民の［1］によるものであるという考え方。

★★★

017

国民国家（こくみんこっか）

①成員が［1］の意識を備えている近代の国家。

★★★

018

グローバリゼーション

①様々な活動が［1］規模になること。

契約　排他的　地球
王様　神　国民的一体性

---

(1)神

(1)契約

(1)国民的一体性

(1)地球

解説

一　社会契約説

ホッブズ（一五八八〜一六七九）は、〈国家を統治する権力は神から与えられたものである〉という**王権神授説**に対して、〈国家権力は人民の契約によるものである〉という**社会契約説**を考えました。**信仰ではなく理屈で国家を基礎づけようとしたのです。**これは近代合理主義的な態度といえます。

内乱と革命の時代にイギリスを生きたホッブズ*は、人間は利己的な存在であり、自然状態（公的権力のない状態）では、**万人の万人に対する闘い**が生じると考えます。そして、生存の危機に直面した人々は、互いに危害を加えないという契約を結び、違反した者に処罰を下す絶対的な力を持つ存在、すなわち国家を要請することになると考えたのです。

利己的な個人

二　国民国家

〈成員が国民的一体性の意識を備えている近代の国家〉を**国民国家**といいます。例えば、日本では明治維新以降の国家が国民国家です。江戸時代の人々は現代に比べて狭いコミュニティで生活しており、「自分は○○家の人間」とか「△△村の人間」という意識はあっても、「自分は日本人」という意識は乏しかったといわれています。富国強兵を目指す明治政府が近代国家としての諸制度を整備していく中で、人々の間に国民意識（＝同じ日本人であるという意識）が次第に醸成されていきます。例えば、学校の授業で同一の歴史を学ぶことを通じて同胞意識がつくられていったのです。

われわれの国民意識は、様々な制度や言説を通じて歴史的に形成されたものであり、「国民」というまとまりは頭の中のイメージに過ぎません。ベネディクト・アンダーソン（一九三六〜二〇一五）は、国民を「想像の共同体」と呼んでいます。

＊ホッブズの主著『リヴァイアサン』は、旧約聖書の『ヨブ記』に登場する恐ろしい海獣の名であり、絶対的権力を持つ国家を例えたものである。

★★★
019 道具的理性（どうぐてきりせい）
①目的を 1 に遂行する道具と化した理性。

★★★
020 無意識（むいしき）
①人間の行動・感情に影響を与えているとされる、 1 。

★★★
021 生-権力（せいけんりょく）
① 1 に積極的に介入し、社会に適合するように方向づけていく近代の権力。

★★★
022 パノプティコン
① 1 。哲学者ベンサムが設計したもので、フーコーが著書『監獄の誕生――監視と処罰』において、近代型権力のあり方を示すものとして紹介した。

心の深層部分　人々の生　欲望的　効率的　一望監視施設

(1)効率的

(1)心の深層部分

(1)人々の生

(1)一望監視施設

解説

一　二度の世界大戦

二〇世紀は戦争の世紀といわれます。特に第二次大戦では五千万人以上が犠牲となり、ホロコースト*1や原爆投下といった惨劇が起こりました。52ページで進歩史観を扱いましたが、数千万人もの死をもたらす「進歩」は果たして進歩と呼べるのでしょうか。二度の大戦は近代的理性への大きな疑念を生み出しました。

ドイツのフランクフルト学派は、理性の働きによって進歩したはずの文明社会が、なぜ戦争や虐殺といった「新たな野蛮」を引き起こすのかという問題に取り組みました。ホルクハイマー（一八九五〜一九七三）とアドルノ（一九〇三〜一九六九）は、共著『啓蒙の弁証法』において、**近代の理性が、行為の目的や価値を問うものではなく、目的を効率よく遂行するための道具と化してしまった**ことを指摘し、道具的理性として厳しく批判しました。また、フロム（一九〇〇〜一九八〇）は『自由からの逃走』で、**自由という重荷を背負わされた近代人が、孤独感や無力感に耐え切れずファシズム*2へ傾倒していくメカニズム**を解き明かしています。

近年の入試評論文で頻出するハンナ・アレント（一九〇六〜一九七五）は、主著『人間の条件』において、人間の営みを「労働（生活の糧を得ること）」、「仕事（ものを作り出すこと）」、「活動（公共的な場で社会について語り合うこと）」に分類し、「活動」こそ人間にふさわしい自由な行為であり、全体主義の回避につながると考えました。また、アレントはナチスドイツのアイヒマンの裁判を傍聴し、「凡庸な悪」という言葉を残しています。アイヒマンはユダヤ人大量虐殺の責任者の一人ですが、被告人席で答弁を行う彼の姿は、極悪非道な殺人鬼というよりも、上司の命令に従うだけの小役人に過ぎませんでした。人類史に残る犯罪は、思考停止に陥った「普

＊1：「ホロコースト」とはナチスドイツによる600万人のユダヤ人大虐殺のこと。
＊2：「ファシズム」とは広義に全世界の強権的、独裁的な思想および政治形態をさす言葉。

通の人間」によってなされたのです。悪は陳腐で凡庸であり、そこに恐ろしさがあるのです。

二　近代的理性に対する懐疑

精神分析を創始したフロイト（一八五六～一九三九）は、人間の心の深層に無意識の領域があることを明らかにしました。合理的に判断する主体という近代の人間像に対して、**無意識に支配される個人という新たな人間像を提示した**のです。

人類学者のレヴィ＝ストロース（一九〇八～二〇〇九）は、神話や「未開社会」の研究を通じて、**人間の思考や行動は社会全体の構造によって規定されていることを示しました**（106ページ参照）。また、「未開」で遅れているとされた社会にも複雑で巧みな思考（＝野生の思考）があり、そこには自然や動物と共生する知恵が含まれていることを明らかにします。レヴィ＝ストロースは、「無知蒙昧な未開社会が理性的な文明社会へと進歩する」という考えを西洋の偏見と断じ、そうした**西洋中心主義、理性中心主義を厳しく批判した**のです。

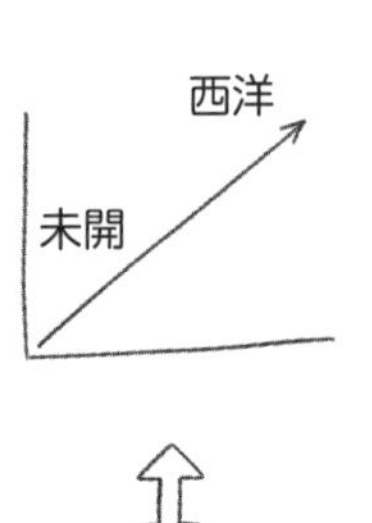

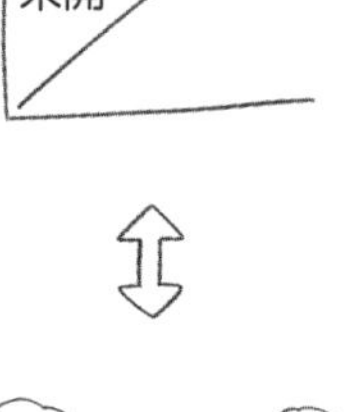

三　身体へのまなざし

メルロ＝ポンティ（一九〇八～一九六一）は身体を哲学的に考察した人物であり、**精神と身体、主体と客体を対立的に捉えるデカルト的な二元論を克服しようとしました。**入試評論文では「相互浸透」や「（主体であり客体でもあるという）両義性」といった言葉が、彼の思想を説明するためによく使われます。例えば、誰かと握手をしているとき、私の身体は、相手に触れる主体であると同時に触れられる客体でもあり、両義的な存在といえます。また、デカルト的な二元論において、身体は認識されるもの（＝客体）ですが、私たちにとって自分の身体は、自分がそれを生きているものなのではないでしょうか。身体は物体であると同時に自分の意識が浸透している存在なのです（身体論は97ページ参照）。

四　生-権力

　近代批判を行った人物として、最後にミシェル・フーコー（一九二六～一九八四）を挙げましょう。フーコーは『狂気の歴史』で、近代に入り「狂気」が病として社会から排除されたことを示しました。理性主義、合理主義の近代において、狂気は「異常」なものとみなされ、また、近代産業社会において労働力にならない人物は無用な存在とみなされて市民生活から排除されたのです。フーコーは〈理性⇔狂気〉という区分が、近代社会が作り上げた図式であることを強調しました。

　フーコーの思想では、「生-権力」という概念も重要です。近代以前の権力（王権）は「従わなければ殺す」というものでしたが、**近代の権力は、学校、軍隊、工場、監獄などをつくることで、人々の生に積極的に介入し、社会に適合するように方向づけていくものなのです。**入試評論文ではしばしば、「パノプティコン（一望監視施設）」に言及があります。これは円形に配置された囚人の部屋を、中央の塔から監視するというシステム（左図）です。囚人からは監視者の様子を確認することができないため、事実に関係なく常に「見られている」と思い、囚人は振る舞いを自ら統制していくようになります。フーコーはこれを個人の内面をつくり変える近代型権力の象徴として捉えていたようです。

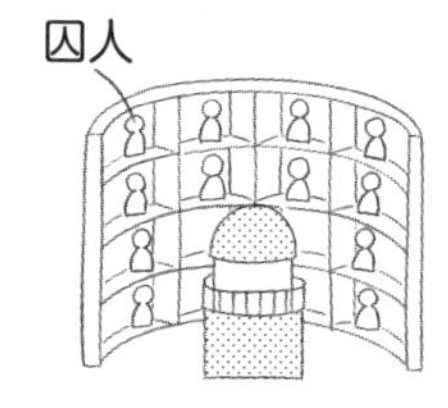

02 科学論

★★★
023 科学（かがく）
①自然の［1］を明らかにする営み。

★★★
024 技術（ぎじゅつ）
①物事を巧みに行うわざ。
②自然の事物に手を加え、［1］に役立てるわざ。

★★★
025 科学技術（かがくぎじゅつ）（テクノロジー）
①［1］を取り入れた技術。

▼空欄にあてはまる語句を語群から選びなさい。同じ語句を繰り返し使う場合もある。

語群
歴史　法則性　科学的知識　人間生活

正解
023 (1)法則性
024 (1)人間生活
025 (1)科学的知識

解説

科学と技術

「科学技術」という言葉があるように、現代社会では「科学」と「技術」は密接に結び付いていますが、本来両者は別物です。

科学とは〈自然の法則性を明らかにする営み〉です。中学校の理科で「二酸化マンガンに過酸化水素水を加えると酸素が発生する」ことを学んだと思いますが、これは、自然の法則であり、科学的知識といえます。一方、**技術**とは、〈自然に手を加え人間生活に役立てるわざ〉です。例えば、石器時代の人類が狩りのために石斧を作るのは技術的な営みといえます。

科学

$2H_2O_2 \rightarrow 2H_2O + O_2$

≠

技術

石斧作りに科学的知識は必要ありませんが、自動車を作る場合はどうでしょうか。車の車体には多くの鉄が使用されていますが、自然界に鉄は落ちていません。鉄鉱石を採掘し、それに石灰石（せっかいせき）やコークスを加えて高炉（こうろ）に入れ、鉄を取り出す必要があります。この工程には「酸化鉄（鉄鉱石）に炭素（コークス）を加えると、還元反応が起こり、鉄（と二酸化炭素）が発生する」という科学的知識が生かされています。こうした〈科学の知識を取り入れた技術〉を**科学技術**というのです。

科学的知識

$2FeO + C \rightarrow 2Fe + CO_2$

鉄

加工!!

現代社会では、科学と技術は不可分に結び付いており、単に「科学」や「技術」というときも、科学技術を指していることがあります。

★★★

026 機械論（きかいろん）

① 1 をモデルとして世界を理解する考え方。

★★★

027 還元（かんげん） 書

① 1 こと。置き換えること。

②〈科学の分野で〉分けて考えること。

★★★

028 要素還元主義（ようそかんげんしゅぎ）

① 複雑な事象を、それを構成する個々の 1 に分解することで理解しようとする考え方。

要素　組み立てる
元に戻す　機械　人間

---

(1) 機械

▼機械とは「部品の組み合わせ」から成る、「一定の法則に従って動く」もの。

(1) 元に戻す

(1) 要素

解説

近代科学の特徴

哲学者の河野哲也は著書『意識は実在しない』において、近代科学の特徴を三点挙げています。

一つ目は機械論的自然観です。**機械論**とは、機械（＝部品の組み合わせから成る、一定の法則に従って動くもの）をモデルとして世界を理解する考え方です。近代以前のアリストテレス的な自然観は、自然を擬人的に捉えていました。例えば石の落下について、「故郷に近づくにつれて人の足取りが軽くなるように、石にとって自然な場所（地球の中心付近）が近づくにつれて落下速度が速くなる」といった説明をしていたのです。これに対して、自然から意志を排除し、すべてを法則的な事象として捉えるのが機械論的な自然観です。

〈アリストテレス的自然観〉

〈機械論的自然観〉

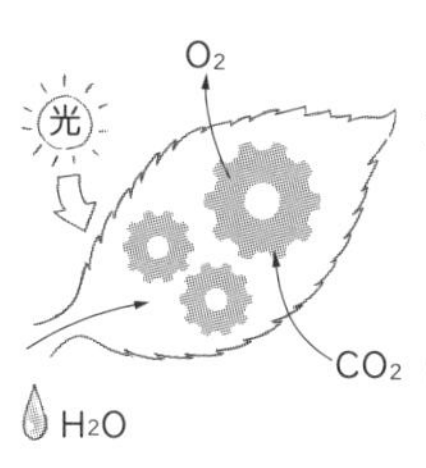

二つ目は**原子論的な還元主義**です。**還元**は、日常生活では〈元に戻る・元に戻す〉の意で用います。「一〇％ポイント還元！」とあれば、購入額の一〇％がポイントとして戻ってくるということです。科学論で用いられるときは、〈分けて考える〉の意になります。〈元に戻る〉が〈分ける〉になるのは、還元という語に、**より根本的なものに戻る**という意味合いがあるためです。例えば、「水」について考えるとき、科学者は、水素と酸素という、より根本的な要素に戻って考えます（これを**要素還元主義**といいます）。根本に戻ることが、結果として分けて考えることになるわけです。自然を個々の原子（の集合）として捉えるのが、原子論的な還元主義です。

三つ目は**物心二元論**です。これは、〈世界を精神と物体に截然（せつぜん）と分けて考える立場〉です。03「哲学・思想」（82ページ）で詳しく説明しています。

★★★

029

科学（かがく）の制度化（せいどか）

①科学研究が 1 化・ 2 化し、企業や学校で組織的に研究が行われ、社会システムの不可欠な一部となること。

★★★

030

反証主義（はんしょうしゅぎ）

① 1 があることを科学の本質と捉える立場。

★★★

031

疑似科学（ぎじかがく）

①科学的であるかのように装っているが、実際には 1 である言説。

★★★

032

パラダイム

①〈科学の分野で〉ある時代の科学者に 1 されている根本的なものの捉え方・考え方。

②〈それ以外の分野で〉ある時代において支配的な規範となっているものの捉え方・考え方。

専門　反証可能性　共有
職業　実証可能性　非科学的

(1)専門 (2)職業 ※順不同

(1)反証可能性（＊）

(1)非科学的

(1)共有

＊「反証可能性がある」とは「反証の可能性に開かれている」こと、「どうすれば反証できるのかが明示されていること」の意。

解説

一 科学史

中世ヨーロッパの自然観は、古代ギリシアの自然哲学（アリストテレス的な自然観）とキリスト教の教えが結び付いたものでしたが、一六世紀半ばから一七世紀末にかけて、そうした従来の考え方が大きく変容します（＝**第一次科学革命**）。

幕開けとなったのは、コペルニクス（一四七三〜一五四三）の『天球の回転について』です。コペルニクスは**地動説**（＝太陽を中心として他の惑星がその周りを回っているという説）を主張し、当時正しいとされていた**天動説**（＝地球を中心とした天球上を他の天体が回っているという説）を否定しました。

二人目の重要人物はガリレオ（一五六四〜一六四二）です。自分でレールを作り、その上でボールを転がす実験を行って、「重い物体が先に落ちる」というアリストテレスの運動論を否定しました。ピサの斜塔から重い球と軽い球を同時に落としたという逸話も、**実験や観察を重視する近代科学の特徴**をよく表しています（ただし、話自体は後世の創作のようですが）。

三人目は、『自然哲学の数学的原理（プリンキピア）』を著したニュートン（一六四二〜一七二七）です。リンゴの落下を見て**万有引力の法則**を発見したというエピソードが有名ですね。彼の発見の意義は、従来の世界観が前提としていた「天と地の区別」をなくしたところにあります。たとえ話で説明しましょう。

僕（＝西原）が今、手にしているリンゴを放したとします。リンゴは地球の引力によって真下に（地球の中心に向かって）落ちるでしょう。次に、リンゴを水平方向に投げたところ、30メートル離れた場所に落ちました。それから半年間ジムで体を鍛え、再びリンゴを投げたところ、距離が50メートルに伸びました。それからまた徹底的に体をいじめ抜き、プロ野球選手をはるかに超える強肩を身に付けた西原は、1キロメートル先までリンゴを投げられるようになりました。それでもなお妥協せず肉体改造を続けた結果、ついに西原が投げた秒速7.9キロメートルの剛速球（剛速リンゴ）は地球を一回りして元の場所へ戻ってくるようになったのです。筋トレに取り憑かれた西原は、それでもトレーニングをやめません。半年後、先ほどの倍のスピードでリンゴを投げたところ、リンゴは地球の引力を振り切って宇宙空間へと飛び出していきました……。

ムキムキの西原

地球

剛速リンゴ

荒唐無稽な話ですが、地球の周りを回転する「月」は、秒速7.9キロメートルのリンゴと同じように理解できるのではないでしょうか。月は地球の引力の影響を受けながら（落下を続けながら）、地球に衝突することもなく、どこかへ飛んでいくこともなく地球の周りを回っているのです。

ここで大切なことは、**地上の物体（リンゴ）と天体（月）を同じように説明できる**ということです。ニュートンの理論は「天体と地上は異なる規則に支配されている」という従来の考えを根底から覆すものだったのです。

ここまで、近代科学の創始者達の業績を見てきましたが、注意すべきは、彼らが神への信仰心を持っていたということです。キリスト教の世界観では、この世界は神のつくった合理的な秩序で成り立っています。**近代科学の創始者達が目指したのは、自然に埋め込まれた「神の設計図」を明らかにすることでした。**不完全ながらも理性を備えた人間が神の秩序に少しでも近づこうとしたのです。

「神の設計図」を（部分的にではあれ）手にした人類は、**自然をコントロールする力を手に入れました。**「知は力なり」（フランシス・ベーコン）ですね。

そして、一八世紀になると、近代科学は啓蒙思想と結び付き、自然を人間の幸福に役立てるという志向を強めていきます。

啓蒙思想とは、52ページで説明したように、〈理性・合理的思考を絶対視し、旧来の思想・社会制度の打破を目指す考え方〉であり、人類は進歩していく存在であるという観念（＝進歩史観）と分かちがたく結び付いています。そして、科学的な知識やそれがもたらす力（＝科学技術）は、人類の進歩を支えるものとみなされたのです。

理性
科学の力
進歩!!

「科学者（scientist）」は、一九世紀に生まれた言葉です。もともと、科学研究の担い手は貴族や聖職者達であり、科学研究を職業とする「科学者」が誕

生したのは、一九世紀に入ってからのことなのです。また、一九世紀には、科学研究を行う教育機関が整備され、科学者組織としての「学会」が作られるなど、**科学の制度化**、組織化が進みました。こうした一連の変化を、**第二次科学革命**と呼びます。

二〇世紀に入り、科学は国家との結び付きを強めていきます（「人類のため」の科学が「国家のため」の科学になったといってもよいでしょう）。第一次大戦と第二次大戦という二度の大規模な戦争が起こり、軍事技術の研究開発のために多くの科学者や技術者が動員されて、戦車、戦闘機、潜水艦、毒ガスなど新たな兵器が次々と開発されました。科学技術力が国家の命運を握るようになったのです。アメリカの原爆開発計画は、国家が莫大な資金を費やし、オッペンハイマーを中心に組織化された大規模な科学者集団によって進められたものであり、国家と科学技術のつながりを象徴的に示す例といえるでしょう。

第二次大戦の犠牲者数は五千万～八千万人と推計されています。人類の幸福を実現するはずの科学によって、莫大な数の犠牲者が生まれたのです。

二　科学と非科学

科学と非科学の違いはどこにあるのでしょうか。一般的なイメージは、「実験データなどの客観的な証拠を示せるのが科学で、そうでないのが非科学」

というものでしょう。しかし、実験は真理を保証してくれるわけではありません。例えば、「二酸化マンガンに過酸化水素水を加えると酸素が発生する」ことを、1,000,000,000,000回（＝一兆回）実験して確かめたとしても、そのデータは、1,000,000,000,001回目（＝一兆一回目）もそうなることを保証してくれません（32ページ【帰納】参照）。そう考えると、実証性を科学の本質とするのは難しいでしょう。実際、科学の歴史を振り返ると、天動説から地動説へ、ニュートン力学から相対性論へという形で、その時代の「客観的事実」は覆されてきたのです。

そこで、カール・ポパー（一九〇二〜一九九四）は、**反証可能性があることを科学の本質と捉えました（＝反証主義）**。反証とは、ある理論の誤りを証明することです。ポパーは、科学の理論とは「理論の提示→反証→修正→反証→……」の連続で強度を高めていくものであり、「反証可能性があること（＝反証の可能性に開かれていること。どうすれば反証できるのかが明示されていること）」を科学の本質だと考えたのです。

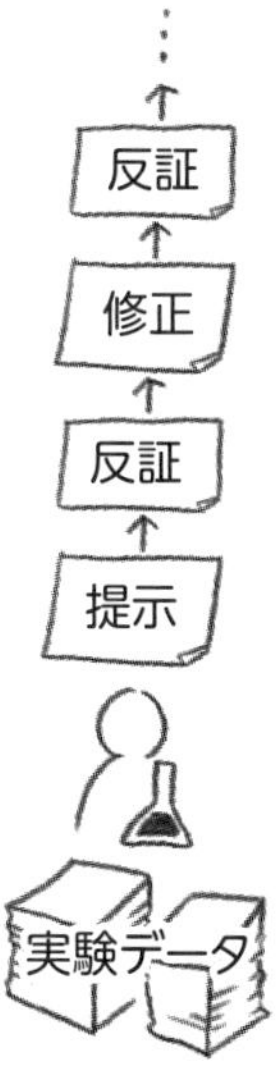

ポパーが科学に求めるのは、「間違っていないこと」ではなく、「反証可能性があること」です。例えば、ある人物が自分の理論Xを、数式と実験データで示したとします。この場合、他の科学者の実験によって、Xに矛盾するデータが一つでも見つかれば、Xは間違っていたということになります。反証可能性があるので、理論Xは「科学的」といえます。「反証→修正→反証→…」というサイクルに乗っていることが、科学の条件なのです。

一方、別の人物が「神の怒りで地震が起きる」（＝理論Y）と語ったとします。この場合、「神の怒り」

の中身がはっきりしませんし、どうすれば神の怒りと地震に因果関係がないことを示せるのかがよくわかりません。「関係ないですよね」→「いや、あります」→「いや、ないですよ」→「ありますよ」→……、という感じで議論は一向に先に進まないでしょう。反証可能性がないので、理論Yは「非科学」ということになります。

三　疑似科学

疑似科学とは〈科学的であるかのように装っているが、実際には非科学的である言説〉です。「ニセ科学」「科学もどき」と言ってもよいでしょう。例えば、「マイナスイオン」や「水素水」は、効果がはっきりしないにもかかわらず、様々な形で商品化されて社会に出回りました。商品化の過程では、実際に効果があるかどうかではなく、効果がありそうに見えることが優先されてしまうのです。企業側に社会的責任を求めるだけでなく、消費者側も科学と疑似科学を見分ける目を持たなくてはなりません。

四　パラダイムシフト

科学哲学者のトマス・クーン（一九二二〜一九九六）は、「パラダイム」を、「一定の期間、研究者の共同体にモデルとなる問題や解法を与える一般に認められた科学的業績」（『科学革命の構造』）と定義しました。この言葉が評論文中に登場したときは、〈ある時代の科学者に共有されている根本的なものの捉え方・考え方〉と言い換えればよいでしょう。例えば、「地動説」が定説となる以前、自然哲学者達は「天動説」の正しさを前提として研究を進めていました。天動説（というパラダイム）に合わない事象が観測されても、それを整合的に説明する新たな解釈が作り出され、パラダイムそのものは維持されたのです。

しかし、新たな解釈で説明することが限界に達すると、**新たな理論への革命的な変化**が起こります。

クーンはこれを**パラダイムシフト**と呼びました。従来、科学は累積的に（＝右上がりで一直線に）進歩するものと考えられていましたが、クーンの考え方では、旧パラダイムと新パラダイムは、考え方の枠組みが根本的に異なり、それらは互いに**共約不可能**（＝使用される概念や言葉の意味が異なり、翻訳することができない）なものです。クーンは、科学の歴史を断続的な転換の歴史として描いたのです。

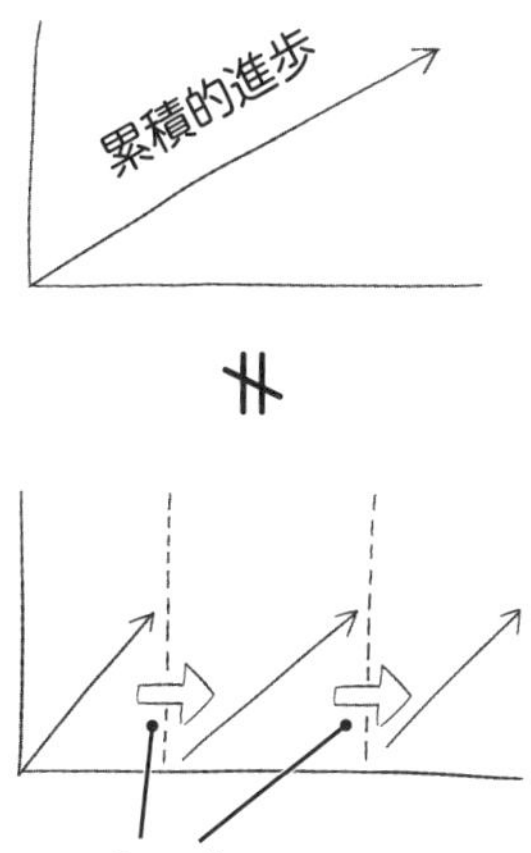

03 哲学・思想

★★★
033 神話（しんわ）

①神々にまつわる話を中心に、世界の成り立ちや［1］を説明した話。
②［2］もなく多くの人に信じられている話。

★★★
034 ロゴス

①［1］、［2］、理性、秩序などを意味する語。

★★★
035 イデア

①理性によってのみ捉えられる、事物の［1］。

語群 ≫
論理　本質　根拠　自然現象　言葉

▼空欄にあてはまる語句を語群から選びなさい。同じ語句を繰り返し使う場合もある。

正解 ≪

033 (1)自然現象 (2)根拠
034 (1)言葉 (2)論理 ※順不同
035 (1)本質

解説

一　哲学とは何か

哲学とは、世界や人間の根本原理、本質について考察する学問です。哲学という語はギリシア語のphilosophiaに由来します。幕末・明治期の啓蒙思想家西周（にしあまね）（一八二九～一八九七）が、「知（＝sophia）を愛する（＝philo）」という原義に従って「希哲学（＝知恵を希（こいねが）う学）」という訳語をつくり、それが簡略化されたのが「哲学」です。

哲学は世界のすべてを考察の対象としており、それを厳密に分類することは難しいのですが、おおまかに、①世界の成り立ちについて考えること、②人間の認識について考えること、③人間はどう生きるべきかについて考えること、の三つに分けることができます。

二　哲学の始まり

哲学の祖とされるタレス（前六二四頃～前五四六頃）は、「万物の根源（＝アルケー）は水である」と考えました。彼の功績は、**世界の成り立ちについて原理的に考え、言葉で説明しようとした点**にあります。タレス以前、人々は神話によって世界の成り立ちを理解していました。しかし、人々の交流が進むと神話の地域差が意識され、誰もが納得できる統一的な説明が求められるようになります。そこで、タレス*をはじめとした自然哲学者達は、世界の成り立ちを言語によって合理的に説明しようとしたのです。タレスの「水」に続く形で、「空気（by アナクシメネス）」、「数（by ピタゴラス）」、「火（by ヘラクレイトス）」、といった様々な主張がなされましたが、そうした「答え」の中身よりも、**彼らが世界の根源についてロゴス（＝言語、論**

＊タレスの生地ミレトスは当時港町として栄えていた。多様な文化が交錯する場所柄が自然哲学の興隆を促したのだろう。

理）で説明しようとしたことに意義があります。当時の自然哲学者の態度は、現在の自然科学に通じています。中学校で元素周期表を習ったと思いますが、あれはまさに「世界の成り立ち」を表していますね。タレスの「万物の根源は水である」という主張も、「世界は水素原子で成り立っている」などと言い換えれば、それほど荒唐無稽には聞こえないでしょう。

三　プラトン

古代ギリシアの哲学者の中で、入試評論文で引用されることが最も多いのは、プラトン（前四二七頃～前三四七）です。有名なイデア論を説明しておきましょう。イデアとは〈理性によってのみ捉えられる、事物の本質〉のことです。三角形の例で説明しましょう。三角形とは「三つの頂点とそれを結ぶ三本の線分から成る図形」ですね。試しにこのページの余白に自分で三角形を書いてみてください。

……書いてくれたと信じて先に進みます。皆さんが書いた図形は、残念ながら厳密には三角形ではありません。線分は定義上「点」の集合であり、点は面積を持たないため線分も面積を持ちません。しかし、皆さんが書いた「線分」にはシャーペンの芯の太さ分の面積があり、厳密には線分ではありません。そして、そうした線分もどきから成る図形は三角形もどきでしかないのです。このように考えると、われわれが普段目にしている「三角形」はどれも「真実の三角形」ではありません。真実の三角形とは、理性を働かせることで頭の中で捉えられるものであり、プラトンはそれを三角形のイデアと呼んだのです。

イデアは三角形だけでなく、「机のイデア」「リンゴのイデア」「犬のイデア」……と無数にあります。プラトンの立場に立てば、わ

三角形のイデア

三角形もどき

れわれが大きさ、毛色、鳴き声などが異なる犬を同じ犬として認識できるのは、犬のイデアを知っているからということになります。

プラトンは、左図のように、イデア界（＝様々なイデアが存在し、理性によってのみ捉えられる世界）と現象界（＝われわれが普段暮らしている、感覚によって捉えられる世界）という区分を設けました。イデア界の存在は永遠不変ですが、現象界の物質は生成消滅します（例えば、現実の犬はいつか死んでしまいます）。このように**〈理性⇔感覚〉という区分を設ける考え方は、プラトン以後の西洋哲学において脈々と受け継がれていくこと**になります。数学者のホワイトヘッド（一八六一〜一九四七）は「西洋のすべての哲学はプラトン哲学への脚注に過ぎない」という言葉を残しています。

〈イデア界〉

〈現象界〉

プラトンは、真・善・美にもイデアがあると考えました。例えば、私たちが、風景、絵画、音楽というそれぞれ性質の異なるものに同じ「美」を感じられるのは、「美のイデア（＝美そのもの）」を知っているからだということになります。そして、プラトンは無数にあるイデアの中で、「善のイデア」こそわれわれが探求すべき至上のイデアだと考えました。

こうしたプラトンの立場は、善く生きることについて考えることにつながります（プラトンの師ソクラテスは「大切なことは、ただ生きることではなく、善く生きることだ」という言葉を残しています）。タレスなどの自然哲学者達が世界の成り立ちについて考えたのに対して、**プラトン（やソクラテス）は、人間が生きる意味や価値を考えたのです。**

★★★
036 方法的懐疑(ほうほうてきかいぎ)

①絶対に疑いえないことを見つける［1］として、すべてに疑いの目を向けること。

★★★
037 物心二元論(ぶっしんにげんろん)

①世界を［1］と［2］に截然(せつぜん)と分けて考える立場。

★★★
038 心身二元論(しんしんにげんろん)

①人間を［1］と［2］(物体)に截然と分けて考える立場。

★★★
039 大陸合理論(たいりくごうりろん)

①一七～一八世紀にフランスやドイツを中心に興った、理性的、［1］的思考を重視する立場。

★★★
040 イギリス経験論(けいけんろん)

①一七～一八世紀にイギリスで興った、知識や認識の根拠を経験(［1］)のみに置く立場。

物体　手段　身体
精神　論理　感覚

---

036 (1)手段
037 (1)精神 (2)物体 ※順不同
038 (1)精神 (2)身体
039 (1)論理
040 (1)感覚

解説

一 デカルト

ルネ・デカルト（一五九六～一六五〇）は近代哲学の祖といわれます。彼が生きた時代は、長期にわたる宗教戦争が起きていた時代であり、カトリックとプロテスタントが各々の「正しさ」を掲げて血で血を洗う戦いを続けていました。79ページで、古代ギリシアのタレスが、多文化の交錯するミレトスという港町で誰もが納得できるような世界の原理を考えたことを説明しました。同様に、デカルトは「正しさ」が相対化される時代の中で、誰もが納得できるような思考の原理を考えたのです。デカルトは大学で「書物による学問」を修めた後、「世界という大きな書物」に学ぶため諸国を遍歴しています。その過程で様々な暮らしや考え方に出会ったことも彼の思想に少なからぬ影響を与えたことでしょう。

数学には誰もが納得できる思考の原理（＝公理）があり、それを基盤に個別の問題を考えていくことができます。数学者でもあるデカルトは、哲学にもこうした原理が必要だと考え、「絶対に疑いえないこと」を見いだすためにあらゆる考えを疑うという戦略を取りました（＝**方法的懐疑**）。すべてを疑ったうえで、それでも疑いえないことが残れば、それが哲学の根本原理になると考えたのです。

デカルトの懐疑は徹底しており、感覚的判断にも疑いの目を向けました。例えば、棒を水槽に入れると曲がっているように見えますが、実際に曲がっているわけではありません。また、われわれの感覚では地球は平面ですが、実際は球体です。このように人間の感覚はだまされることがありますから、仮に目の前にリンゴが見えたとしても、そこにリンゴが確実に存在するとはいえないのではないでしょうか。さらにいえば、われわれは夢を見ているとき――特にその世界に入り

込んでいるとき――に「自分は夢を見ている」とは思いません。ということは、この本を読んでいるあなた自身も今、夢の中にいる可能性があるのではないでしょうか……。

　このようにデカルトはあらゆるものに疑いの目を向けていきますが、何かを疑っている（＝考えている）限り、「考えている私」の存在を疑うことはできません。例えば、目の前にリンゴが見えたとします。そこに本当にリンゴがあるかはわからない（＝幻かもしれない）のですが、「リンゴがあるな」とか「本当にあるのかな」と考えている「私」が存在することは疑うことができません（……という説明を読んでいるあなたが「何かよくわからないな」と思ったとして、少なくともそう思っている限り「何かよくわからないと思っている自分の存在」は疑いえないということになります）。こうして発見されたのが**われ思う、ゆえにわれあり**という哲学的原理です。

　デカルトは精神（＝疑ったり考えたりする働き）と物体を截然（せつぜん）と区別しました。デカルトの言う物体とは「延長（＝空間的広がり）」を持つものです。体積と言い換えてもよいでしょう。リンゴには体積がありますが、精神にはありません。その点で精神と物体は根本的に異なる存在だと考えたのです。これを**物心二元論**といいます。

　デカルトの思想には、当時から精神と身体（物体）の結び付きをうまく説明できないのではないかという批判がありました（例えば、精神と身体が全く異なる存在であるなら、緊張や心配でおなかが痛くなるという現象に説明がつきません）。また、入試評論には近代批判の文章が多く、近代哲学の祖とさ

れるデカルトを批判することが一種の定番となっています。しかし、デカルトは、哲学の根本原理を見つけるためにあらゆるものを疑うというその徹底性において、近代哲学の祖という名にふさわしい人物といえるでしょう。

二 経験論

精神の働きに注目したデカルトに対して、人間の知覚経験を重視するのが経験論の立場です。徹底した経験論者のデヴィット・ヒューム（一七一一～一七七六）は、因果関係の実在性を否定しました。

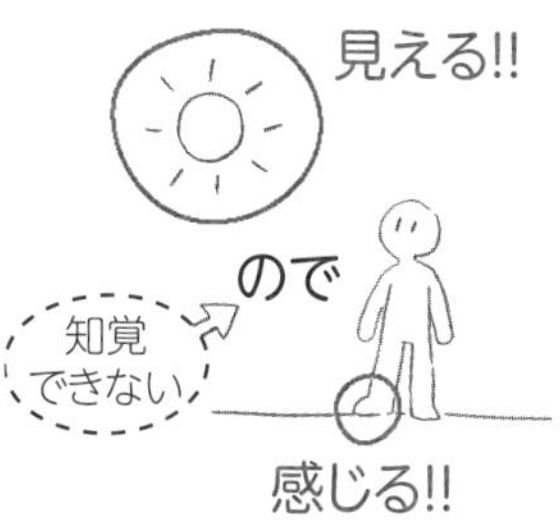

例えば、真夏の昼間にアスファルトの道路をはだしで歩いたとします。われわれは普通「太陽が照りつけているので、道路が熱い」と解釈するでしょう。しかし、「太陽」は視覚で捉えられますし、「熱い」も触覚で捉えられますが、「ので」を知覚することはできません。ヒュームの立場からすれば、知覚できない以上、因果関係の存在は単なる思い込みに過ぎないということになります。もう一つ（やや極端な）例を出しましょう。あなたのクラスの田中さんには変わった癖があり、毎日、午前一〇時一五分になると「ハンバーグ！」と叫んでしまいます。もう一人のクラスメイトの鈴木さんは、毎日、午前一〇時一五分〇一秒になると「席から立ち上がる」という癖があります。これらが繰り返されるうちに、クラスのみんなは「田中さんがハンバーグと叫んだので、鈴木さんが起立した」と因果関係で捉えるようになるでしょう。しかし、二人の行為には時間的な前後関係があるだけで因果関係はありません。このように考え、因果関係の実在性を徹底的に疑ったのがヒュームなのです。

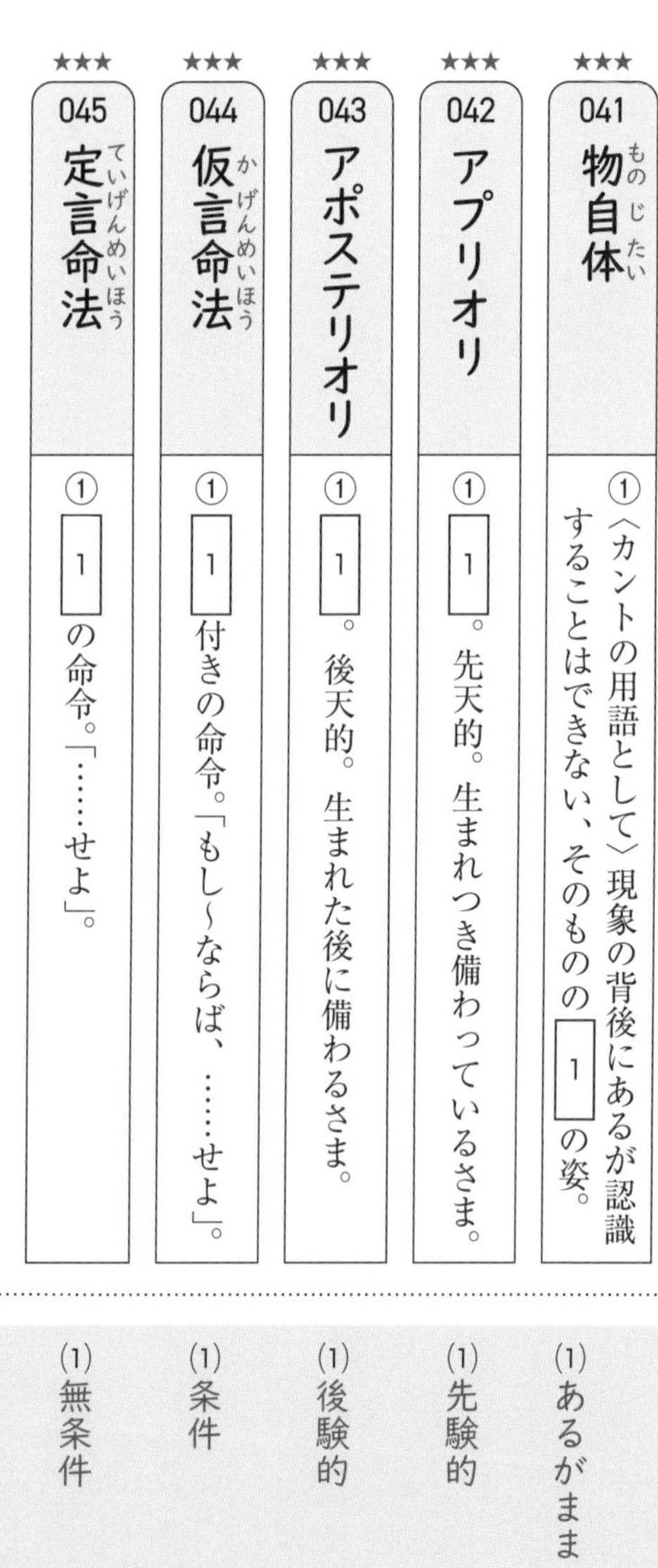

★★★
041 物自体（ものじたい）
① 〈カントの用語として〉現象の背後にあるが認識することはできない、そのものの［1］の姿。

★★★
042 アプリオリ
① ［1］。先天的。生まれつき備わっているさま。

★★★
043 アポステリオリ
① ［1］。後天的。生まれた後に備わるさま。

★★★
044 仮言命法（かげんめいほう）
① ［1］付きの命令。「もし〜ならば、……せよ」。

★★★
045 定言命法（ていげんめいほう）
① ［1］の命令。「……せよ」。

後験的　あるがまま
無条件　先験的　条件

(1) あるがまま
(1) 先験的
(1) 後験的
(1) 条件
(1) 無条件

解説 イマヌエル・カント（一七二四～一八〇四）は『純粋理性批判』『実践理性批判』『判断力批判』という三つの批判書を残しました（この「批判」は非難ではなく吟味という意味です）。ここでは前の二つについて解説します。『純粋理性批判』はわれわれの認識について考察した本です。古代ギリシアの自然哲学者は世界の成り立ちを考えましたが、『純粋理性批判』で検討されているのは、われわれはそもそも世界の姿をありのままに捉えることができているのか、**主観（認識）と客観（世界）は一致しているのかという問題**です。例えば、人間、犬、コウモリを比べると、犬は人より嗅覚が強く、コウモリは超音波を感知できるといった具合に、世界の認識の仕方はそれぞれ異なるはずです。その中のどれが正しい認識なのでしょうか。

　カントによれば、どれも世界のありのままの姿（＝物自体）を捉えたものではありません。**人間は先天的（＝アプリオリ）に身に付けたフィルターを通して世界を認識しているのであり、そこに映る世界（＝現象）は対象そのものではないの**です。

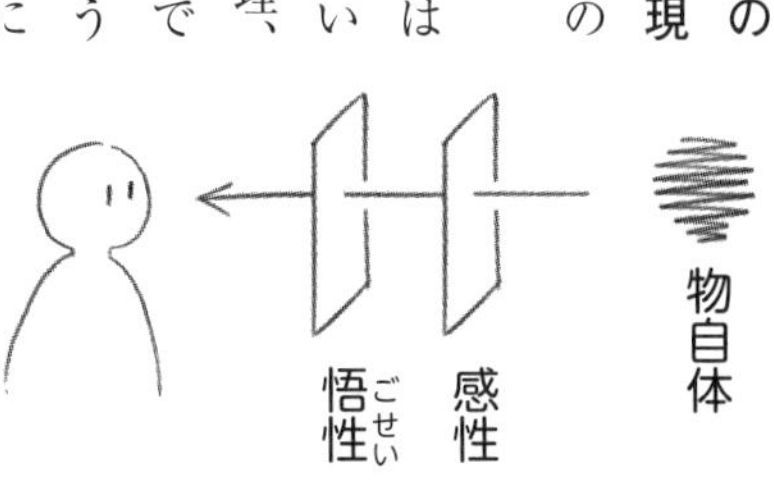

物自体
感性
悟性（ごせい）

　『実践理性批判』は、人間はどのように生きるべきかという、われわれが守るべき倫理、道徳について考察した著作です。道徳とは人々が暗黙のうちに従っている、共同体ごとに異なる規範ですが、**カントは、道徳を理性的に基礎づけ、普遍性を持つものにしようと考えたのです。**彼は「人が従うべき道徳法則は、仮言命法ではなく定言命法で表現されるものである」と述べています。**仮言命法**とは「もし～ならば、……せよ」という条件付きの命令であり、**定言命法**とは「……せよ」という無条件の命令です。例えば、「モテたいなら、他人に優しくせよ」は仮言命法、「他人に優しくせよ」は定言命法ということになります。条件付きの命令では、その条件がなくなった場合、命令としての機能を失ってしまい、普遍的な法則にはなりません。

カントは「汝の意志の格率が、常に同時に、普遍的法則となるように行為せよ」という言葉も残しています。「格率」は行動の規則、「普遍的法則」はみんなが守るべき規則を意味します。平たく言えば「あなたがしようとしていること＝みんながして良いことなら、その行動をしましょう」ということです。例えば、道に落ちているゴミを拾うか迷ったとします。今あなたがしようとしているゴミ拾いという行為をみんなが行ったらどうなるでしょうか……。街がきれいになりますね。これは良いことですから、あなたはゴミを拾うべきだということになります。「ゴミは拾ったほうがよい」という当たり前のことを言っているように聞こえるかもしれませんが、重要なのは**カントが道徳を規則性、普遍性を備えたものにしようとしたということ**です。

★★★

046

実存主義（じつぞんしゅぎ）

①［1］的、［2］的な生を生きる自己を哲学の中心に置く立場。

★★★

047

ニヒリズム

①［1］。既成の価値や権威をすべて否定する態度。
②〈ニーチェの用いた意味で〉キリスト教的価値観が衰退し、人々が生きる意味や［2］を失っている状態。

★★★

048

ルサンチマン

①弱者が強者に対して抱く［1］や［2］。

虚無主義　個別　主体　妬み
畏敬　目的　無政府主義　恨み

---

046 (1)個別 (2)主体 ※順不同

047 (1)虚無主義 (2)目的

048 (1)恨み (2)妬み ※順不同

解説

一 キルケゴール

本項で説明するキルケゴール、ニーチェ、ハイデガー、サルトルはいずれも実存主義の系譜に位置付けられる哲学者です。**実存主義**とは、〈個別的、主体的な生を生きる自己を哲学の中心に置く立場〉のことです。**他者と交換不可能でかけがえのないこの私を中心に据える思考**といってもよいでしょう。

先駆となったのは、キルケゴール（一八一三〜一八五五）です。彼が生きたのは啓蒙思想の時代であり、ヘーゲル（57ページ）が活躍した時代でしたが、キルケゴールは人間の進歩や客観的真理といったものに意味を見いだすことはできませんでした。ヘーゲルの弁証法のような「あれも、これも」の思想ではなく、**今ここで一回切りの人生を生きる「私」が「あれか、これか」と自己の生を主体的に選び取っていくこと**こそ重要であると考えたのです。

次の一文が彼の立場をよく表しています。

> 私にとって真理であるような真理を発見し、私がそれのために生き、そして死にたいと思うようなイデーを発見することが必要なのだ。
>
> キルケゴール『ギーレライエの手記』*

二 ニーチェ

ニーチェ（一八四四〜一九〇〇）は、「神は死んだ」「超人」「ルサンチマン」「力への意志」「永劫回帰（えいごうかいき）」といった印象的な言葉を残しています。彼は自身が生きた一九世紀のヨーロッパを、**近代合理主義の浸透の中で伝統的価値観**（**＝神の権威**）**が崩れ落ち、人々がニヒリズム**（**＝生きる意味や目的を失っている状態**）**に陥っている時代**と考えました（何を信じればいいかわからない、何のために生きているのか

＊日本語訳は桝田啓三郎訳『世界の名著 40 キルケゴール』（中央公論新社、1975年発行、第19版）による。

わからないという状況です）。ニーチェはそうした時代状況の中で「神は死んだ」と宣言し、神に依存して生きるのではなく、**自ら価値を打ち立てそれをたくましく生きる存在（＝超人）であれ**と訴えます。

ニーチェはキリスト教道徳を痛烈に批判しました。例えば、『新約聖書』に「金持ちが神の国に入るのは、ラクダが針の穴を通るより難しい」という言葉がありますが、ニーチェからすればこれは単なる貧乏人の僻み（＝ルサンチマン）に過ぎません。弱者は、力ではかなわない強者を悪者に仕立て上げ（例えば「金持ちは汚いことばかりしている」などと決めつけ）、その反対の自分たちを「善き人間」とするのです。

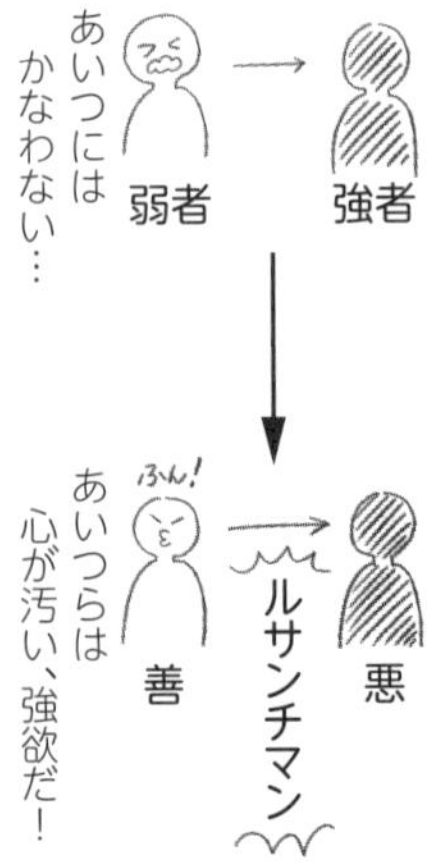

キリスト教道徳は、人間に本来備わっている「力への意志（＝高みを目指すエネルギー）」を抑圧し、禁欲や服従を命じます。ニーチェはキリスト教道徳を奴隷道徳と呼び強く批判しました。

キリスト教の時間観念は、天地創造から終末へと進む直線的なものですが、ニーチェは世界を意味も目的もない永遠の回帰（＝永劫回帰）と考えます。そして、たとえ無意味でも現実の人生を肯定し（＝運命愛）、自ら打ち立てた価値のもとたくましく生きることを訴えたのです。

三　ハイデッガー

ハイデッガー（一八八九～一九七六）は、存在するとはどういうことかを考えた人物です。例えば、「机の上にリンゴがある」「東進には有名な先生がいる」について、「リンゴとは何か」「東進とは何か」ではなく、「あるとは何か」「いるとは何か」を考えたということです（入試評論文に「現存在」という言葉が出てきた場合、存在について考える存在者、すなわち「人間」を表します)。著書『存在と時間』は難解、かつ未完のまま終わっており、思想の全体像をつかむことはできませんが、それでも、彼の思想が現代哲学に与えた影響は絶大なものでした。

ハイデッガーによると、人間は最初から世界へと投げ出された存在であり(=被投性。物心ついたときにはすでにこの世界で暮らしています)、世界の中で他者や様々な事物と関わりを持ちながら暮らしています。身の回りのコップやイスは単なる物体ではありません。それらは私にとって水を飲むための道具、座るための道具なのであり、私の関心のあり方に応じて存在しています。ハイデッガーはこうした意味のつながりの中に身を置く人間のあり方を「世界-内-存在」と呼びました。これは、世界を認識する主体として人間を捉えるデカルト的な認識(83ページ)とは対照的です。

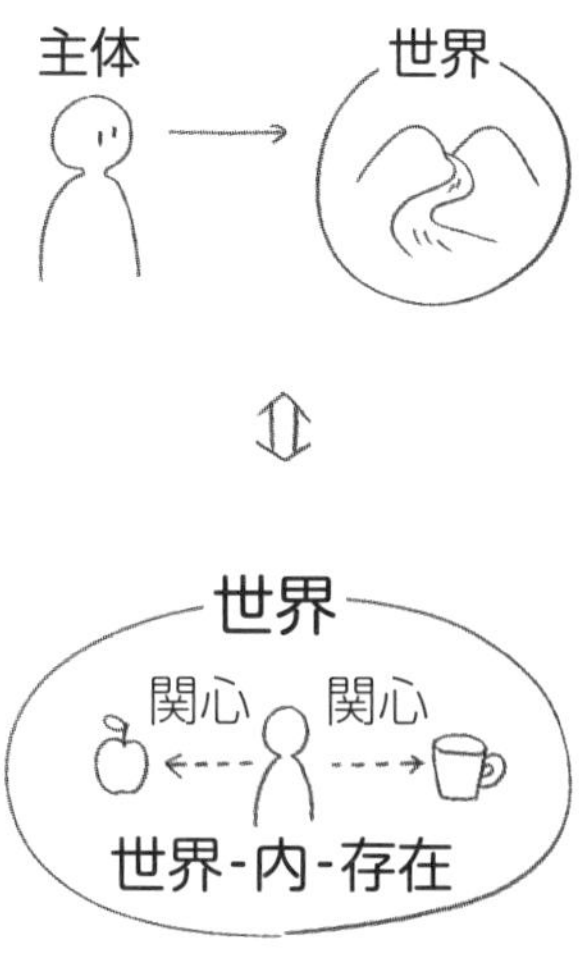

ハイデッガーによると、われわれは日常生活において他人と同じように振る舞い、世間に埋没して暮らしています。彼はこうした没個性的な人間のあり方を「世人(せじん)」「ひと」(=ダス・マン)と呼びました。ネット上に凡庸なコメントが溢れかえる現代社会も事情は変わらないでしょう。しかし、ハイデッガーからすれば、それは人間にとって本来的なあり方ではありません。**人間は自分がいつか死ぬことを自覚し、死の個別性、一回性を認識することで、代替不可能な自分だけの生を、自身の選択のもとに**

真剣に生きるようになる（＝先駆的決意）のであり、これこそ人間にとって本来的なあり方なのです。

四　サルトル

最後にサルトル（一九〇五～一九八〇）です。彼は「実存は本質に先立つ」という言葉を残しました。事物はその本質（＝何のために存在するのか）があらかじめ決まっています（例えば、チョークは黒板に字を書くために存在します）が、実存（＝ここでは「人間」の意）がどう生きるかはあらかじめ定められてはいません。「人間は自由の刑に処せられている」のであり、自らの生を自ら選び取っていくしかないのです。

★★★

049 身体知（しんたいち）

①身体に根ざした［1］。

★★★

050 ミラーニューロン

①他人の動作を見たとき、自分もその動作をしているかのように反応する［1］。

★★★

051 身体感覚の伸縮（しんたいかんかくのしんしゅく）

①感覚上の身体の範囲が［1］すること。

★★★

052 歴史的・文化的身体（れきしてき・ぶんかてきしんたい）

①身体の動かし方は歴史的、文化的に［1］されているということ。

規定　神経細胞　知性
伸び縮み　常に拡大

---

049 (1) 知性

050 (1) 神経細胞

051 (1) 伸び縮み

052 (1) 規定

解説 近代の人間観は、人間の精神と身体を截然(せつぜん)と分け、身体を精神（理性）によって統御される物質的存在とみなしました。確かに、身体には物質的な側面があります。例えば、リンゴに大きさや重さがあるのと同様、身体にも身長や体重があります。また、綱渡りでバランスを崩せば、身体は万有引力の法則に従って落下していきます。物理法則に従うという点でも、身体は物質的存在といえるでしょう。

しかし、「身体＝物質」という考え方では、捉えきれないものがあるのも事実です。例えば、心の中で「心臓よ、止まれ」と念じても止まることはありません。身体は必ずしも意志の力でコントロールできるわけではないのです。また、「身体が覚えている」というように、自転車の乗り方や泳ぎ方は、一度身に付くと忘れることはありません。身体には身体知とでもいうべき独自の知性が備わっているのです。さらにいえば、「病は気から」という言葉があるように、身体と精神は密接に結び付いており、明確に二つに分けられるものではありません。入試評論文では、近代的な人間観を超えて、身体の意味を問い直す文章（＝身体論）が頻出します。

一 共感の基盤としての身体

ミラーニューロンという言葉を聞いたことがあるでしょうか。サルで発見された〈他人の動作を見たとき、自分もその動作をしているかのように反応する神経細胞〉のことです（例えば、人間が物をつかむ様子を見ているマカクザルの脳では、自分が物をつかむときに反応するのと同じ神経細胞が反応しています）。他者の行動を見て鏡（mirror）のように反応することから、ミラーニューロンと名付

けられました。

私たちは、他人が天井に頭をぶつけた様子を見て、自分は全く痛くないにもかかわらず、顔をしかめることがあります。ミラーニューロンは、人間の共感能力に深い関わりがあると考えられています。人間の**共感能力は人間の身体に先天的に組み込まれているものなのかもしれません。**

二　身体感覚の伸縮

一般に、身体とは「皮膚の内部」だと考えられていますが、道具を使用するとき、私たちは自分の身体が道具の先にまで伸びているような感覚を持つことがあります。例えば、杖をついて歩くとき、手ではなく杖の先端で地面との接触を感じますし、車で細い路地を抜けるときは、自分の身体が壁に接触しそうな感覚に襲われます。野球の大谷翔平選手がボールを捉えるとき、バットは本人の身体の一部のように意識されていることでしょう。反対に、事故などで身体の一部を損傷し、思うように動かせないとき、その部分は自分の身体ではないように感じられることがあります。**身体の境界は必ずしも皮膚と一致せず、その感覚は伸び縮みしているのです。**

三　歴史的・文化的身体

人の身体は文化的に規定されています。例えば、欧米の映画で左ページの図Ⓐのようなしぐさを見ることがありますが、日本ではあまり一般的ではありません。一方で、「お辞儀（左ページの図Ⓑ）」は日本ではありふれた光景ですが、欧米人は日本人ほど腰を深く曲げて挨拶することはないようです。

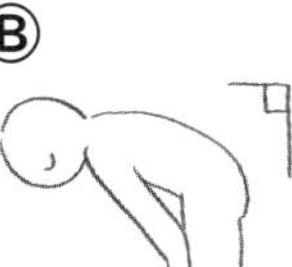

また、多くの国・地域で、首を縦に振るのは肯定、横に振るのは否定を意味しますが、インドの一部の地域では肯定否定の意味が反対になります。このように、ある行為の意味は文化によって異なります。私たちは自分が生まれた場所に固有の振る舞いを、無意識のうちに模倣し、身に付けていくのです。

身体は歴史的にも規定されています。例えば、日本人の歩き方は江戸から明治にかけて変化したといわれています。今日では、両腕を大きく振り、歩幅を大きくとるのが「標準的な」歩き方とされていますが、和服を着て草履(ぞうり)を履いていた江戸の人々は、腕をあまり振らず、歩幅も小さく歩いていたようです。歩き方の変化の背景には、西洋化が進み人々が洋服を着るようになったことや、日本の軍隊や学校教育において、西洋式の歩き方が訓練されたことがあるといわれています。

四　身体の個性

伊藤亜紗『記憶する体』の中で、話をしながらメモを取る全盲の女性が紹介されています。彼女は中途障害者であり、紙に文字を書くという行為を身体に残しつつ、障害のある身体を生きているのです。われわれの意識に様々な記憶が保存されているのと同様、身体にも様々な経験が記憶されています。身体は決して固定的で均質的なものではなく、文化的、歴史的な規定を受けながら、個人の経験と共に絶えず作り替えられていく流動的で個性的な存在なのです。

04 文化

★★★
053 文化（ぶんか） 読
①人々が生み出し、ある社会の中で［1］され伝達されてきた生活習慣や行動様式。

★★★
054 文明（ぶんめい）
①科学技術の発達や社会制度の整備などによって、［1］的、［2］的豊かさが実現された状態。

★★★
055 文化相対主義（ぶんかそうたいしゅぎ）
①文化間に［1］の差はなく、ある文化の基準で他の文化を評価することはできないという考え方。

★★★
056 自民族中心主義（じみんぞくちゅうしんしゅぎ）
①［1］の文化を基準に据えて、他の文化を否定的に捉えること。

★★★
057 多文化主義（たぶんかしゅぎ）
①多様な民族、社会的集団の文化を尊重し、［1］をはかろうとする考え方。

語群
経済　共存　物質　共有　自民族　優劣　精神　地域

▼空欄にあてはまる語句を語群から選びなさい。同じ語句を繰り返し使う場合もある。

正解
053 (1)共有
054 (1)物質 (2)経済 ※順不同
055 (1)優劣
056 (1)自民族
057 (1)共存

解説

一 文化と文明

文化とは〈人々が生み出し、ある社会の中で共有され、伝達されてきた生活習慣や行動様式〉のことで、具体的には言語・衣食住の方法・思想芸術などが挙げられます。「culture（文化）」の「cult*」は耕す（cultivate）の意味で、**文化には土着的、個別的というイメージがあります**。

文明とは〈科学技術の発達や社会制度の整備などによって、物質的、経済的豊かさが実現された状態〉を指します。文明は進歩史観（52ページ）と結び付いた言葉で、「文明開化」という言葉が示すように、野蛮な「未開」社会からの進歩という意味合いを含んでいます。**文化は地域ごとに異なるのに対して、文明は普遍的なものとしてイメージされます**。このような文化と文明の区別は、一九世紀のドイツロマン主義の興隆（こうりゅう）の中で、フランスが主張する啓蒙主義的で単線的な文明観に対抗し、ドイツの国民文化に固有の価値を認めようとする動きの中で、次第に鮮明になったものです。

二 異文化理解

文化相対主義とは、**自民族中心主義**（＝エスノセントリズム）への批判として生まれた〈文化間に優劣の差はなく、ある文化の基準で他の文化を評価することはできないという考え方〉です。自民族中心主義は人種差別や植民地主義の肯定につながるものであり、そうした独善性を批判して他者の尊重を訴える文化相対主義の考え方は、基本的には認められるべきでしょう。しかし、私たちが自分の生まれ育った地域やその文化に愛着を覚えるのは自然な感覚であり、身近な共同体への帰属意識が当人のアイデンティティ（44ページ）を支えるということも

＊ちなみに、「カルト宗教」のカルトの語源も同じく「cult」。

あります。また、相対主義は、他者の尊重という大義名分のもとに自他の間に越えられない壁を設定し、相互理解を遮断しているのではないかという批判もあります。他者の尊重を掲げるだけでは解決しないところに異文化理解の難しさがあるのです。

多文化主義は〈多様な民族、社会的集団の文化を尊重し、共存をはかろうとする考え方〉であり、文化相対主義と重なる部分が多いのですが、**一つの社会の中での多様性に焦点を当て、その共存をはかろうとする**点で異なります。

三　異文化理解と翻訳

太宰治『斜陽』に、袴を着け白足袋を履いた医師が華族の家を訪れる場面があります。この作品を英訳したドナルド・キーン（一九二二〜二〇一九）は、白足袋を「white gloves（白手袋）」と訳しました。「white socks」という直訳ではカジュアルなイメージになってしまうのに対して、「white gloves」であれば、英語話者にも「正装」のイメージが伝わるためです。単純に単語を置き換えるのではなく、その含意まで考えた名訳といえますが、問題がないわけではありません。一つ目に、英語で『斜陽』を読んだ人には、白手袋を付けた医師という全く異なる映像イメージが浮かんでいるということです。二つ目に、読者が文化的な差異に気づく機会が奪われていることです。「white socks」と直訳しておけば、前後の文脈から「日本人は正装のときに白足袋を履くのかな」などと推測する人もいるでしょう。「白足袋」と「white socks」の意味合いの違いに気づく可能性が残されているのです。一方、「white gloves」であれば、違和感なく読めてしまうが故に、ほとんどの人が文化的差異に気づくことなく通り過ぎてしまいます。

人間は言語によって世界を認識しており（123ページ）、

?
white socks
?
white gloves

また、一つ一つの単語は他の単語との意味のネットワークの中に置かれています（124ページ）。したがって、翻訳とは、単語を置き換えるだけの行為ではありません。**人々の暮らし、認識、価値観と密接に結び付いた言語の体系を、それとは異なる別の言語の体系に移し換える行為であり、異文化理解の営みそのものといえるのです。**

最後に翻訳の不可能性（ギャバガイ問題）の話をしておきましょう。あなたが言語学者として「未開」の土地を訪れたとします。現地の人（＝Aさん）とボディランゲージで意思疎通をはかっていると、「白いうさぎ」が飛び出し、Aさんは「ギャバガイ！」と叫びました。「ギャバガイ＝うさぎ」と推測したあなたは、五分後にもう一度白いうさぎが飛び出したとき、恐る恐る「ギャバガイ？」と言ってみました。Aさんは満足そうにうなずいています。あなたは「ギャバガイ＝うさぎ」という確信を強めることでしょう。ノートに記録して、現地語の辞書作りの第一歩とするかもしれません。

しかし、本当に「ギャバガイ＝うさぎ」なのでしょうか。「ギャバガイ＝白」とか「ギャバガイ＝飛び出した」の可能性もあるのではないでしょうか。この状況では、あなたが「うさぎ」、Aさんが「飛び出した」をイメージしていたとしても、互いにそのズレに気づくことなく、会話が成立してしまいます。人の頭の中をのぞくことはできないので、このズレに直接気づくことはできません（もちろん、会話を重ねることでズレを小さくすることは可能ですが、ゼロにはなりません）。そしてこの話は、日本語と外国語、日本語話者同士の会話でも同様です。会話は成立している（ように見える）が、互いに全く異なる内容をイメージしているという可能性は常に残されているのです。

★★★
058
フィールドワーク

① 1 。

★★★
059
エスノグラフィー

① 1 。ある民族の生活、文化、習慣などについて具体的に記録すること。また、その記録。

★★★
060
構造主義（こうぞうしゅぎ）

①文化的現象の背後にあると考えられる 1 や体系に注目する考え方。

★★★
061
ブリコラージュ

① 1 。あり合わせの材料と道具で必要なものを作ること。

★★★
062
民俗学（みんぞくがく）

①民間伝承の調査を通じて、 1 の生活習慣、文化、ものの考え方を明らかにする学問。

器用仕事　一般庶民　座学
現地調査　民族誌　仕組み

---

058 (1) 現地調査
059 (1) 民族誌
060 (1) 仕組み
061 (1) 器用仕事
062 (1) 一般庶民

解説

一　文化人類学とは何か

文化人類学とは、人間の文化全般を研究対象とする学問で、フィールドワーク（現地調査）を重視する傾向があります。研究対象とする社会に長期間滞在し、現地の人々と共に生活する中で、彼らの文化（慣習、法、道徳、芸術、信仰など）を学び、エスノグラフィー（民族誌）という形で記録していくのです。そして、異文化についての理解が深まるにつれて、われわれは自文化の常識が「当たり前」ではないことを認識します。**文化人類学とは、異文化理解だけでなく、自文化を相対化し、われわれ自身の生き方を考える手がかりを与えてくれる学問**なのです。

近年、入試評論文では文化人類学の領域からの出題が増えています。資本主義（126ページ）と不可分に結び付く気候危機や経済格差といった問題に直面し、われわれは、異文化の中に、新たな社会を生み出す知恵を求めているのかもしれません。文化人類学は「未開」社会を研究対象とするところから始まりましたが、現在では、都市にまで研究領域が拡大しています。

二　贈与（マルセル・モース）

ご近所から庭で採れた野菜をもらったとき、あるいは、友達から旅行のお土産をもらったとき、私たちは「何かお返ししなくては」という気持ちに駆られます。裏返せば、**他者へ物を贈る行為は、その人に返礼の義務を負わせる行為、負い目を与える行為ともいえる**でしょう（英語で贈り物を意味するgiftは、ドイツ語では毒を意味します）。贈与について先駆的な研究を行ったマルセル・モース（一八七二〜一九五〇）は、贈り物には「慣習に従って物を与える義務」、「それを受け取る義務」、「返礼をする義務」の三つの義務があると考えました。

贈り物によって負い目を給付し合う関係には、ある種の煩わしさが付きまといます。日常の買い物のように、金銭の授受によってその都度関係を清算してしまう方が、よほどすっきりすることでしょう。しかしそれは、人間関係の貧しさともいえます。贈り物の慣習は人と人のつながりを生み出す無意識の知恵なのです。

三　構造主義（レヴィ＝ストロース）

構造主義は、入試評論文では西洋近代の価値観を批判的に捉える文脈の中で登場します。はじめに、〈構造〉についてたとえ話で簡単に説明しておきましょう。

山田家は三世代家族です。祖父の茂三はいわゆる「昭和の頑固親父」であり、息子の智之を厳しく育てました。二人の間には〈茂三＞智之〉という力関係が成り立っています。その影響か、智之も自分の息子の翔太を厳しく育てました。〈智之＞翔太〉です。しかし、茂三は孫の翔太がかわいくてたまらず、小遣いからプレゼントまで翔太の望むままに与えてしまいます。〈翔太＞茂三〉という関係です。

さて、こうした山田家の関係は、ジャンケンとよく似ていますね。現象の表面ではなく、その背後にある仕組み（＝構造）に注目するのが構造主義です（この説明では、構造分析において重要な〈変換〉という作業を説明できていないのですが、ここでは深入りしません）。入試評論文で構造主義が出てきたときは、〈文化的現象

仕組み（＝構造）は同じ!

の背後にあると考えられる仕組みや体系に注目する考え方〉と捉えておけばよいでしょう。

構造主義の祖とされるクロード・レヴィ＝ストロース（一九〇八〜二〇〇九）は『親族の基本構造』で、人類に広く見られるインセスト・タブー（＝近親相姦の禁忌）を「女性の交換」という視点で鮮やかに説明しました。ここにはモースの『贈与論』の影響が見られます。また、『野生の思考』では、西洋近代の知ではなく、「未開社会」に見られる野生の思考こそ人類に普遍的な思考であると主張し、それをブリコラージュ（＝器用仕事。あり合わせの材料と道具で必要なものを作ること）と呼びました。料理で例えると、西洋近代の知は、事前にスーパーで必要な材料を買いそろえ、レシピの手順通りに作っていくようなものであるのに対して、野生の思考は、冷蔵庫にある残り物を使って、創意と工夫でその日の食事を作るというイメージです。

ブリコルール（＝ブリコラージュを行う人）は、普段から「後で何かの役に立つ」と思ったものはとっておき、いざというとき（例えば家を建てるとき）に、そうした手持ちの材料や道具を組み合わせて巧みに仕事を進めていくのです。入試評論文では多くの場合、創造性に富む営みとして、ブリコラージュ的な態度を肯定的に評価します。

四　民俗学

民俗学とは〈民間伝承の調査を通じて、一般庶民の生活習慣、文化、ものの考え方を明らかにする学問〉です。従来の歴史学が、卑弥呼や藤原道長、徳川家康といった権力者に関する出来事を扱ってきたのに対して、**民俗学が対象とするのは、名もなき人々（＝常民）の生活です**。民俗学の祖とされる柳田国男（一八七五〜一九六二）は、全国を旅してまわり、多くの民間伝承を収集しました。岩手県遠野地方での調査に基づく『遠野物語』は、入試の文学史問題で頻出します。

★★★
063
世間（せけん）

①日本人の意識や行動に影響を及ぼしている［1］人間関係。

★★★
064
罪の文化（つみのぶんか）

①他人からの評価とは無関係に、自分の内面にある［1］の基準に基づいて、自分の行動を決定する文化。

★★★
065
恥の文化（はじのぶんか）

①［1］からどのように思われるかを基準に自分の行動を決定する文化。

身近な　古来からの　他人　善悪

(1)身近な

(1)善悪

(1)他人

解説 世間とは〈日本人の意識や行動に影響を及ぼしている身近な人間関係〉のことです。「社会」と意味の重なる部分がありますが、社会は世間よりも広く、また、独立した個人からなる集団という意味合いが強いのに対して、**世間は情緒的、感情的なつながりを感じさせる言葉です。**世間の中では、長幼(ちょうよう)*の序、贈与・互酬(ごしゅう)といった暗黙のルールが働いており、それに適応している限り心地よく暮らすことができますが、規範を破ると「仲間外れ」の憂き目にあいます。世間論ではしばしば「日本人は世間のウチとソトを明確に区別し、ソトに対して無関心、あるいは差別的な態度を取りがちである」といった主張がなされます。

ルース・ベネディクト(一八八七〜一九四八)は**罪の文化と恥の文化**という概念で、欧米と日本を対比しました。前者は悪事を神に対する罪、後者は悪事を周囲に対する恥と考えます。この区別はやや単純すぎるきらいがありますが、日本人が周囲の目を気にして行動する傾向が強いことは確かでしょう。二〇〇〇年代に流行した「KY(=空気読めない)」や、二〇一〇年代に流行した「忖度(そんたく)」にも場の空気を敏感に察知する日本人の心性が表れています。

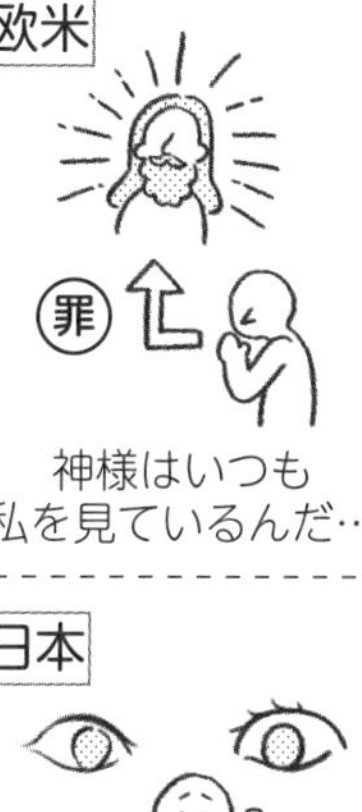

英語の一人称は「I」しかありませんが、日本語には「ぼく」「おれ」「わたし」「わたくし」……等々たくさんあり、日本語話者は、場の状況や相手との関係に応じてそれらを柔軟に使い分けています。われわれは言語習得の過程において「相手との関係の中で自己を捉える」という思考を知らず知らず身に付けているのかもしれません。

＊「長幼の序」とは、孟子(もうし)の言葉で年長者と年少者の間にある秩序のこと。

★★★

066

幽玄（ゆうげん）

①奥深くはかり知れないさま。

②〈芸術論として〉言外に広がる情趣。 1 の美。

★★★

067

いき（粋）

①身なりや態度などがさっぱりとあかぬけして洗練されているさま。

② 1 や風流に通じているさま。

人情の機微　余情　霊魂

(1) 余情

(1) 人情の機微

▼機微とは「表面にはあらわれない微妙な心の動き」のこと。

解説

一 自然との調和

入試評論文では、「**西洋＝人工**」⇕「**日本＝自然（との同化）**」**という対比**が頻出します。例えば、西洋の庭園は左右対称で幾何学的な造型を特徴とします。例えば噴水は、重力という自然の摂理に反しており、極めて人工的な設えといえるでしょう。一方、日本の庭園は自然との同化を目指します。平安時代の寝殿造りに見られる遣水は、庭園内に自然の川の流れをミニチュアとして再現する試みです。また、借景（＝庭園外の山、森、海などの風景を、庭園の景色の一部として取り入れること）も自然との同化を目指しています。日本の庭園にも、庭造りという人為が働いていることは確かですが、それは自然を征服する人為ではなく、自然と調和する人為なのです。

建築も文化論で言及されることが多いテーマです。伝統的な日本家屋には「縁側」があります。この空間は内部でも外部でもない中間領域であり、人間と自然が連続する場所です。また、東京オリンピック二〇二〇では国立競技場の建設が話題となりました。当初はザハ・ハディッドの設計案で進んでいましたが、建設費高騰などの理由で白紙撤回され、最終的に隈研吾の案に決まりました。前者のデザインが人工的、近未来的なものであったのに対して、後者は建物全体に多量の木材を使用しており、自然との調和や日本の伝統的な木造建築とのつながりを感じさせるものでした。

二　美意識

幽玄は日本人の美意識を表す言葉とされます。「幽（かすか）＋玄（奥深い）」という漢字が示す通り、説明の難しい概念ですが、あえて言語化すれば、〈言外に広がる情趣、余情の美〉のことです。谷知子『和歌文学の基礎知識』では「直接的な知覚によっては簡単に知覚できない、未知の部分を多く残すことで、自由で豊かな想像をかきたてるという方法」「明晰よりは曖昧、単純よりは複雑、饒舌（じょうぜつ）よりは寡黙、明暗でいえば薄暗さ」と説明されています。例を挙げましょう。藤原定家の歌です。

> 春の夜の　夢の浮橋　とだえして
> 峰に別るる　横雲の空

浮橋とは、水上に舟やいかだを並べ、その上に板を渡して作った橋です。はかないものや頼りないものの例えとして使われます。歌を直訳すれば「春の夜のはかない夢が途絶えて目が覚めた。遠くの空には峰で二つに分かれた横雲がたなびいている」となりますが、もう少し踏み込んで解釈してみましょう。

「住の江の　岸による波　よるさへや　夢の通ひ路　人目よくらむ」[*]という歌を聞いたことがあるでしょうか（入試古文において序詞の例として頻出します）。平安時代、「夢の通ひ路」には、「夢の中で恋しい人のもとへ通う道」という意味がありました。「夢の通い路　人目よくらむ」は、現実の世界で逢いに来てくれないばかりか、夢の中でさえ人目を避けて逢いに来てくれないのですね、という嘆きです（「よく」は「避ける」の意）。このように考えると「夢の浮橋　とだえして」には悲恋のイメージがあるといえます。また、『源氏物語』の最終巻のタイトルは「夢浮橋」ですが、こ

＊藤原敏行朝臣（ふじわらのとしゆきあそん）の歌。百人一首にも選ばれている。

こでは、再会を熱望する薫君とそれを拒む浮舟が描かれており、やはり悲恋や別れのイメージがあります。このように考えていくと、「峰に別るる　横雲の空」は、単なる自然描写には見えなくなってきます。雲が二つに分かれていくさまに、愛しい人との別れのイメージが重なるのです。

ここまで理解したうえで、「春の夜の」をもう一度読んでみてください。**言外に様々なイメージが広がり、しみじみとした哀感が感じられる**のではないでしょうか。「横雲の空」という体言止めも余韻を残すことに一役買っています。このような余情美が幽玄です。

直接的な表現を志向せず、鑑賞者の想像力を喚起する手法は日本画にもあてはまります。国宝の『松林図屛風』（長谷川等伯／下図）を見たことがあるでしょうか。画面の多くが靄のようなもので覆われており、画面が色で塗り尽くされることの多い西洋画とは対照的です。この絵の前に立った鑑賞者は、絵の空白部分（＝余白）に、無数の松の木々や、吹き抜ける風、静かな冷気などを読み込み、描かれた世界の中に没入していくのです。

最後に、哲学者九鬼周造（一八八八～一九四一）に言及しておきましょう。九鬼は著書『「いき」の構造』でいき（粋）の分析を行いました。「あの人はいきだよね」などと言う時のいきです。九鬼によると、いきとは諦念（運命への諦め）、媚態（色っぽさ）、意気地から成る概念であり、そうした美的感覚が日本人特有の「生き」方なのではないかと考えたのです。いきの対義語は「野暮」です。

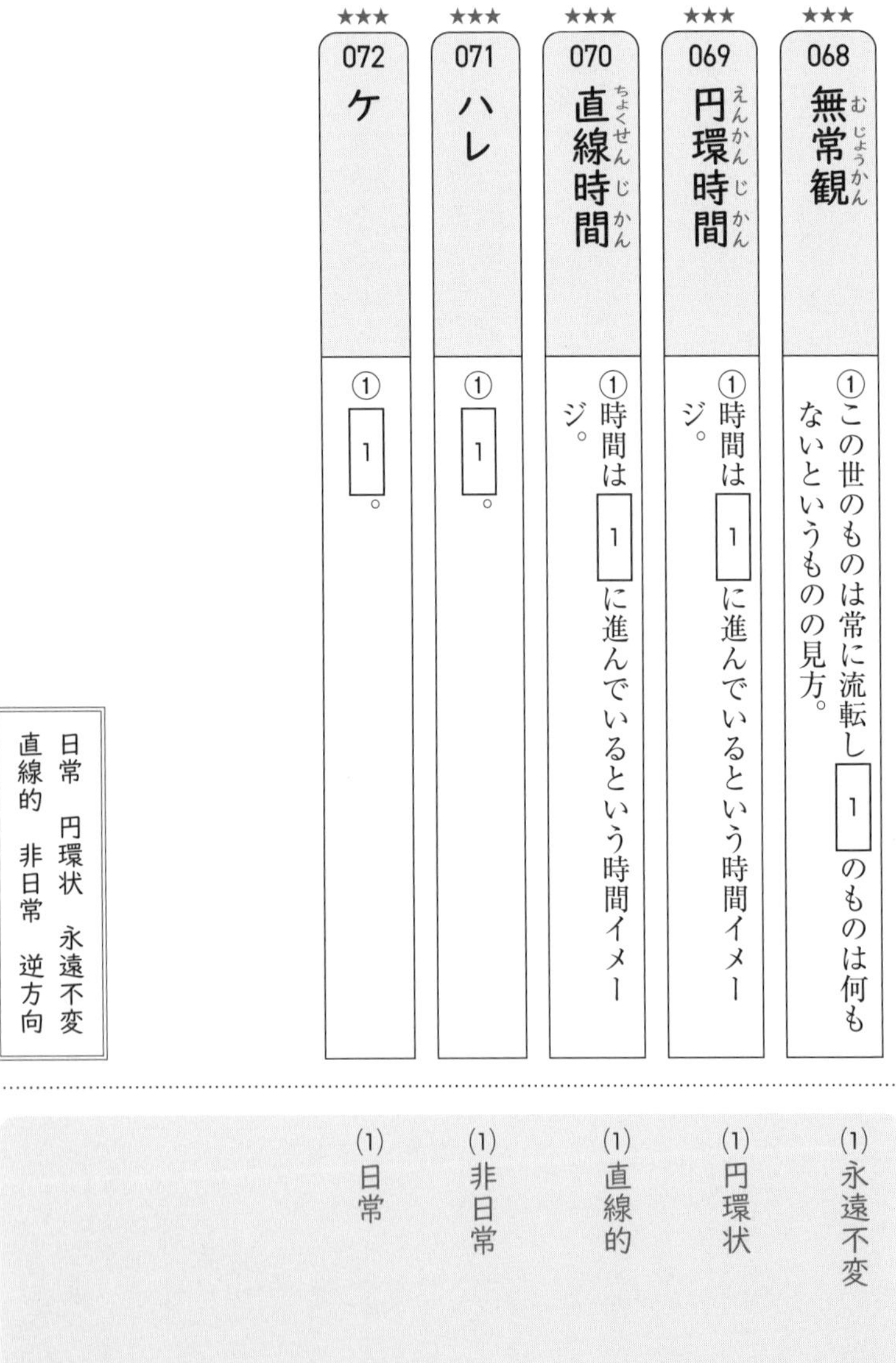

★★★
068 無常観（むじょうかん）
①この世のものは常に流転し 1 のものは何もないというものの見方。

★★★
069 円環時間（えんかんじかん）
①時間は 1 に進んでいるという時間イメージ。

★★★
070 直線時間（ちょくせんじかん）
①時間は 1 に進んでいるという時間イメージ。

★★★
071 ハレ
① 1 。

★★★
072 ケ
① 1 。

日常　円環状　永遠不変
直線的　非日常　逆方向

068 (1) 永遠不変
069 (1) 円環状
070 (1) 直線的
071 (1) 非日常
072 (1) 日常

解説「祇園精舎（ぎおんしょうじゃ）の鐘の声、諸行無常（しょぎょうむじょう）の響きあり。娑羅双樹（しゃらそうじゅ）の花の色、盛者必衰（じょうしゃひっすい）の理（ことわり）をあらはす」（平家物語）や、「ゆく河の流れは絶えずして、しかももとの水にあらず」（方丈記）など、日本の古典には無常観の表出した文章がたくさんあります。地震や台風といった自然災害が多く、また、はっきりとした四季の巡りがあるという日本の風土が、〈この世のものは常に流転し永遠不変のものは何もない〉というものの見方を生み出したのかもしれません。

日本人には永遠でないものを愛でるという美意識もあります。例えば、生け花は数日も経てばしおれてしまいますが、散るからこそ美しく、そこに一瞬の輝きが示現（じげん）するのでしょう。

円環時間は〈時間は円環（＝まるい輪）状に進んでいるという時間イメージ〉、直線時間は〈時間は直線的に進んでいるという時間イメージ〉です。

円環

直線

近代以前の農業中心の生活形態においては、太陽の運行や季節の循環と結び付いた円環時間の意識が強かったと考えられます（今村仁司『近代性の構造』）。アニメや漫画で、村民が長老の言葉に耳を傾ける場面がありますね（長老はだいたい、長い白髭をたくわえ、杖をついています）。円環時間の世界では、「過去を知っていること＝未来を知っていること」であり、最も長く生きている人物が人々の尊敬を集めたのです。

最後にハレとケです。これらは、柳田国男（107ページ）が使用した言葉で、**ハレ**は〈非日常〉、**ケ**は〈日常〉を意味します。今でも「晴れの日」「晴れ着」「晴れ舞台」などと言いますね。近代以前の人々にとって、「農作業＝ケ／祭り＝ハレ」の時間でした。一年のうちに幾度か、普段と異なるハレの時間が挟まれることで、マンネリ化しがちな暮らしのリズムが活性化されたのです。

★★★

073

印象派(いんしょうは)

①一九世紀後半のフランスで始まった芸術運動。[1]の効果的な表現を重視し、明るい色彩に特徴がある。

★★★

074

前衛芸術(ぜんえいげいじゅつ)

①既存の芸術概念や形式を否定し、[1]・実験的な表現を志向する芸術。

★★★

075

キュビスム

①対象を[1]の視点から捉え、画面上で再構成する技法。

★★★

076

アウラ

①ある人物や物などに漂う独特の雰囲気。オーラ。

②〈ベンヤミンの用語として〉「いま」「ここ」という[1]故に、作品に備わる独特の雰囲気、輝き。

一回性　自然光　複数　革新的　個々

(1) 自然光

(1) 革新的

(1) 複数

(1) 一回性

解説

一　印象派

一九世紀に写真が登場する以前、**絵画の重要な役割は、風景や人物を記録すること**でした。しかし、記録の速度や再現性の高さにおいて、絵画は写真に全く歯が立ちません。記録という役目を奪われた画家たちは、写真にはできない絵画表現の意味を模索せざるをえなくなりました。

《睡蓮》で有名なクロード・モネ（一八四〇～一九二六）は、彼の目に映る「ありのまま」を描くことを目指しました。「机／椅子／時計／……」といった言葉によって分節（122ページ）された世界ではなく、彼の目に映る一瞬一瞬の光のきらめきをそのままキャンバスに残そうとしたのです。モネが多数の連作を残している（睡蓮のモチーフで描かれた作品は二五〇点を超えるといわれます）のも、瞬間の光の様相を捉えようとしたからでしょう。**印象派**の画家は、絵の具をパレットで混ぜずに、小さなタッチでキャンバスにそのまま並べる技法（＝筆触分割）を多用しました。色を混ぜると全体の色調が暗くなってしまうためです。

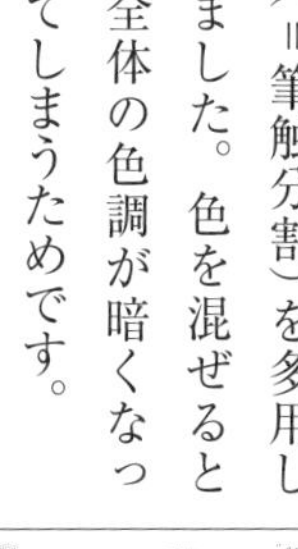

二　前衛芸術

前衛芸術とは〈既存の芸術概念や形式を否定し、革新的・実験的な表現を志向する芸術〉のことです。入試評論文ではマルセル・デュシャン（一八八七～一九六八）が頻出します。彼の《泉》を見たことがあるでしょうか。柔らかな丸みを帯びた陶器製の作品です（下図）。実はこれは男性用小便器であり、しかも大量生産

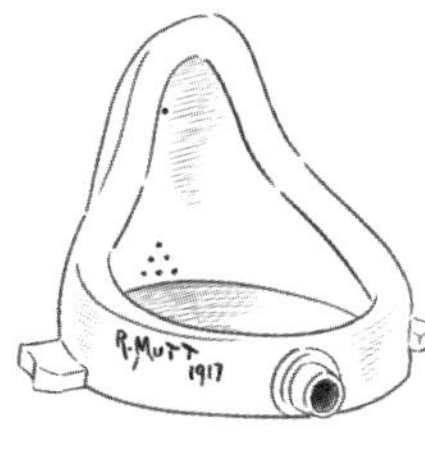

されたどこにでもある便器です。デュシャンはこれに「R.Mutt」と署名し、美術作品として展示しようとしたのです。

　デュシャンの意図は、芸術とは何かという根源的な問いかけを行うことにありました。例えば、現代でも度々問題となりますが、芸術と猥褻(わいせつ)の境界線はどこにあるのでしょうか。僕（西原）が公園に行き全裸で昼食をとれば当然猥褻になりますが、エドゥアール・マネ（一八三二〜一八八三）の《草上の昼食》は全裸の女性が描かれているにもかかわらず芸術作品として教科書に載っています。芸術と非芸術の区分には曖昧なところがあるのです（マネの作品も発表当初は大きな議論を呼んだようです）。

　デュシャンの「作品」は、日常の文脈に置かれれば（＝街のトイレに設置されれば）便器でしかありません。しかし、**作品名と署名を付して美術館に展示されると、鑑賞者はそれを芸術作品と見なし、様々な解釈を施していきます。**ある対象が「芸術」になるのは、芸術的価値の内在によるのではなく、外的な価値付け（展示される場所、作品名、署名、鑑賞者の評価など）によるのではないでしょうか。デュシャンの出品にはそのような問題意識があったのです。

　作曲家ジョン・ケージ（一九一二〜一九九二）も同じような文脈で登場する人物です。彼の《4分33秒》を聞いたことがあるでしょうか。左図はその楽譜です。

I
TACET
II
TACET
III
TACET

Ⅰ・Ⅱ・Ⅲの三つの楽章から成る曲で、「TACET」は休止を意味します。初演のとき、演奏者は鍵盤の蓋を開けるだけで何もせず、しばし（＝四分三十三秒間）の休止の後に蓋を閉めて〝演奏〟を終えました。ここで大事なことは、この時間は楽器の音のない時間ではあったものの、無音の時間ではなかったということです。会場が静まり返ると、屋外の雨音や風の音、観客の息遣いといった様々な音が聞こえてきたのです。私たちは普段、楽器で演奏される「ド・レ・ミ・ファ・ソ・ラ・シ・ド」のような音（＝楽音）を正しい音と認識していますが、なぜ音は楽音に限定されなくてはならないのでしょうか。小鳥のさえずりや焚火の燃える音、あるいは車や電車の人工音など、私たちの周囲には様々な音が溢れており、そうした音の集合も音楽として聴き得るのではないでしょうか。《4分33秒》は、**楽音と非楽音の境界線を揺るがす試み**だったのです。

三　キュビスム

キュビスムとは、二〇世紀はじめにフランスを中心に興った芸術運動であり、〈対象を複数の視点から捉え、画面上で再構成する技法〉を特徴とします。代表的な人物は、パブロ・ピカソ（一八八一～一九七三）やジョルジュ・ブラック（一八八二～一九六三）で、作品としてはピカソの《アヴィニョンの娘たち》や《ゲルニカ》が有名です。キュビスムを理解するには古代エジプト絵画が参考になります。左図のように、古代エジプト絵画の人間は、横からの視点（顔や足）と正面からの視点（肩や目）が画面上で合成されています。複数視点の合成という点でキュビスムの技法につながるところがありますね（実際、ピカソはアフリカの原始芸術に影響を受けていたようです）。

四　アウラ

『複製技術時代の芸術』を書いたヴァルター・ベ

ンヤミン（一八九二〜一九四〇）は、**芸術作品の複製によって、オリジナルの作品から**アウラ**（＝一回性故に生じる輝き）が消失してしまう**ことを嘆きました。例えば、ルーヴル美術館で《モナ・リザ》を鑑賞するとき、事前にテレビや画集でその複製を経験していると、オリジナルを見たときの感動はいくらか減じてしまうでしょう。

アンディ・ウォーホル（一九二八〜一九八七）の《キャンベルのスープ缶》は、アメリカ人にはおなじみのキャンベルのスープ缶を並べたものので、画一的、均質的な現代の消費社会のありさまを表現したものといわれます。この作品自体がシルクスクリーンという複製技術によって作られており、ベンヤミンの言うアウラの消失を意図的に行った作品といえるでしょう。

05 言語

★★★
077 分節（ぶんせつ）
①連続したものに 1 を入れること。

★★★
078 シニフィアン
① 1 。音声や文字などの知覚される表象。

★★★
079 シニフィエ
① 1 。音声や文字などで表される意味内容。

語群

記号表現　区切り　補足　記号内容　感情表現

▼空欄にあてはまる語句を語群から選びなさい。同じ語句を繰り返し使う場合もある。

正解

(1)区切り

(1)記号表現

(1)記号内容

解説

一 言語と分節

言語論において、分節は〈連続した世界に言葉で区切りを入れること〉の意味で用いられます。例えば、「黄色」や「緑色」という言葉は、本来グラデーション（＝連続的な変化）である色の違いに明確な区切りを入れます。**私たちは連続的で混沌とした世界を言語によって整理し、秩序立ったものとして理解しているのです。**

言語習得に伴って世界の区分はよりきめ細かいものとなっていきます。例えば、わが家の三歳の娘は、下図の野菜をすべて「おいも」と呼びますが、七歳の娘は「さつまいも」と「じゃがいも」に分けて呼びます。

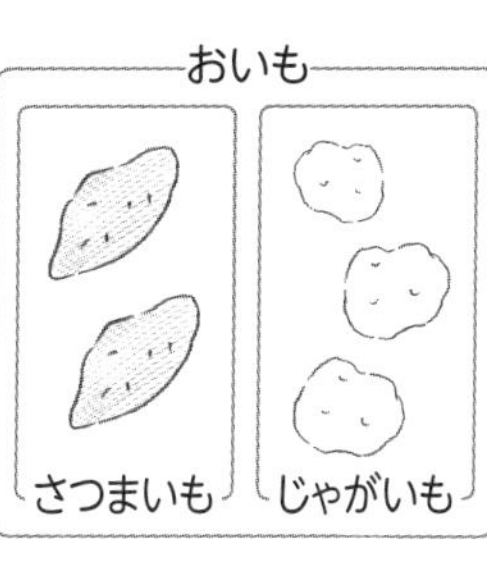

二 言語の恣意性

言語には二つの意味で恣意性（37ページ）があります。一つ目は、言語表現（＝シニフィアン）とそれによって表される意味内容（＝シニフィエ）の結び付きの恣意性です。例えば、「イヌ」という音声と、「」の結び付きに必然性はありません（37ページで詳しく説明しています）。

〈シニフィアン〉
「イヌ」
〈シニフィエ〉
わん

二つ目は分節の恣意性です。よく挙げられる例ですが、日本語では次の図の生物を「蛾」と「チョウ」に分けて呼ぶのに対し、フランス語では「papillon（パピヨン）」とまとめて呼びます。

こうした分け方の違いは、どちらかが正しいというものではありません。日本人からすると、蛾とチョウには厳然たる違いがあるように思われますが、彼らはそもそも一匹一匹異なる個体であり、それを蛾とチョウという二つのグループに分けるのは、無数にある分け方の可能性のうちの一つに過ぎないのです。

三　言語の体系

入試の言語論を読んでいると「意味の体系」とか「差異の体系」といった表現がよく出てきます。体系とは〈個々の要素が他とつながって構成されたまとまり〉を意味します。

体系のイメージ

英語の授業では「I」＝「私」と習いますが、日本語には「ぼく」「おれ」「あたし」「うち」「わし」……など、多数の一人称があり、これらの意味は微妙に異なります。例えば、「おれ」には「ぼく」よりもやんちゃなイメージがありますし、「私」には「おれ」よりも礼儀正しいイメージがあります。このように、**単語は他の単語との関係、意味のネットワークの中に置かれているもの**であり、「I」と「私」は必ずしも等価ではないのです。

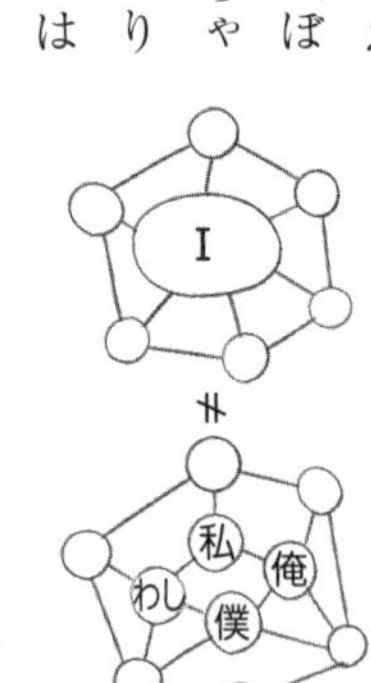

夏目漱石の代表作の一つに『吾輩は猫である』があります。「吾輩」という硬い響きのある語の後に「猫」がくることでギャップが生まれ、どことなくユーモラスな雰囲気が漂っています。この作品の英訳版のタイトルは「I am a cat」なのですが、これでは元のユーモラスな印象は消えてしまいますね。翻訳にはいつもこうした難しさが付きまといます（102ページ）。

四　動物と言語

動物にも「言語のようなもの」があることが知られています。正高信男『考えないヒト』によると、キツネザルは、敵がどこから来るかによって、警戒音を使い分けています（仮にA・Bとします）。敵が空から来たら「A」、地表から来たら「B」と鳴き、仲間に適切な防御行動を促すのです。ここに一種のコミュニケーションを見いだすことができますが、キツネザルの「言語」には人間の言語と異なる点があります。一点目に、キツネザルの「言語」は、言葉と意味が一対一で厳密に対応しているのに対して、人間の言語はそれほど厳密ではありません。キツネザルの「A」はいつでも「空から敵！」ですが、人間の「大キライ」は、状況によっては「大好き」の意味にもなり得ます。**意味が文脈依存的であること**が人間の言語の特徴です。二点目に、キツネザルの鳴き声は〈いま・ここ〉の出来事しか表現できません。「空から敵！」は表現できても、「昨日、空から敵が来て怖かったね」とか「未来の敵に備えよう」といった会話はできないのです。

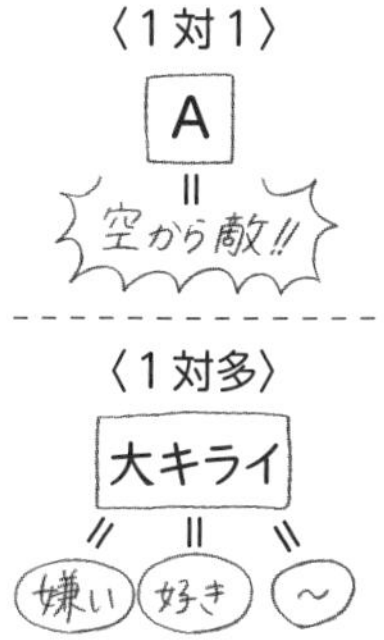

〈1対1〉
A
＝
空から敵!!

〈1対多〉
大キライ
＝　＝　＝
嫌い　好き　～

五　認知革命

『サピエンス全史』（ユヴァル・ノア・ハラリ）によると、約七万年前から三万年前にかけて人類の脳に革命的な変化が起こり（＝認知革命）、われわれは架空の事物について語ることができるようになりました。聖書の天地創造の話や近代の国民国家（60ページ）なども人間が作り出した物語（＝虚構）の一つといえます。人間が安定的な社会関係を維持できるとされる認知的な上限は一五〇人程度（＝ダンバー数）といわれていますが、人類は、物語の共有によって、その数をはるかに越える規模の集団を形成できるようになったのです。

06 現代社会

★★★
080 社会主義（しゃかいしゅぎ）
①生産手段（土地・原材料・機械など）を共有することで[1]な社会を実現しようとする思想、運動。

★★★
081 資本主義（しほんしゅぎ）
①資本家が労働者を雇い、[1]の拡大を目指して生産活動を行う社会体制。

★★★
082 市場経済（しじょうけいざい）
①需要と供給の関係で物価が決まる市場において、商品の[1]な売買が行われる経済。

★★★
083 疎外（そがい） 書
①嫌ってのけものにすること。
②〈哲学用語として〉人間が自らの作り出したものによって逆に支配されている状態。
③〈哲学用語として〉人間が本来の[1]を失った状態。

★★★
084 人新世（じんしんせい）
①[1]の区分の一つで、人類の活動が地球規模の環境変化をもたらし、活動の痕跡が地球全体を覆っている時代。

語群 ≫
利潤　自由　人間らしいあり方　平等　地質年代

▼空欄にあてはまる語句を語群から選びなさい。同じ語句を繰り返し使う場合もある。

正解 ≪

080 (1) 平等

081 (1) 利潤

082 (1) 自由
▼対義語は「計画経済（＝国家が物の生産量や価格を計画・管理する経済）」。

083 (1) 人間らしいあり方

084 (1) 地質年代
▼「ひとしんせい」とも読む。

解説

一　社会主義と資本主義

社会主義とは〈生産手段（土地・原材料・機械など）を共有することで平等な社会を実現しようとする思想、運動〉です。メリットは経済格差が生まれにくいこと、デメリットは、働く意欲が生まれにくく国全体の生産力が上がらないこと、また、完全な平等を実現しようとすれば国民の徹底的な管理・監視が必要になり、国家権力が肥大化していくことです。

一方、**資本主義**とは〈資本家が労働者を雇い、利潤の拡大を目指して生産活動を行う社会体制〉です（57ページも参照）。**生産手段の私有が認められ、物価が需要と供給の関係で決定される**市場経済**のもと、自由な競争が行われます**。経済成長によって国全体が経済的に豊かになることや、個々人に自由な働き方が認められることがメリットといえます。

二　資本主義の問題点

資本主義は近代に大きく発展した社会体制ですが、入試評論文は近代批判の文章が多く、資本主義もしばしば否定的に論じられます。

資本主義の問題の一つ目は**経済格差**です。「二六人＝三八億人」という数字を聞いたことがあるでしょうか。国際ＮＧＯ「オックスファム・インターナショナル」の報告書によると、二〇一八年において、世界で最も裕福な二六人の資産合計と、最も貧しい三八億人の資産合計が同じだったというのです。こうしたすさまじい経済格差の背景にあるのは、「勝ち組」と「負け組」を生み出す自由競争の仕組みです。「自由」なのだから仕方ないと思う人もいるかもしれませんが、競争の初期条件は人によって異なります。例えば、今年の四月に新社会人となるＡさんとＢさんがいたとします。Ａさんは家が裕福で、幼い頃から多くの習い事を経験し、豊かな人間関係の中で育ちました。Ｂさんは家が貧しく、習い事や旅行などの経験も多くありません。大学卒業時には奨学金返済の義務が課せられています。これから始まる二人の「自由」な競争は平等なものといえるでしょうか。

トマ・ピケティ（一九七一～）は『二一世紀の資本』で「r＞g」という不等式を示しました。rは資本収益率、gは労働収益率を表します。ピケティが論じているのは全体的な傾向ですが、個人のこととして簡単に言い換えると、「一生懸命働いても、もともと資産を持っている人より裕福にはなれない」ということです。

問題の二つ目は、**利潤の拡大以外の価値の軽視**です。公正さの実現、地球環境の保全、人間の尊厳を守ること等々、われわれが目指すべき価値は「利潤」だけではありません。しかし資本主義社会では、効率的な利潤拡大のみに焦点が当てられ、その他の価値が蔑ろにされてしまう傾向があるのです。

資本主義に対する批判は古くからありました。原理的な批判を行ったのは、『資本論』の著者カール・マルクス（一八一八～一八八三）です。生産手段（工場、機械など）を所有する資本家は、労働者を用いて生産活動を行いますが、そこで得られた利益のうち労働者の手に渡るのはごく一部です。労働者からすれば、生産した製品には自身の労働の価値（＝賃金）を超える価値（＝剰余価値）があるのに、それはすべて資本家に搾取されてしまうのです。労働者は資本家の指示のままに働く存在となり、**働くことに備わっていたはずの人間的な喜びは失われていきます**。マルクスはこれを（労働の）疎外と呼びました。

また、資本家同士も競争に巻き込まれており、搾取を強化するしかありません（資本家が悪人だからではなく、競争に生き残るためにそうせざるをえないのです）。マルクスは、資本主義の発展の末に資本家と労働者の階級対立が起こり、革命によって新しい社会が生まれると考えました。一九九一年のソ連崩壊で社会主義陣営が「敗北」し、マルクス主義は一時期の勢いを失いましたが、前述のような資本主義の問題を前に、現在、『人新世の「資本論」』（斎藤幸平）など、マルクスを読み直す動きもあります。

★★★
085
消費社会（しょうひしゃかい）

①高度に産業が発達した、大量のモノやサービスが消費される社会。[1]的・[2]的要求を満たすための消費が広範に行われることを特徴とする。

★★★
086
自由意志（じゆういし）

①外的な強制を受けず、[1]に行動や選択を決定できる意志のあり方。

★★★
087
フェミニズム

①[1]が[1]であることによって受ける抑圧に抵抗する運動。

★★★
088
AI（エーアイ）

①[1]。Artificial Intelligence の略。

★★★
089
シンギュラリティ

①人間の知能を超える人工知能を生み出せる技術的[1]。

受動的　女性　文化　人工知能
自発的　特異点　条件　男性　社会

---

085 (1)文化 (2)社会 ※順不同
086 (1)自発的
087 (1)女性
088 (1)人工知能
089 (1)特異点

解説

一 消費社会

私たちの身の回りには、ボールペンや消しゴムなど、大量生産された製品が溢れています。こうした〈大量生産→大量消費〉のサイクルは、社会に物が不足している時期は特に順調に進行します。アメリカでは自動車産業の黎明期（れいめいき）に、フォードという会社が、ベルトコンベア式の組み立てラインを導入したり、生産する車種を「黒のT型フォード」に限定したりするといった**徹底的な規格化・分業化**を進め、大きな成功を収めました（フォードは入試評論文で最もよく出る自動車会社です）。

しかし、〈大量生産→大量消費〉のサイクルには、市場の有限性という壁があります。例えば、今月冷蔵庫を買った人で三カ月以内にもう一台買う人はいないでしょう。T型フォードの所有者も、基本的には壊れるまで乗り続けます。物は売れば売るほど売れなくなるのです。

こうした状況において、企業は、**デザインや広告によって消費者の需要を創出する**ことを考えます。フォードに対抗したGM（ゼネラルモーターズ）は、「自動車は見かけで売れる」という戦略のもと多様な車種を生産し、毎年のようにモデルチェンジを行いました。宣伝にも力を入れ、「最新モデルに乗っている方がかっこいい」「もっと個性的でありたい」といった消費者の心理を刺激し、売り上げを伸ばしていったのです。消費者の欲望に限界はありません。**デザインと広告によって需要を自ら創り出し、市場の有限性を克服したのです**。24ページで「記号」を扱いましたが、人々が製品の機能だけでなく、記号（＝「かっこいい」「個性的」といった意味）を求めて消費を行うのが消費社会の特徴です。

新しいクルマだ！
おれも欲しい！

社会学者の見田宗介（一九三七〜二〇二二）は『現代社会の理論』において、〈大量生産→大量消費〉の外部には、〈大量採取（資源の濫用）〉と〈大量廃棄〉があることを指摘しています。いわゆる環境問題ですね。需要の自己創出で市場の有限性を克服した資本主義は、現在、地球の有限性という最終的な有限性に直面しています。

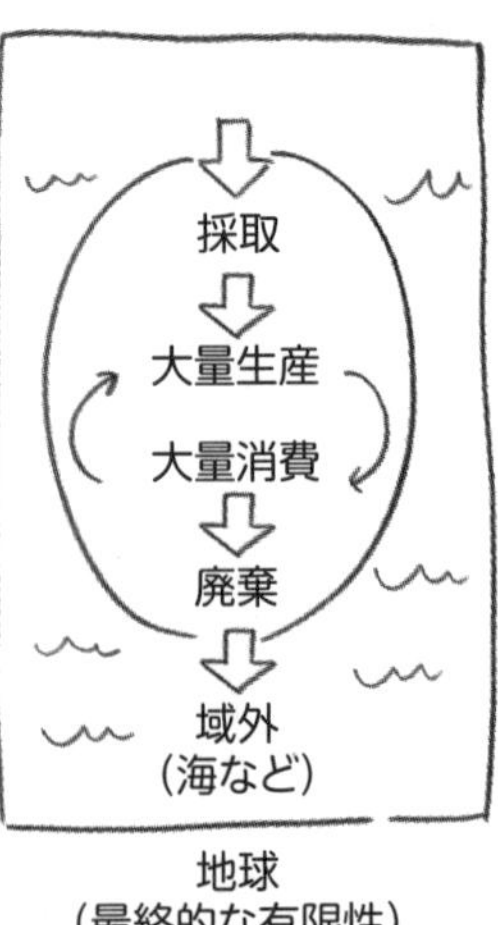

資本主義は今、大きな壁にぶつかっていますが、人類はいまだ資本主義を乗り越える「大きな物語」を見いだすことができていません。資本主義が自明である世界を生きる私たちにとって、それとは異なる価値観や社会体制は想像することすら難しくなっています。「資本主義の終わりより、世界の終わりを想像するほうがたやすい」（フレドリック・ジェイムソン）という状況に置かれているのです。

二　自由意志と中動態

自由意志とは〈外的な強制を受けず、自発的に行動や選択を決定できる意志のあり方〉のことです。入試評論文では、**自由意志など存在しない**という文章が頻出します。例えば、通りすがりのお店でオープニングキャンペーンが催されており、熱々のココアか冷たいかき氷のどちらか一方をもらえるとします。雪の舞う寒い日であれば多くの人がココアを選び、真夏日であればかき氷を選ぶことでしょう。このとき、その判断は自由意志によるものといえるのでしょうか。自らの意志で選んだともいえますが、その日の気温に選ばされたともいえそうです。

哲学者の國分功一郎（一九七四〜）は、中動態という概念に注目しています（『中動態の世界　意志と責任の考古学』）。中動態とは、完全に自発的とも完全に受け身ともいえない状態を表すものです。例えば、「惚れる」という行為は、完全な自発（＝惚れようと思って惚れている）ではありませんが、完全な受け身（＝強制的に惚れさせられている）でもありません。「惚れる」は中動態的な動詞といえます。國分によると、古代ギリシア語には〈能動態⇔中動態〉という対立があり、〈能動態⇔受動態〉という対立はありませんでした。能動と受動という区分は必ずしも自明なものではないのです。

三　自由意志と責任

入試評論文では「自由意志とは行動の主体に責任を帰すための虚構である」といった文章も頻出します。例えば、ある夏の暑い日、上司に叱られてムシャクシャしていた山田さんが、公園のゴミ箱を蹴り上げて壊してしまったとします。山田さんの暴力の原因が山田さん以外にある（「上司の言葉が悪かった」とか「夏の太陽のせいだ」とか）ということになれば、山田さんの責任は問えません。山田さんに弁償を求めようと思えば「あなたが自分の意志で行動して壊したのだから、その責任はあなたが負うべきだ」という理屈が必要になるでしょう。このように、特定の人物に責任を帰すために自由意志という概念が必要とされたのではないかということです。

四　フェミニズム

フェミニズムとは〈女性が女性であることによって受ける抑圧に抵抗する運動〉です。その歴史は第一波から第四波の四段階に区分されます。

第一波は女性の参政権を求める運動でした。大きく盛り上がったのは、一九世紀末から二〇世紀初頭ですが、その先駆となったのは、メアリ・ウルストンクラフト（一七五九〜一七九七）や、オランプ・

ド・グージュ（一七四八〜一七九三）です。グージュは一七九一年、『女性と女性市民の権利宣言』を発表して男女の完全平等を宣言し、女性の参政権を要求しました。一七八九年のフランス革命は、人間の自由と平等を謳いながら、その「人間」の中に女性は含まれていなかったのです。

　第二波は一九六〇年代に盛り上がった運動です。「個人的なことは政治的なこと」という標語が用いられ、「男性は仕事、女性は家庭」という価値観を問い直し、DV（ドメスティックバイオレンス）やセクハラ、女性の家事労働、中絶の権利など、今日のフェミニズムに受け継がれる様々な問題が議論されました。

　第三波は、第二波の議論を受け継ぎながらも、黒人女性や同性愛女性など、女性の中での多様性が強く意識されたことを特徴とします。そして二〇一〇年代以降、フェミニズムの第四波が来ているといわれています。特徴は、SNSによる活発な発信がなされ、問題意識が世界中で共有されていることです。二〇一八年に世界的に広まった#MeToo運動（＝過去に性被害を受けた女性達が「私も被害者だ」を意味する#MeTooを付けてネット上で次々と被害を告発した運動）はその典型といえるでしょう。また、韓国における女性の抑圧を描いた『82年生まれ、キム・ジヨン』は韓国だけでなく日本でもベストセラーになりました。

五　AIと人間の未来

　AI（人工知能）という言葉はすっかり社会に定着しましたが、AIが人間の未来をどう変えるのかは誰にも予測がつきません。AIが人間の労働を代替するようになれば、人間が非創造的な労働から解放される可能性がありますが、一握りの富裕層と圧倒的多数の貧困層から成る超格差社会が生まれる可能性もあります。一時期もてはやされた、二〇四五年にシンギュラリティ（＝〈人間の知能を超えるAIを生み出せる技術的特異点〉を迎えるという説も、提唱者のレイ・カーツワイルの著書『ポスト・ヒューマン誕生 コンピュータが人類の知性を超えるとき』はSFじみた内容であり、予測の客観性には疑問符が付きます。また、技術の発達によってAIが人間に近づけば近づくほど、AIとの間に「人間的な」問題が生じることになるでしょう。（例えば、二〇五〇年には、AIと人間の夫婦が離婚トラブルでもめているかもしれません）。社会の急激な変化の中で、人間らしさとは何かが問い直され、自分自身はどう生きるべきなのかという価値をめぐる問いが一層重要なものとなるのでしょう。

07 情報・メディア

★★★
090 メディア
①情報を伝える[1]。

★★★
091 活版印刷（かっぱんいんさつ）
①[1]を組み合わせた版にインクを付けて印刷する技術。

★★★
092 マスメディア
①[1]に大量の情報を伝達するメディア。新聞・テレビ・雑誌・ラジオなど。

★★★
093 SNS（エスエヌエス）
①インターネット上での人々の[1]を支えるサービス。X（旧 Twitter）・LINE・Facebook・Instagram など。

★★★
094 ネット炎上（えんじょう）
①インターネット上で、特定の発言や行為などに対して[1]や[2]が殺到すること。

語群≫ 活字　媒体　中傷　交流　一般大衆　非難

▼空欄にあてはまる語句を語群から選びなさい。同じ語句を繰り返し使う場合もある。

正解≪

090 (1)媒体

091 (1)活字

092 (1)一般大衆

093 (1)交流
▼「Social Networking Service」の略。

094 (1)非難 (2)中傷 ※順不同

解説

一 メディアとは何か

メディアを辞書で調べると、「媒体」と書かれていますが、これだけではイメージしにくいですね。media（メディア）は、「中間」を意味するmediumの複数形です（洋服のサイズを表すS・M・LのMはmediumの頭文字です）。発信者と受信者の中間に入り、情報の橋渡しをする存在がメディアです。端的にいえば〈情報を伝える媒体〉ということになります。具体的には、テレビ、新聞、雑誌、ウェブサイト、SNSなどが挙げられます。

一方向

双方向

二 メディアと社会

歴史の授業で「ルターの宗教改革」を習ったと思います。マルティン・ルター（一四八三〜一五四六）は、カトリック教会の腐敗を糾弾し、聖書中心主義を唱えました。この運動を支えたのが、ヨハネス・グーテンベルク（一四〇〇年頃〜一四六八）の活版印刷です。金属の活字を組み合わせて版を作り、そこにインクを付けて印刷するという活版印刷の技術によって、**写本（しゃほん）（＝手で書き写すこと）よりもはるかに短い時間で大量の複製が可能**になりました。

ルターの時代、多くの聖書はラテン語で書かれていました。一般の人々はラテン語を読むことができず、「司祭の言葉＝聖書の教え」として信じるしかなかったのです。教会の権威を否定し、聖書に基づく信仰を重視するルターは、聖書をドイツ語に翻訳して民衆が読めるものにしました。そして、それが

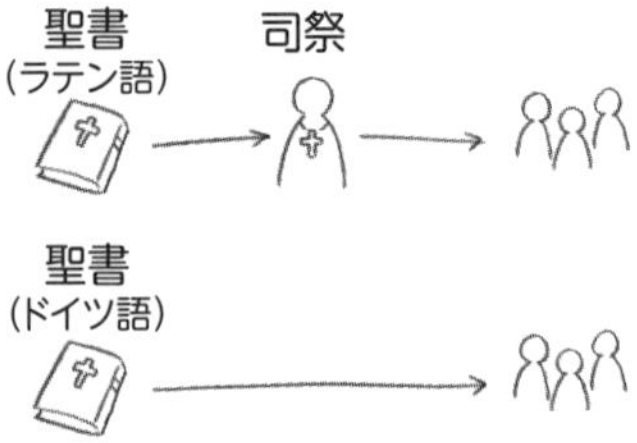

活版印刷によって大量に印刷されたことで、彼の運動に対する支持が急速に広がったのです。これはメディアが社会を変えたことの一例といえるでしょう。

近代の国民国家（60ページ）を「想像の共同体」と呼んだベネディクト・アンダーソン（一九三六～二〇一五）は、**小説と新聞という二つのメディアを近代国家成立の重要な要素**とみなしました。人々は新聞を毎日受け取り、ほぼ同じタイミングで同じ内容の記事を読みます。こうした経験が、見ず知らずの他人でも同じ「国民」であるという意識を支えたのです。

三　メディアはメッセージ

マーシャル・マクルーハン（一九一一～一九八〇）は「メディアはメッセージである」という言葉を残しました。メディアはメッセージを伝えるための透明な媒体ではなく、メディアそのものがメッセージを含んでいるという意味です。例えば、謝罪の気持ちを伝えるときに、直接会って「すみません」と言うのか、メールで「すみません」と送るのか、LINEでスタンプを送るのかによって、相手に与える印象は大きく異なることでしょう。言葉を伝える媒体そのものが意味（＝メッセージ）を持っているのです。

四　現代のメディア状況

新聞やテレビといったマスメディアは、**少数の発信者が多数の受信者に向けて一方的に情報を伝達します。**発信者は選抜された記者やキャスターであり、情報の質が保たれますが、メディアにとって不都合な情報は伝達されにくいという欠点もあります。一方、インターネットを介したメディアコミュニケーションは、**発信者に選抜や制限がなく、多くの情報が双方向でやり取りされる**ことが特徴です。自由度が格段に増す一方で、情報の信憑性は低く、SNSを通じてデマや誹謗中傷が拡散されることも少なくありません。

ネット炎上という言葉もすっかり社会に浸透しました。田中辰雄、山口真一著『ネット炎上の研究』によると、炎上は情報発信の萎縮と、インターネット空間の意見分布のゆがみをもたらします。炎上が起こると、中庸な意見の持ち主は攻撃的な言葉の応酬に嫌気がさして議論の場から退場し、何を言われても意見を変えない極端な人物ばかりが残ってしまうのです。

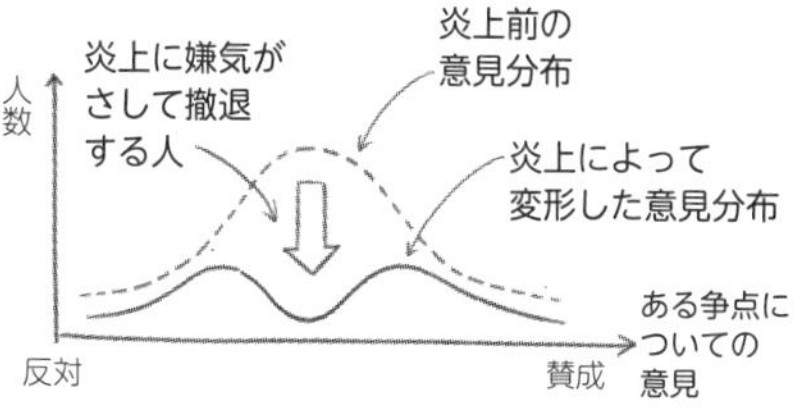

（田中辰雄・山口真一著『ネット炎上の研究』（勁草書房）より作成）

「フィルターバブル（filter bubble）」や「エコーチェンバー（echo chamber）*」という言葉を聞いたことがあるでしょうか。前者は〈過去の検索履歴に基づく情報の取捨選択によって、利用者が自分の見たい情報だけに囲まれている状態〉のことです。人々が思想的に孤立しているさまを、泡（バブル）に包まれている状態で例えています。後者は〈SNSにおいて、自分と興味関心が近いユーザーをフォローする結果、自分が意見を発信するとそれに似た意見が返ってきて、自分の意見が強化されていくこと〉を意味します。いずれも人々の思考の多様性や柔軟性を奪う現象であり、社会の分断が進むことが懸念されています。

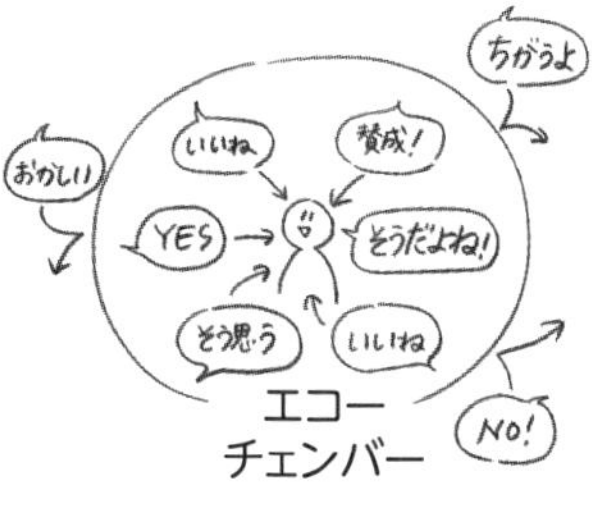

＊ echoは反響、chamberは部屋という意味。

★★★

095 アナログ

①情報を 1 な物理量で表現するさま。
②〈比喩的に〉連続的であるさま。つながっているさま。

★★★

096 デジタル

①情報を 1 な数値で表現するさま。
②〈比喩的に〉切り離されているさま。

連続的　帰納的　離散的　演繹的

(1)連続的

(1)離散的

解説 アナログ（analog）は、analogy（類推・類似・相似）に由来する言葉です。例えば、アナログ時計は、時間の流れをクルクル回る針の動きに変換して表現しています。アナログ時計の根底には、「時がめぐる」と「針が回る」という二つのイメージの類似性があるのです。一方、デジタル（digital）は、digit（指、数）に由来します。デジタル時計は時刻を数値で表現しますね。アナログとデジタルの大きな違いは、**前者が連続的であるのに対して後者が離散的（＝とびとび）であること**です。例えば、アナログ時計は、八時五分七秒と、八時五分八秒の間も、針は連続的に動いています。一方、デジタル時計の場合、「七秒」と「八秒」はとびとびで切り替わり、その「中間」はありません。

デジタル時計　アナログ時計

デジタルの世界において、情報は0や1という数値で処理されます。例えば左図①のような画像は、左図②のように、細分化されたうえで一コマ（＝ピクセル）ごとに数値化されています。

図①

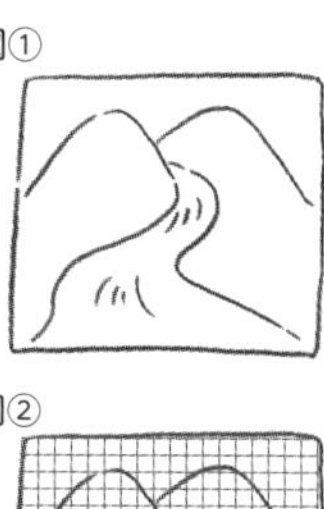

図②

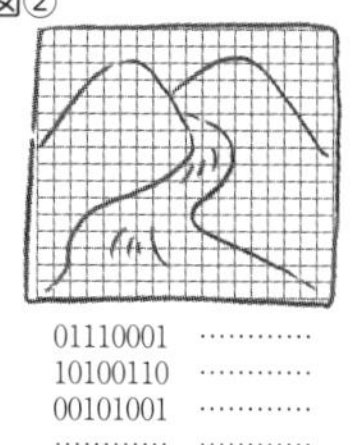

デジタル化は、情報の大量保存や自由なやり取りを可能にしますが、欠点がないわけではありません。本来切れ目などない世界を分けて数値化するわけですから、デジタル化された世界は、元の世界の完全な置き換えとはいえません（例えば、スマートフォンで聴く音楽は、どれだけ音質が良くても生の音楽とは印象が異なります）。そこからデジタルは**無機的・人間味に欠ける**といったマイナスイメージを伴うことがあります。

★★★
097 生態系（せいたいけい）
①互いに関わり合いながら生きる［1］と、それらが生きる自然環境の総体。

★★★
098 生物多様性（せいぶつたようせい）
①生態系、種、遺伝子のレベルで［1］が保たれている状態。

★★★
099 世代間倫理（せだいかんりんり）
①［1］の資源やエネルギーの利用が［2］に影響を与える以上、［1］は［2］に責任を負うべきだという考え方。

★★★
100 エコロジー
①生態学。
②人間生活と自然の［1］や［2］を目指す考え方。

★★★
101 SDGs（エスディージーズ）
①［1］な開発目標。（＊）

▼空欄にあてはまる語句を語群から選びなさい。同じ語句を繰り返し使う場合もある。

語群≫
多様性　調和　現在世代　共存
持続可能　生物群　未来世代　再現可能

正解≪
097 (1) 生物群
098 (1) 多様性
099 (1) 現在世代 (2) 未来世代
100 (1) 調和 (2) 共存 ※順不同
101 (1) 持続可能

＊ SDGsでは、2030年までに達成すべき17のゴールが設定されている。具体的には「貧困をなくそう」「すべての人に健康と福祉を」「気候変動に具体的な対策を」など。

解説

一　環境倫理学

レイチェル・カーソン（一九〇七〜一九六四）は『沈黙（ちんもく）の春』で、農薬が**生態系**に深刻なダメージを与えることを指摘し、その使用に警鐘を鳴らしました。近代科学は人間生活の豊かさ、快適さ、利便性を実現した一方で、気候変動、酸性雨、砂漠化、海洋汚染といった地球規模の問題を引き起こしています。こうした時代状況において、われわれがいかに環境に向き合うべきかを考える環境倫理学では、**自然の生存権**、**世代間倫理**、**地球の有限性**（**地球全体主義**）という三つの環境倫理を重視します。以下、詳しく見ていきましょう。

二　自然の生存権

自然の生存権とは〈人間だけでなく、動植物やそれを育む生態系そのものに価値を認める考え方〉です。近代において、人間は自然を資源やエネルギーの貯蔵庫のように捉え、自分たちの生活に役立つという点に、自然の価値（＝道具的価値）を見いだしました。しかし、人間自身もまた生態系の一部であり、自然の濫用（らんよう）は抑制されるべきでしょう。

近年、生物多様性の減少が大きな問題となっています。**生物多様性**とは、〈生態系、種、遺伝子のレベルで多様性が保たれている状態〉のことで、わかりやすく言い換えれば、**個性豊かな生き物たちが、それぞれの環境で、互いにつながり、調和して生きている状態**のことです（生物学者の岸由二は「生きもののにぎわい」と呼んでいます）。自然界において、ある生物種が絶滅することは珍しいことではありませんが、近年の生物多様性の減少は、急速かつ大量の減少であ

り、また、その原因が人間の経済活動によるものであるという点で、憂慮（ゆうりょ）すべき事態といえます。

三　世代間倫理

世代間倫理とは、〈現在世代の資源やエネルギーの利用が未来世代に影響を与える以上、現在世代は未来世代に責任を負うべきだという考え方〉です。例えば、原子力発電所から出る高レベル放射性廃棄物の放射線量が人体に影響のないレベルにまで低下するには十万年程の年月を要します。世代間倫理の立場からすれば、たかだか数十年の現在世代のエネルギー需要を賄うために、十万年にわたって未来世代に負担を課すのは認められないということになります。

世代間倫理への反論として、「未来世代がどう考えるかはわからない」という相対主義の立場があります。しかし、人類の身体のしくみは大きくは変わりませんから、放射性廃棄物が人間にとって好ましいものになるという未来は考えにくいでしょう。また、「未来世代は科学技術の力で資源問題を解決しているはず」という楽観論もありますが、そこに明確な根拠があるわけではありません。楽観論の内実は「面倒くさいことは考えたくない」ということなのではないでしょうか。

四　地球の有限性（地球全体主義）

地球の有限性とは〈地球は有限な生態系によって構成される閉じた世界である〉という考え方です。経済学者のボールディング（一九一〇〜一九九三）は「宇宙船地球号」という比喩を用いて、地球の資源が有限である以上、より少ない生産・消費で維持される循環型の経済が必要であると主張しました。

以上のような**環境倫理の考え方は、いずれも人間中心主義、個人主義、進歩主義といった近代的価値観と根本的に対立します。**環境倫理は、われわれが自明視してきた従来の考え方に問い直しを迫るものなのです。

五　グリーンウォッシュ

グリーンウォッシュは、環境に良いことをイメージさせる「グリーン」と、うわべを飾ることを意味する「ホワイトウォッシュ」を合わせた造語で、〈企業などが、実態を伴わないまま、環境に配慮しているかのように装うこと〉を意味します。

日本では一九九〇年代から「エコ」という言葉が普及しました。エコはエコロジーを略したもので、「環境にやさしい」といった意味で用いられますが、企業が販売促進のために都合よく「エコ」を利用していることも少なくありません。また、近年広まった「ＳＤＧｓ（Sustainable Development Goals：持続可能な開発目標）」も、貧困、気候変動、人権、紛争などの課題に国際社会が協力して取り組む重要な枠組みですが、日本社会では、その中身が曖昧なまま、言葉だけが安易に使用されているきらいがあります。

09 医療

★★★ 102 SOL（エスオーエル）
①生命の［1］・神聖さ。

★★★ 103 QOL（キューオーエル）
①生命の［1］。

★★★ 104 パターナリズム
①［1］主義。強い立場にある者が、当人の利益になるという理由で、弱い立場にある者の代わりに意思決定を行うこと。

★★★ 105 インフォームド・コンセント
①十分な［1］を受けたうえでの［2］。

★★★ 106 ケア
①注意、配慮、世話。
②［1］の生を支える営み。

語群≫
父権的温情（ふけんてき）　説明　尊厳　弱い状態にある人　質　同意

▼空欄にあてはまる語句を語群から選びなさい。同じ語句を繰り返し使う場合もある。

正解≪

102 (1)尊厳
103 (1)質
104 (1)父権的温情
105 (1)説明 (2)同意
106 (1)弱い状態にある人

解説

一　ＳＯＬとＱＯＬ

ＳＯＬ（Sanctity of Life）は〈生命の尊厳・神聖さ〉を意味する言葉で、**いかなる状況でも生命を人為的に短縮することは許されないと考える立場です。**キリスト教のカトリック教会が人工妊娠中絶に反対するのは、生命を神から授かった神聖なものと考えるためです。一方、ＱＯＬ（Quality of Life）は〈生命の質〉を意味する言葉で、**生命の時間的な長さだけでなく、本人の満足感や充実感の向上を重視する立場です。**「大切なのは、ただ生きることではなく、よく生きることだ」というソクラテスの言葉は――

当時と「よく生きる」の中身は違うにせよ――ＱＯＬの考え方を端的に表しています。

二つの立場は、中絶や延命治療の場面で激しく対立します。その一例として、小林亜津子『ＱＯＬって何だろう』では「リナーレス事件」が挙げられています。生後七カ月の子どもが風船を誤飲し、意識を失って人工呼吸器が装着されました。回復の見込みがないことを伝えられた父のリナーレスは、変わり果てた息子の姿を見ていたたまれなくなり、呼吸器を外すよう医師に頼み込みますが、医師は応じません。呼吸器を外すのは殺人にあたるためです。八カ月間もの苦悩の末、リナーレスは、銃を持って病院を訪れます。そして、医療者に銃を突きつけて息子から遠ざけ、呼吸器を外しました。その後、息子を抱っこしてあやし続け、三〇分して息子が息をひきとったのを確認すると、銃を置いて泣き崩れながら自首したということです。

この事件は、ＳＯＬとＱＯＬについて、また、本人が意思を示せないときに家族が本人のＱＯＬを判断することの可否について、極めて難しい問題を突きつけています。

二　医療者と患者の関係

パターナリズム（paternalism：父権的温情主義）という言葉を聞いたことがあるでしょうか。父ないしは神父を意味するpaterから生まれた言葉で、医師が患者に対して、父が子どもに対するように接することを意味します。父は未熟な子どもに対して指導的な立場にあります。子どもに対して思いやりをもって接し、時には子どもの嫌がることも受け入れさせなくてはなりません。同様に、医師は知識の乏しい患者を指導する立場にあり、時には患者の意思に反してでも必要な処置を受けさせなくてはならないと考えるのです。

パターナリズムと対置されるのが、インフォームド・コンセント（informed consent：十分な説明を受けたうえでの同意）です。この立場は、患者が医師から十分な説明を受け、納得したうえで治療法を選択することを重視します。**患者の自己決定権を重視する立場**であり、ここには、個々人を「理性をもった自律的な主体」として捉える近代的な人間観が色濃く表れています。

自分の身体の取り扱いについて、他者から強制されるよりは自分で選択できる方がよいでしょう。しかし、自己決定や自己選択は、「自分で選んだことだよね？」という形で自己責任に結び付いてしまいます。人類学者アマネリー・モルの著書『ケアのロジック――選択は患者のためになるか』に次のよ

うな話があります。

ある精神病院で患者の一人が「起きたくない」と言いました。自己決定を尊重するのであれば、そのままベッドに寝かせておくことになります。しかし、もしその病院に十分なスタッフがいるのであれば、看護師がその患者の横に座り、「どうして起きたくないか」と彼の声に耳を傾けるべきではないでしょうか。その患者は何らかの「起きられない理由」を抱えているのかもしれず、その場合、ベッドにとどめておくのは「ほったからし」に等しいからです。

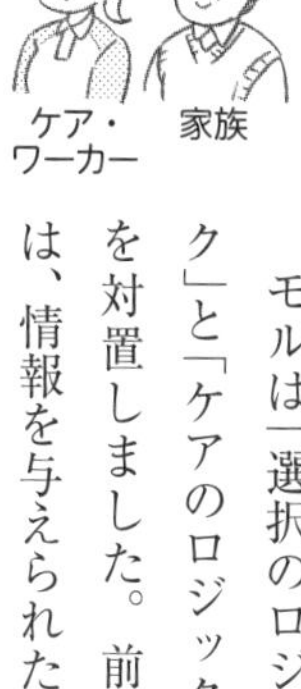

モルは「選択のロジック」と「ケアのロジック」を対置しました。前者は、情報を与えられた患者の自己選択を推奨します。後者は、医師、看護師、ケア・ワーカー、家族といった**周囲の人々が連携し、患者のよりよい生について患者と共に考え、患者の状態に合わせてケアの仕方に日々手直しを加えていく**ことを重視します。「選択のロジック」では、患者を自律的な主体と捉えるのに対して、「ケアのロジック」では、周囲からのケアによって初めて患者の自律が可能になると考えるのです。

三　ケア

入試評論文でケア（care）がテーマになるときは、多くの場合、〈弱い状態にある人の生を支える営み〉という意味であり、その根本には、**人間は相互依存的な存在であり、vulnerable（傷つきやすい・脆弱）な人に対して応答する責任がある**という考えがあります。ケアの実践においては、相手の個別性を尊重すること、相手を全人格的存在と捉える（＝身体的、心理的、社会的といったあらゆる角度から理解する）ことが重視されます。

10 文学

★★★
107 写実主義（しゃじつしゅぎ）
①〈近代文学において〉[1]をありのままに描こうとする立場。

★★★
108 言文一致（げんぶんいっち）
①[1]に近い形で文章を書くこと。

★★★
109 擬古典主義（ぎこてんしゅぎ）
①〈近代文学において〉江戸文学、特に[1]の作品に学ぶ立場。

★★★
110 浪漫主義（ろうまんしゅぎ）
①〈近代文学において〉自我・自由・[1]を重んじる立場。

★★★
111 自然主義（しぜんしゅぎ）
①〈近代文学において〉自然科学の影響のもとに生まれた、理想を排し[1]をありのままに描こうとする立場。

語群》》
外国語　話し言葉　現実　感性　井原西鶴　松尾芭蕉

▼空欄にあてはまる語句を語群から選びなさい。同じ語句を繰り返し使う場合もある。

正解《《《
107 (1)現実
108 (1)話し言葉
109 (1)井原西鶴
110 (1)感性
111 (1)現実

解説

一　写実主義

一九世紀後半の明治維新を契機として、日本社会は急速な近代化、西洋化の道を進むことになります。西欧の文学論を学んだ坪内逍遥（一八五九～一九三五）は『小説神髄』において、**小説は芸術であり実用性を目的としていない**、また、**小説の主眼は現実世界を生きる人間の情欲を客観的に描くことであると**主張しました。現実をありのままに写すことから、彼の立場は**写実主義**と称されます。

坪内は江戸文学に見られた勧善懲悪的な筋立てを好みませんでした。勧善懲悪*とは、善を勧め悪を懲らしめるということであり、簡単に言えば「正義は勝つ！」というストーリーです。江戸時代に広く読まれた『南総里見八犬伝』（滝沢馬琴）も、八人の犬士が里見家のために奮闘するという勧善懲悪的な物語ですが、坪内はこれを「人情を主眼としてこの物語を論いなば、瑕なき玉とは称えがたし（＝人の情欲を描けているかという観点でこの物語を論じれば、欠点のない作品とはいえない）」と評しています。

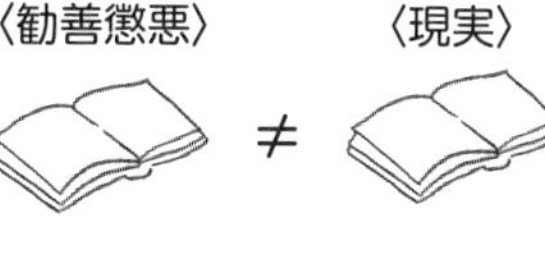

二葉亭四迷（一八六四～一九〇九）は、坪内の教えを受けつつ、三遊亭円朝の落語を参考にした言文一致体で『浮雲』を執筆しました。**言文一致**の「言」は話し言葉、「文」は書き言葉を意味します。現代でも「言」と「文」は完全には一致しません（皆さんも、日常会話と作文や小論文を書くときでは言葉遣いは異なるはずです）が、江戸時代にはその開きが大変大きくなっていました。写実主義にふさわしい文体を模索した二葉亭四迷は、**当時の話し言葉に近い言葉遣いで作品を書いた**のです。

二　擬古典主義

明治二〇年代に入ると、急激な西洋化への反動と

＊水戸黄門（みとこうもん）やプリキュア、戦隊ヒーローものは勧善懲悪の典型例である。

して国粋主義的な機運が高まり、江戸文学、特に井原西鶴の作品に学ぶ**擬古典主義**が生まれました（江戸文学（＝古典）を真似る（＝擬する）ので擬古典主義です）。代表的な人物の尾崎紅葉（一八六八～一九〇三）は、現実世界を生きる人間を描くべきという坪内の主張に影響を受けつつ、西鶴に傾倒してその文体を学び、『多情多恨』『金色夜叉』などを発表しました。左に西鶴と紅葉の文章を引用します。

①井原西鶴『好色一代男』冒頭

> 桜もちるに嘆き、月はかぎりありて入佐山、ここに但馬の国かねほる里の辺に、浮世の事を外になして、色道ふたつに寝ても覚めても夢介と……。

②尾崎紅葉『金色夜叉』冒頭

> 未だ宵ながら松立てる門は一様に鎖籠めて、真直に長く東より西に横はれる大道は掃きたるやうに物の影を留めず、……。

どちらも音読してみると、心地よいリズム、美しい言葉の流れが感じられると思います。もう一人の代表的な人物は幸田露伴（一八六七～一九四七）です。彼の作品は中国の古典や仏典に関する深い教養に裏打ちされた硬派で理想主義的なものが多く、男性的で力強い文体が特徴です。

三　浪漫主義

浪漫主義は〈自我、自由、感性を重んじる立場〉です。例えば、与謝野晶子（一八七八～一九四二）の歌には浪漫主義の特徴がよく表れています。二つ紹介しておきましょう。

> ①やは肌の　あつき血汐に　ふれも見で　さびしからずや　道を説く君
>
> ②その子二十　櫛にながるる　黒髪の　おごりの春の　うつくしきかな

①は「私の柔らかい肌に触れなくていいの？」と挑発的に誘いかけるような歌です。②は「その子二十」という体言止めが鮮烈な印象を与える歌で、艶やかな黒髪をなびかせて青春を謳歌する作者の姿が浮かびます。いずれも、自己の感性を大胆に解放した歌といえるでしょう。

四　自然主義

自然主義とは本来〈科学の実証精神を文学に取り入れることを目指す立場〉です。近代科学の進展や産業革命の勃興を背景として、フランスの小説家エミール・ゾラ（一八四〇〜一九〇二）が提唱しました。彼は小説『テレーズ・ラカン』について、「外科医が解剖を行うように人間を描いた」と述べています。こうした思想に大きな影響を受けた日本の作家たちは、「**無理想・無解決**」を理念とし、**虚飾を排除してありのままの現実を描こうとしました**。これは写実主義の性格を継承するものといえます。

日本の自然主義は、**次第に自己告白的な性格を強めていきます**。「ありのまま」の追求が、「作者＝主人公」として描くという捨て身の方向へと進んだのです。田山花袋（一八七一〜一九三〇）の『蒲団』は、妻子ある中年男性が弟子入りしてきた若い女性に情欲を覚えるという話（27ページ）ですが、花袋自身の話と読める描き方をしており、クライマックスの印象の強さ——弟子が使用していた夜着に顔を埋め、匂いを嗅ぎながら泣いています——も手伝って、大きな反響をもたらしました。人間の真実を描くという彼の求道的な態度を評価する声があった一方で、扱う問題が個人的な範囲にとどまっているという批判もあったようです。

★★★

112 テクスト

①〈狭義に〉本文。原典。
②〈広義に〉[1]によって表現されたもの。

★★★

113 レトリック

①〈狭義に〉言葉を美しく飾る技法。[1]。
②〈広義に〉文章の説得力や[2]を高める工夫。

言葉　リズム　表現効果　修辞技巧

112 (1) 言葉
▼「作品には多様な読みの可能性がある」という含意がある。

113 (1) 修辞技巧
(2) 表現効果

解説 テクストは「織物（texture）」に由来する語で、〈文章〉を意味します。ロラン・バルト（一九一五～一九八〇）の登場以前、文学研究の主流は作家研究であり、作者の意図に近づくことが正しい読みだと考えられていました。しかし、**作品の意味とは、読者、時代、社会状況などによって、作者の意図を超えて様々に創造されていくもの**なのではないでしょうか。バルトは作者と作品を切り離すべきと考え、「作者の死」を宣言しました。テクストの多様な読みの可能性は、縦糸と横糸が組み合わされて複雑な色合いを生み出す織物（texture）のイメージに重なります。

書かれたものに限らず、映画や音楽、都市なども様々な意味を読み取り得る対象として「テクスト」と呼ばれることがあります。

レトリックは、広義には〈文章の説得力や表現効果を高める工夫〉を意味します。一例として「順序のレトリック」を挙げましょう。次の例を見てください。芥川龍之介『侏儒の言葉』の一節です。

> 人生は一箱のマッチに似ている。
> 重大に扱うのは莫迦莫迦しい。
> 重大に扱わなければ危険である。

一文目の「人生は一箱のマッチ」で読者に「?」と思わせ、二文目と三文目で、「確かに」と思わせる巧みな文章展開になっていますね。試しに一文目を最後に回し、「重大に扱うのは莫迦莫迦しい。／重大に扱わなければ危険である。／人生は一箱のマッチに似ている。」とすると、内容は変わらないはずなのに、「マッチ」の比喩が凡庸でつまらないものに見えてこないでしょうか。叙述の順序を変えることもレトリックの一つといえるのです。

★★★
114
直喩（明喩）

①「1」「2」などを用いて例えること。

★★★
115
隠喩（暗喩）

①「1」「2」などを用いず例えること。（＊）

★★★
116
擬人法

①1でないものを2のように表現すること。

★★★
117
換喩

①ある事物をそれと1のある事物で置き換えて表現すること。（＊）

ようだ　動物　まるで　とても　人間　深い関係

---

114 (1)まるで (2)ようだ

115 (1)まるで (2)ようだ

116 (1)人間 (2)人間

117 (1)深い関係

＊隠喩（暗喩）は英語で「メタファー」、換喩は英語で「メトニミー」という。

解説 直喩、隠喩はともに比喩の一種です。例を挙げましょう。

直喩：西原はまるで電信柱のようだ。

隠喩：西原は電信柱だ。

比喩であることを明示して例えるのが直喩です。「まるで」「ようだ」の他に「みたいだ」「ごとし」などが用いられることもあります。佐藤信夫は著書『レトリック感覚』において、川端康成『雪国』の「駒子の唇は美しい蛭（ひる）の輪のように滑らかであった」という一文を例に挙げ、直喩の〈発見的認識〉を指摘しています。

この例では、唇と蛭が美しいという共通点で結ばれているわけですが、これを読む前に〈蛭＝美しい〉と思っていた人はいないのではないでしょうか。つまり、川端は人々が共有する常識に依拠して例えているのではなく、唇と蛭を「ようだ」で結ぶことで、蛭は美しいという新しい認識を読者に提案しているのです。**比喩には、新しい世界の見方を生み出す創造的な働きがあるといえます。**

擬人法は比喩の一種で〈人間でないものを人間のように表現する方法〉です。例えば、「音楽室の戸を開けた瞬間、その静寂をゆさぶる音がした。足もとからはいあがってくる低音。」（森絵都『クラスメイツ』）では、人間の動作に用いることの多い「はいあがる」を音に使用しており、擬人的な表現といえます。「あがる」ではなく、「はいあがる」とすることで、音の力強さが強調されています。

最後に、**換喩**は〈ある事物をそれと深い関係のある事物で置き換えて表現すること〉です。例えば、「昨晩、友人と鍋を食べた」は、常識的に考えれば、鍋の中身（肉・野菜など）を食べたという意味であり、皆でガリガリと土鍋にかじりついたわけではないでしょう。ここでは「鍋の中身」を「鍋」という関わりの深いもので例えています。

★★★
118 口語（こうご）

①〈書き言葉に対し〉[1]。
②〈昔の言葉に対し〉[2]。

★★★
119 文語（ぶんご）

①〈話し言葉に対し〉[1]。文章語。
②〈現代の言葉に対し〉[2]。古典語。

★★★
120 定型詩（ていけいし）

読

①[1]に一定の決まりがある詩。

★★★
121 自由詩（じゆうし）

①[1]に一定の決まりがない詩。

★★★
122 韻律（いんりつ）

①音の強弱・長短・高低、母音や子音の配列の仕方などによって生み出される言葉の[1]。

話し言葉　書き言葉　現代の言葉
昔の言葉　音数や行数　リズム　テンポ

118 (1)話し言葉 (2)現代の言葉
119 (1)書き言葉 (2)昔の言葉
120 (1)音数や行数
121 (1)音数や行数
122 (1)リズム

解説 本来、**口語**は〈話し言葉〉、**文語**は〈書き言葉〉という意味ですが、言文一致（150ページ）によって文語が口語に近づいたこともあり、口語には〈現代のことば〉、文語には〈昔のことば〉という意味もあります。〈話し⇕書き〉と〈現代⇕昔〉という二つの意味の系列があると考えると理解しやすいでしょう。

詩の分類において、口語詩と文語詩という分け方がありますが、このときは〈現代⇕昔〉という意味です。次の例を見てください。

> まだあげ初めし前髪の
> 林檎のもとに見えしとき
> 前にさしたる花櫛の
> 花ある君と思ひけり（以下略）
>
> 「初恋」島崎藤村

「あげ初めし」「見えし」の「し」は、過去の助動詞「き」の連体形、「思ひけり」の「けり」は過去の助動詞「けり」の終止形ですね。この詩は文語詩です。

また、音数や行数という観点から**定型詩**と**自由詩**に分けることもあります。「初恋」は、「まだあげ初めし（7音）＋前髪の（5音）」「林檎のもとに（7音）＋見えしとき（5音）」……と、「7音＋5音」が繰り返されます。音数に規則性があるので定型詩といえます（まとめると、「初恋」は**文語定型詩**です）。

韻律は〈音の強弱・長短・高低、母音や子音の配列の仕方などによって生み出される言葉のリズム〉です。藤原公任が詠んだ「滝の音は　絶えて久しくなりぬれど　名こそ流れて　なほ聞えけれ（訳：滝の水の音が聞こえなくなって長い月日がたったが、その滝の評判は世間に伝わり、今なお聞こえてくるよ）」という歌があります。この歌は、句の頭を「た」「た」「な」「な」「な」とすべてア段の音にすることで、歌全体に軽快なリズムを生み出しています。特に下の句では「名こそ流れてなほ聞えけれ」と「な」を重ねて勢いを生み出し、滝の評判がどんどん広まっていくさまを見事に表現しています。

COLUMN 02

評論文で使われる言葉はどうして難解なのですか？

評論文で難解な言葉が使用されるのには様々な理由があります。一つ目は、筆者が「オリジナルの考え」を述べようとすると、余計な意味の付着していない、新しい言葉が必要になるためです。例えば、哲学者のハイデッガーは、人間を「存在が問題となる場」として捉え、「現存在」と名付けました。「現存在」＝「人間」なのですが、単に「人間」と書くと、「存在が問題となる場」という意味合いを表すことができません。そこで、「現存在」という新しい言葉（＝読者にとっては難解に見える言葉）を使用したのです。

二つ目に、「当たり前」のレベルがズレているということもあります。例えば、芸人なら誰もが知っている「天丼」という言葉があります。これは、同じボケを重ねることで笑いをとるテクニックなのですが、お笑いに興味がない人には何のことかわからないでしょう。同様に、哲学、思想、芸術、科学などの各分野の専門家が、自身の研究領域で通用する言葉を当たり前のように使用するために、読者には難解に見えてしまうということがあります。

三つ目に、出題者の切り抜きが適切でないということもあります。作題の都合で文章の一部をカットしているために、論旨がうまくつながらなかったり、重要語の説明が十分でなかったりして、読者には難解に見えてしまうというケースです。

他にも、筆者が権威付けのために硬い言葉を濫用しているとか、筆者自身の理解が浅く抽象的にしか書けていないといった困った理由もありますが、いずれにせよ、受験生としては、多少の「無茶振り」にも対応できるように、語彙力を磨いておく必要があります。本書を使って一語一語の理解を深めつつ、『新・現代文レベル別問題集』（東進ブックス）などを用いて、多量の言葉に触れてください。

第3章

その他の重要語

第3章では、第1章・第2章で扱わなかったその他の重要語を学習します。「その他」といえども、どの語も現代文を読むための土台となるものばかりです。着実に身に付けましょう。

なお、語の掲載順は、入試で出題された評論文を分析し、出現回数が多い順にしています。まずは前から順番に確認していくとよいでしょう。

01

必ず覚える重要語

★★
001 自然（しぜん）
①山、川、草、木、雨、風など、[1]によらずに存在するものや現象。
②人や物に[2]備わっている性質。

★★
002 認識（にんしき）
①対象をはっきりと知り、よく[1]すること。

★★
003 経験（けいけん） 書
①実際に見たり、聞いたり、行ったりすること。
②〈哲学の用語として〉[1]を通じて与えられるもの。

★★
004 本質（ほんしつ）
①ある物事を成り立たせている[1]な性質。

★★
005 構造（こうぞう）
①個々の要素が組み合わさることでできた全体。[1]。

語群 ≫ 感覚　仕組み　本来　根本的　人為　理解

▼空欄にあてはまる語句を語群から選びなさい。同じ語句を繰り返し使う場合もある。

正解 ≪

001 (1) 人為 (2) 本来
002 (1) 理解
003 (1) 感覚
004 (1) 根本的
005 (1) 仕組み

★★
006
他者（たしゃ）

①他人。
②〈現代哲学において〉［1］なもの。自分の思い通りにならないもの。

★★
007
環境（かんきょう）

①人間や生物を取り巻き、相互に影響を与え合う［1］。

★★
008
原理（げんり）

①物事を成り立たせる根本的な［1］や［2］。

★★
009
制度（せいど）

①社会・組織を運営するための仕組み。
②ある社会において、人々を［1］のうちに従わせている仕組みや考え方。

★★
010
分析（ぶんせき）

①複雑な事象を、一つ一つの要素に［1］こと。

★★
011
総合（そうごう）

①個別の事象を、一つに合わせて［1］こと。

分ける　法則　無意識　外界
理解不能　まとめる　理屈

006 (1)理解不能
007 (1)外界
008 (1)理屈 (2)法則 ※順不同
009 (1)無意識
010 (1)分ける
011 (1)まとめる

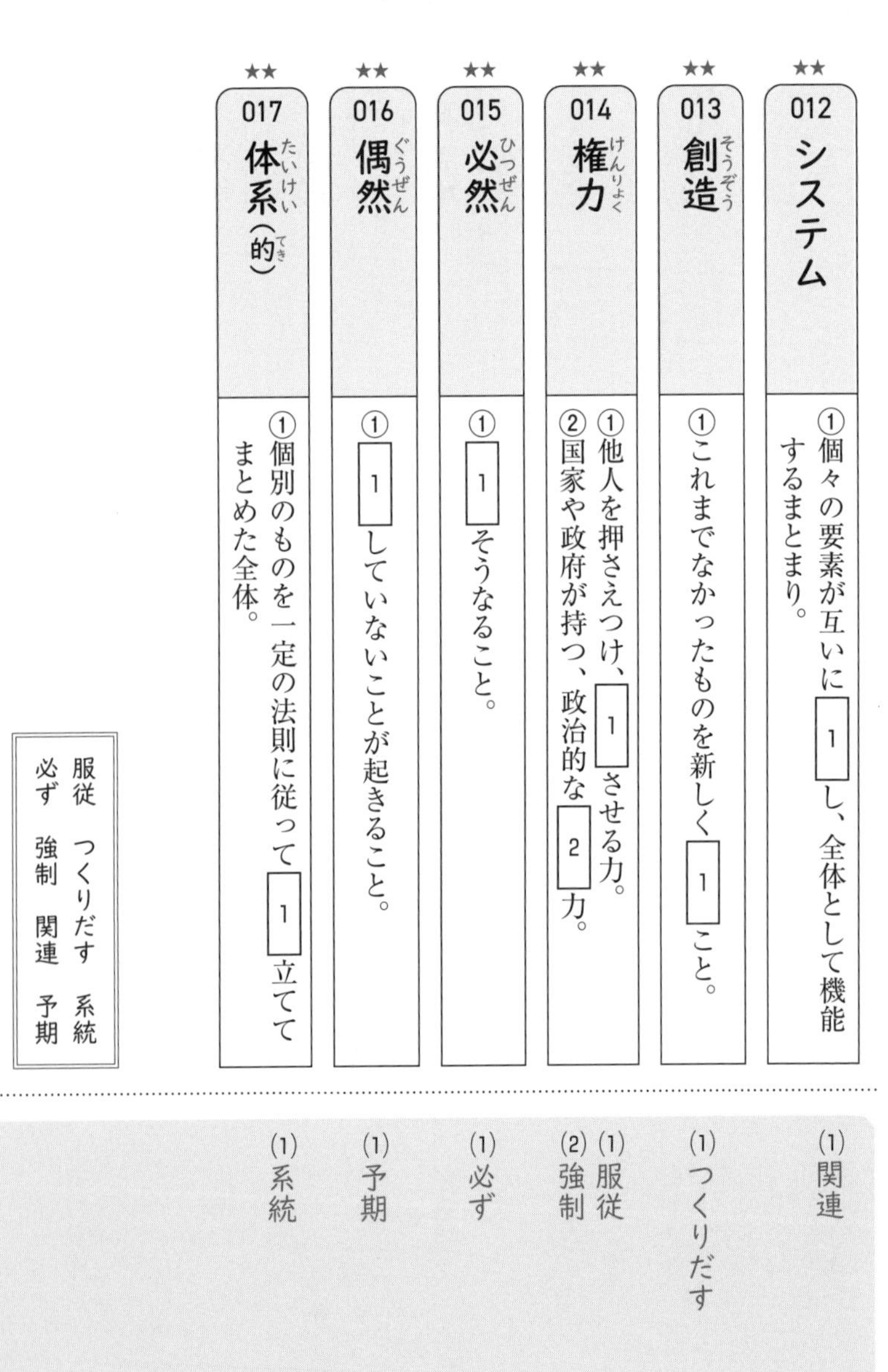

★★ 012 **システム**

①個々の要素が互いに［1］し、全体として機能するまとまり。

★★ 013 **創造**（そうぞう）

①これまでなかったものを新しく［1］こと。

★★ 014 **権力**（けんりょく）

①他人を押さえつけ、［1］させる力。
②国家や政府が持つ、政治的な［2］力。

★★ 015 **必然**（ひつぜん）

①［1］そうなること。

★★ 016 **偶然**（ぐうぜん）

①［1］していないことが起きること。

★★ 017 **体系（的）**（たいけい（てき））

①個別のものを一定の法則に従って［1］立ててまとめた全体。

服従　つくりだす　系統
必ず　強制　関連　予期

---

012 (1)関連
013 (1)つくりだす
014 (1)服従 (2)強制
015 (1)必ず
016 (1)予期
017 (1)系統

★★
018 典型(的)(てんけい(てき)) 書
①同種のもののの中で、それらの特性を 1 に表すもの。

★★
019 規範(きはん) 書
①人々の行動や判断の 1 となるもの。

★★
020 論理(ろんり)
①思考の筋道。
②事物の間にある、 1 や法則的なつながり。

★★
021 表象(ひょうしょう) 書 読
①頭に思い浮かぶイメージ。
②抽象的な事物を具体的なもので表すこと。 1 。

★★
022 西洋(せいよう)
① 1 と 2 の諸国を指す語。

★★
023 プロセス
①物事を進める手順。
②物事が進む 1 。

ヨーロッパ　基準　道理
象徴　過程　顕著　アメリカ

018 (1)顕著
019 (1)基準
020 (1)道理
021 (1)象徴
022 (1)ヨーロッパ (2)アメリカ ※順不同
023 (1)過程

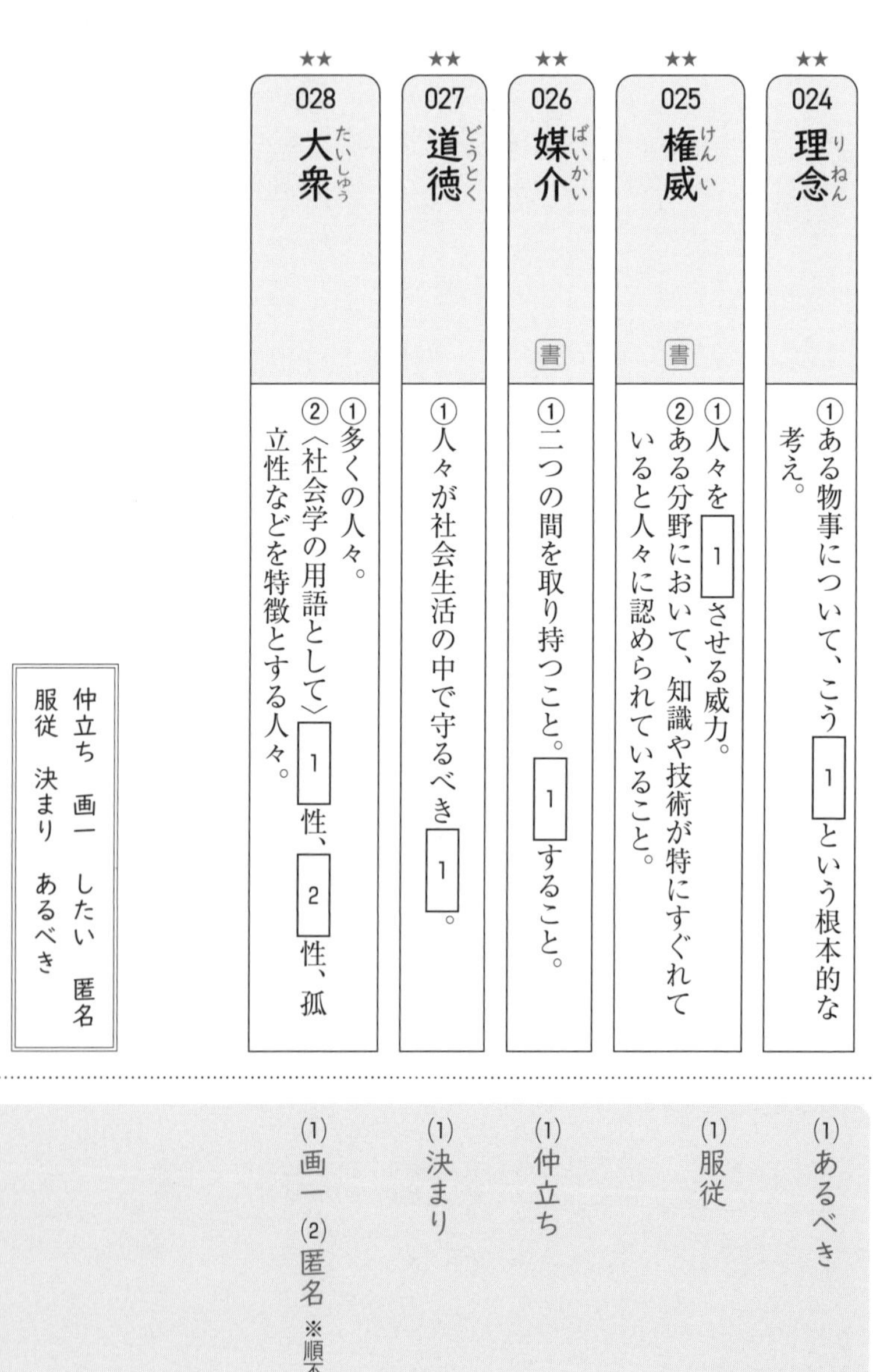

★★
024
理念（りねん）
①ある物事について、こう［1］という根本的な考え。

★★
025
権威（けんい）　書
①人々を［1］させる威力。
②ある分野において、知識や技術が特にすぐれていると人々に認められていること。

★★
026
媒介（ばいかい）　書
①二つの間を取り持つこと。［1］すること。

★★
027
道徳（どうとく）
①人々が社会生活の中で守るべき［1］。

★★
028
大衆（たいしゅう）
①多くの人々。
②〈社会学の用語として〉［1］性、［2］性、孤立性などを特徴とする人々。

仲立ち　画一　したい　匿名
服従　決まり　あるべき

024 (1)あるべき
025 (1)服従
026 (1)仲立ち
027 (1)決まり
028 (1)画一 (2)匿名 ※順不同

★★
029
示唆（しさ）
書 読
①それとなく知らせること。暗に［1］こと。

★★
030
端的（たんてき）
書
①物事の［1］を捉えているさま。

★★
031
契機（けいき）
書
①物事が起こる［1］。

★★
032
受容（じゅよう）
①［1］こと。取り込むこと。

★★
033
民主主義（みんしゅしゅぎ）
①［1］が主権者となり、政治に参加する形態。

★★
034
比喩（ひゆ）
書
①あるものを［1］で例えて説明すること。

きっかけ　国民　受け入れる
ほのめかす　要点　別のもの

(1)ほのめかす
(1)要点
(1)きっかけ
(1)受け入れる
(1)国民
(1)別のもの

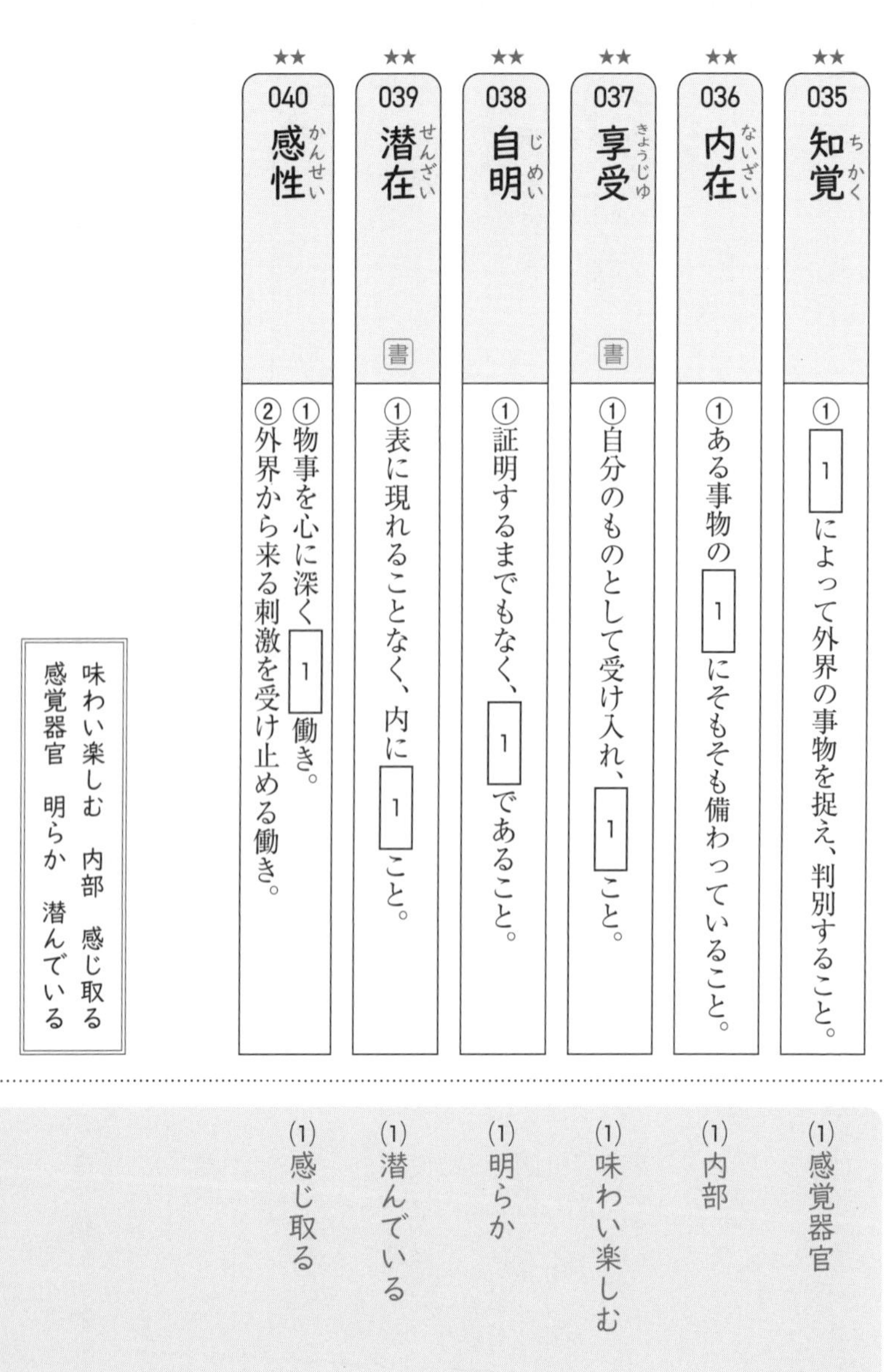

★★ 035 知覚（ちかく）

①［1］によって外界の事物を捉え、判別すること。

★★ 036 内在（ないざい）

①ある事物の［1］にそもそも備わっていること。

★★ 037 享受（きょうじゅ） 書

①自分のものとして受け入れ、［1］こと。

★★ 038 自明（じめい）

①証明するまでもなく、［1］であること。

★★ 039 潜在（せんざい） 書

①表に現れることなく、内に［1］こと。

★★ 040 感性（かんせい）

①物事を心に深く［1］働き。
②外界から来る刺激を受け止める働き。

味わい楽しむ　内部　感じ取る
感覚器官　明らか　潜んでいる

(1)感覚器官

(1)内部

(1)味わい楽しむ

(1)明らか

(1)潜んでいる

(1)感じ取る

★★
041
実体（じったい）
①そのものの本当の姿。 1 。
②哲学で、事物の根底にあり、その性質や状態の同一性を保つもの。

★★
042
公的（こうてき）
① 1 のことに関わっているさま。

★★
043
因果（いんが）
① 1 と 2 。
②以前に行った善悪が、後に報いとして現れること。

★★
044
メカニズム
①物事の 1 。
②機械装置。

★★
045
依拠（いきょ） 書
①あるものを 1 とすること。

★★
046
超越（ちょうえつ）（的（てき））
①一般的な基準を大きく超えていること。
②哲学で、人間の 1 や 2 の次元を超えていること。

正体　よりどころ　原因　認識
おおやけ　仕組み　経験　結果

041 (1)正体
042 (1)おおやけ
043 (1)原因 (2)結果 ※順不同
044 (1)仕組み
045 (1)よりどころ
046 (1)経験 (2)認識 ※順不同

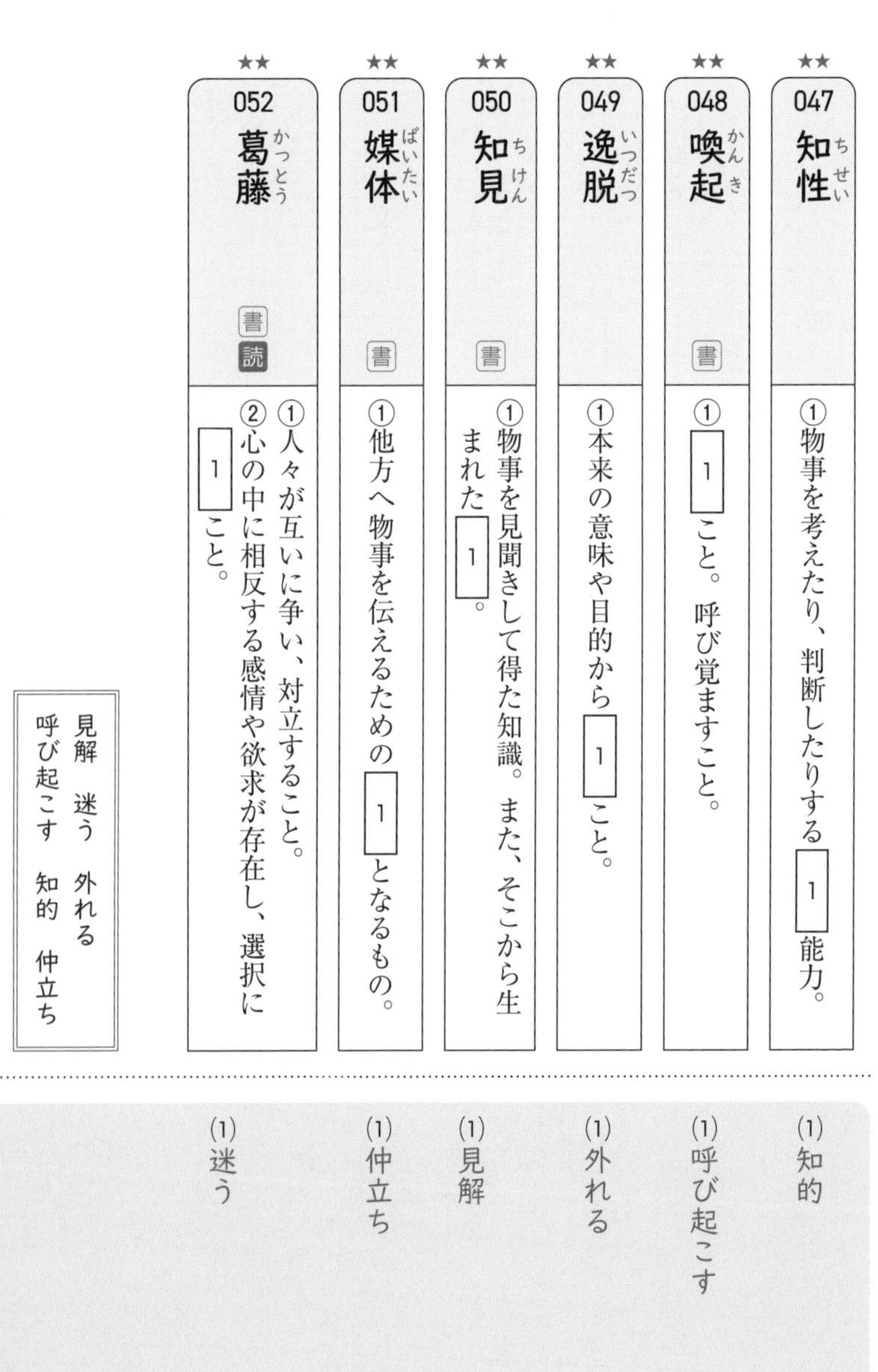

★★
047 知性（ちせい）
①物事を考えたり、判断したりする［1］能力。

★★
048 喚起（かんき） 書
①［1］こと。呼び覚ますこと。

★★
049 逸脱（いつだつ）
①本来の意味や目的から［1］こと。

★★
050 知見（ちけん） 書
①物事を見聞きして得た知識。また、そこから生まれた［1］。

★★
051 媒体（ばいたい） 書
①他方へ物事を伝えるための［1］となるもの。

★★
052 葛藤（かっとう） 書 読
①人々が互いに争い、対立すること。
②心の中に相反する感情や欲求が存在し、選択に［1］こと。

見解　迷う　外れる
呼び起こす　知的　仲立ち

047 (1)知的
048 (1)呼び起こす
049 (1)外れる
050 (1)見解
051 (1)仲立ち
052 (1)迷う

★★
053
帰属（きぞく）
①特定の人や組織に［1］こと。
②財産や権利などが人や団体、国の所有となること。

★★
054
情緒（じょうしょ）
①ことに触れて起こる様々な［1］や心の動き。

★★
055
命題（めいだい）
①ある物事についての［1］を示した、真偽を判定できる文。

★★
056
感受（かんじゅ）
①外界からの刺激や印象を感じ、心に［1］こと。

★★
057
投影（とうえい）
書
①物の姿や形を平面上に映し出すこと。
②あるものの影響が［1］の上に現れること。
③〈心理学で〉自分の認めがたい感情を相手の中に映し出し、相手の感情と思い込むこと。

★★
058
顕著（けんちょ）
書
①はっきりと［1］さま。

感情　目立つ　受け止める
所属する　判断　他のもの

---

053 (1)所属する
054 (1)感情
▼「じょうちょ」とも読む。
055 (1)判断
056 (1)受け止める
057 (1)他のもの
058 (1)目立つ

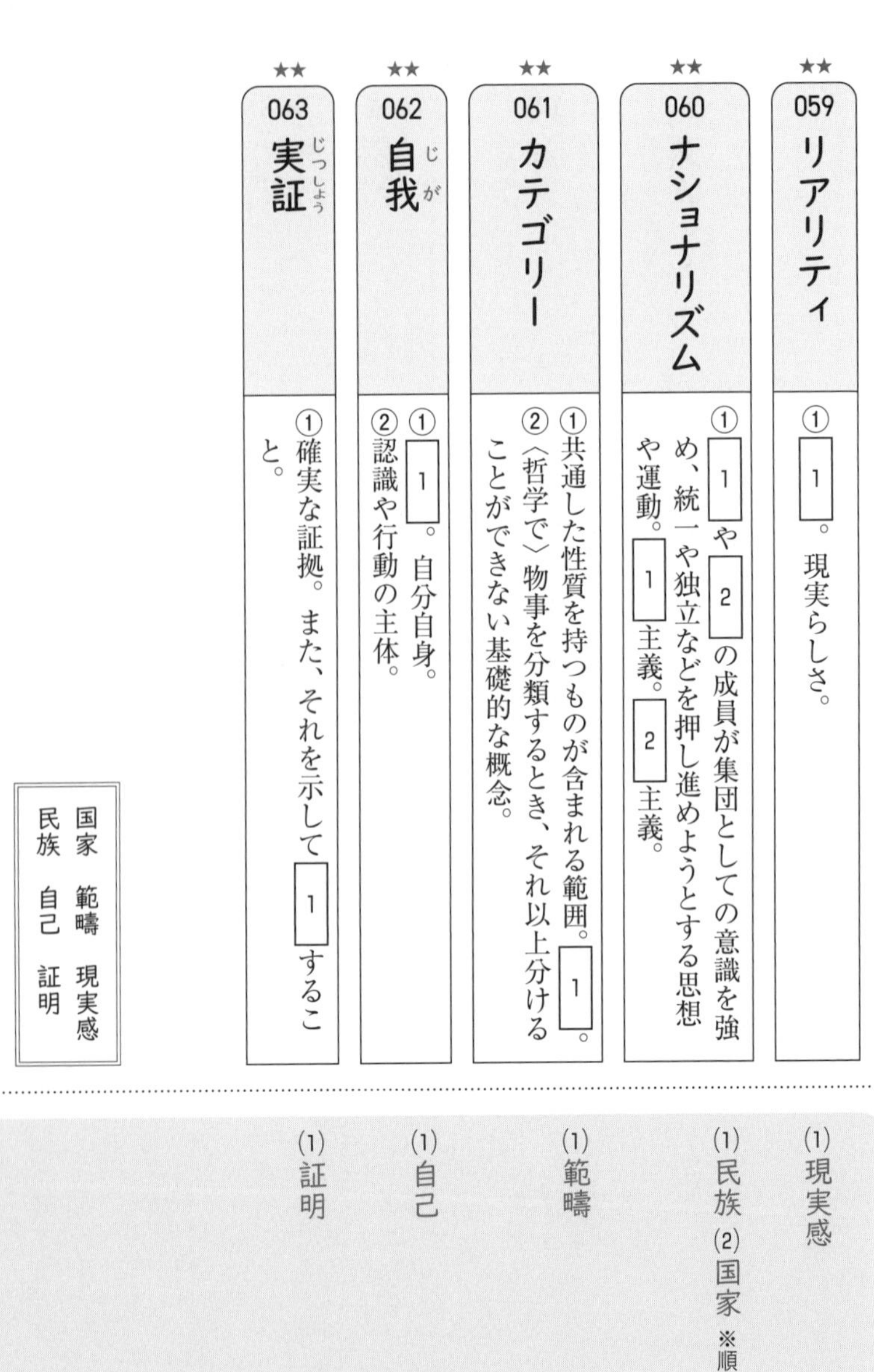

★★
059 リアリティ

①[1]。現実らしさ。

★★
060 ナショナリズム

①[1]や[2]の成員が集団としての意識を強め、統一や独立などを押し進めようとする思想や運動。[1]主義。[2]主義。

★★
061 カテゴリー

①共通した性質を持つものが含まれる範囲。[1]。
②〈哲学で〉物事を分類するとき、それ以上分けることができない基礎的な概念。

★★
062 自我（じが）

①[1]。自分自身。
②認識や行動の主体。

★★
063 実証（じっしょう）

①確実な証拠。また、それを示して[1]すること。

国家	範疇	現実感
民族	自己	証明

059 (1)現実感

060 (1)民族 (2)国家 ※順不同

061 (1)範疇

062 (1)自己

063 (1)証明

★★
064
受動的（じゅどうてき）
①他からの働きかけを 1 行動するさま。

★★
065
能動的（のうどうてき）
①自ら 1 行動するさま。

★★
066
ニュアンス
①言葉に含まれる 1 意味合い。

★★
067
危惧（きぐ）
書
①悪い結果になるのではないかと恐れること。 1 すること。

★★
068
経緯（けいい）
書
①物事の 1 。

★★
069
懐疑（かいぎ）（的（てき））
書
① 1 こと。

いきさつ　微妙な　心配
受けて　進んで　疑う

(1)受けて
(1)進んで
(1)微妙な
(1)心配
(1)いきさつ
(1)疑う

★★
070 漠然（ばくぜん） 書
①［1］しないさま。ぼんやりとしているさま。

★★
071 対称（たいしょう） 書
①二つのものが互いに対応しながら［1］こと。

★★
072 対照（たいしょう） 書
①事物同士を照らし合わせ、［1］こと。対比。
②違いが［2］こと。コントラスト。

★★
073 希薄（きはく） 書
①関心、意欲などが［1］こと。

★★
074 形而上学（けいじじょうがく） 読
①世界の根本原理や存在の意味など、［1］を超越したものを考察する学問。

目立つ　はっきり　感覚　薄い
つりあっている　比べる

(1)はっきり
(1)つりあっている
(1)比べる
(2)目立つ
(1)薄い
(1)感覚

★★
075 直観（ちょっかん）
①論理的思考を介さず、物事の［1］を直接捉えること。

★★
076 直感（ちょっかん）
①［1］によって物事を直ちに捉えること。

★★
077 洞察（どうさつ） 書 読
①物事を観察し、［1］を見抜くこと。

★★
078 超（ちょう）〇〇
①〇〇の範囲や［1］を超えているさま。
②〈〇〇を強める用法〉とても〇〇。非常に〇〇。

★★
079 人為（じんい） 書
①自然のままではなく、［1］を加えること。

★★
080 相関（そうかん）
①二つのものが［1］に関わり合っていること。

相互　次元　本質　感覚　人の手

---

075 (1)本質

076 (1)感覚

077 (1)本質

078 (1)次元
▼①の例「超自然的」は自然界の法則では捉えられないさま。
▼②の例「超高速」はとても速いさま。

079 (1)人の手

080 (1)相互

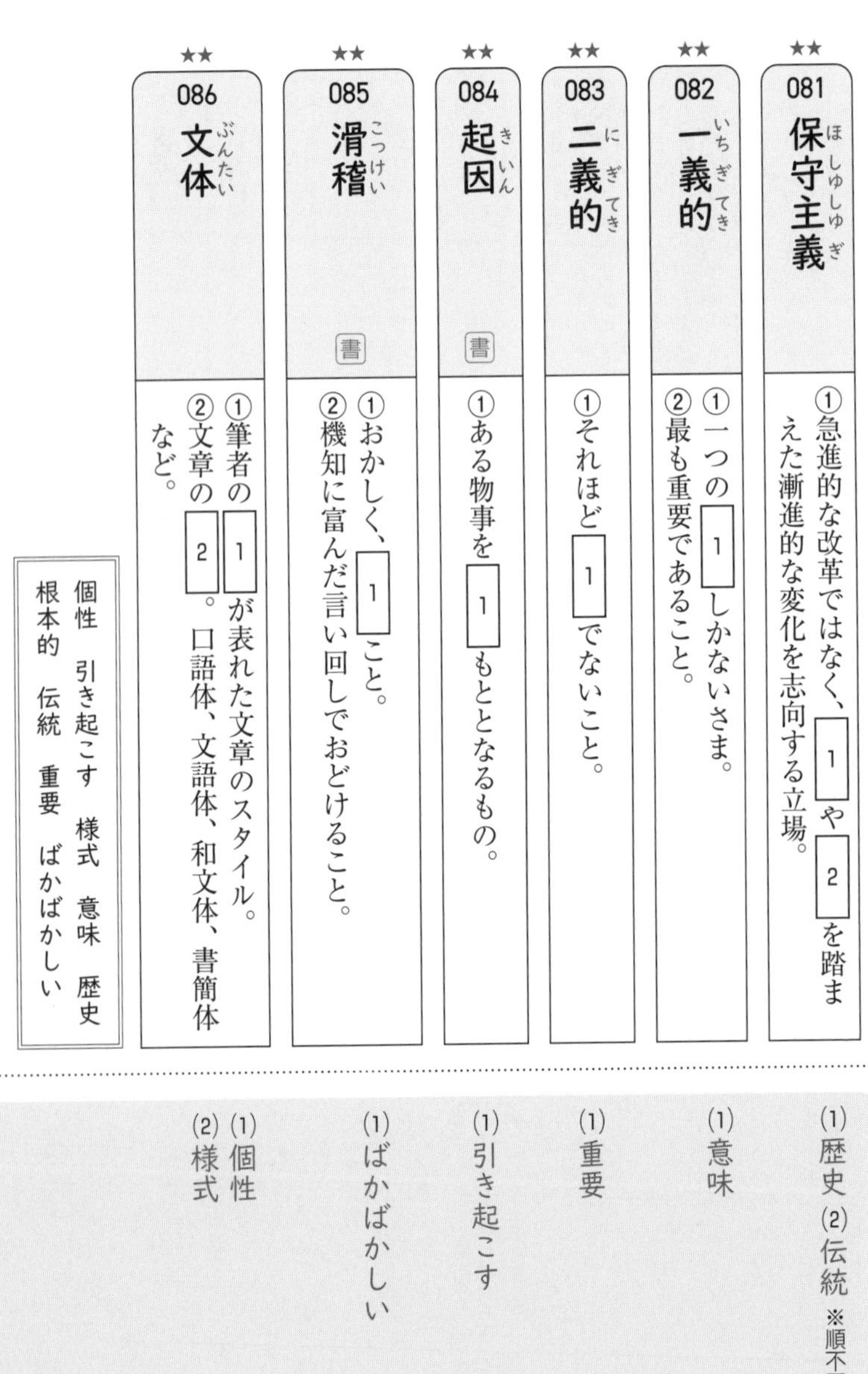

★★
081 保守主義（ほしゅしゅぎ）
①急進的な改革ではなく、［1］や［2］を踏まえた漸進的な変化を志向する立場。

★★
082 一義的（いちぎてき）
①一つの［1］しかないさま。
②最も重要であること。

★★
083 二義的（にぎてき）
①それほど［1］でないこと。

★★
084 起因（きいん） 書
①ある物事を［1］もととなるもの。

★★
085 滑稽（こっけい） 書
①おかしく、［1］こと。
②機知に富んだ言い回しでおどけること。

★★
086 文体（ぶんたい）
①筆者の［1］が表れた文章のスタイル。
②文章の［2］。口語体、文語体、和文体、書簡体など。

個性　引き起こす　様式　意味　歴史
根本的　伝統　重要　ばかばかしい

081 (1)歴史 (2)伝統 ※順不同
082 (1)意味
083 (1)重要
084 (1)引き起こす
085 (1)ばかばかしい
086 (1)個性 (2)様式

★★
087 画一（化・的）（かくいつ（か・てき））
①個性や特徴がなく、［1］であるさま。

★★
088 擬似（ぎじ）
①本物と［1］で、区別がつきにくいこと。

★★
089 均衡（きんこう） 書 読
①二つ以上の物事の間で、その大きさや重さの［1］が程良く取れていること。

★★
090 所与（しょよ） 書
①他から［1］もの。
②問題解決の前提としてあらかじめ与えられたもの。

★★
091 コード
①規定。［1］。法則。
②情報を表現するための［2］や符号。

★★
092 破綻（はたん） 書 読
①［1］こと。物事がうまくいかなくなること。

壊れる　規則　バランス　一様
そっくり　記号　与えられた

087 (1) 一様
088 (1) そっくり
089 (1) バランス
090 (1) 与えられた
091 (1) 規則 (2) 記号
092 (1) 壊れる

★★
093
風潮（ふうちょう） 書
①時代によって変化する、人々の考え方の［1］。

★★
094
吟味（ぎんみ） 読
①物事を注意深く［1］こと。

★★
095
顕在（けんざい） 書
①物事が［1］と現れ、形としてあること。

★★
096
是非（ぜひ）
①道理として［1］ことと［2］こと。
②物事の［3］を判断し、批評すること。
③どうあっても。きっと。どうにか。

★★
097
対峙（たいじ） 読
①山などが向かい合ってそびえ立っていること。
②［1］する二組がにらみ合って動かないこと。

★★
098
風土（ふうど）
①その土地の気候・地勢・景観など、住民の生活や［1］に影響を与えている環境。

傾向　正しい　はっきり　文化　対立
間違っている　調べる　良し悪し

093 (1)傾向
094 (1)調べる
095 (1)はっきり
096 (1)正しい (2)間違っている (3)良し悪し
※(1)、(2)は順不同
097 (1)対立
098 (1)文化

★★
099
多元的（たげんてき）
①互いに独立した［1］の根源的な要素によって成り立つさま。

★★
100
一元的（いちげんてき）
①［1］の根源的な要素によって成り立つさま。

★★
101
美学（びがく）
①［1］の本質や原理を考察する学問。
②美しさについての個人的な考えやこだわり。

★★
102
両義（性）（りょうぎ（せい））
①一つの事柄が、対立する［1］をもつさま。

★★
103
乖離（かいり）
読
①二つのものの結び付きが［1］こと。

★★
104
世論（よろん）
①ある問題に対して、［1］が持っている意見や風説。

離れる　美　世間一般
二つの意味　複数　一つ

(1) 複数
(1) 一つ
(1) 美
(1) 二つの意味
(1) 離れる
(1) 世間一般
▼「せろん」とも読む。

02 押さえておきたい重要語

★★ 105 帝国主義（ていこくしゅぎ）

①ある民族や国家が、他の民族や国家を政治的・経済的に［1］して大国家を築こうとする運動。

★★ 106 偏見（へんけん） 書

①ある物事に対する［1］見方や考え。

★★ 107 バイアス

①［1］。［2］。

★★ 108 パラドックス

①一見［1］しているように見えるが、よく考えると真理を示しているという事柄や言説。
②ある命題から論理的な推論によって導かれているように見えるが、結論で［1］をはらむ命題。

★★ 109 所以（ゆえん）

①ある事柄の［1］。

語群》 先入観　理由　偏見　偏った　矛盾　征服

▼空欄にあてはまる語句を語群から選びなさい。同じ語句を繰り返し使う場合もある。

正解《

105 (1)征服
106 (1)偏った
107 (1)偏見 (2)先入観 ※順不同
108 (1)矛盾
109 (1)理由

110 ★★
オリジナル
①［1］的であるさま。
②原型。［2］。
③翻案・翻訳されたものに対する原作・原曲。

111 ★★
ローカル
①ある［1］に特有なこと。

112 ★★
暗示（あんじ）
①ある物事をはっきりとは示さず、［1］伝えること。
②他人の心に無意識のうちに何らかの影響を与えること。

113 ★★
コンテキスト［コンテクスト］
①［1］。ある語や文章の前後関係。背景。

114 ★★
包括（ほうかつ） 書
①全体を［1］にすること。

独創　それとなく　地域
原本　ひとまとめ　文脈

110 (1)独創 (2)原本
111 (1)地域
112 (1)それとなく
113 (1)文脈
114 (1)ひとまとめ

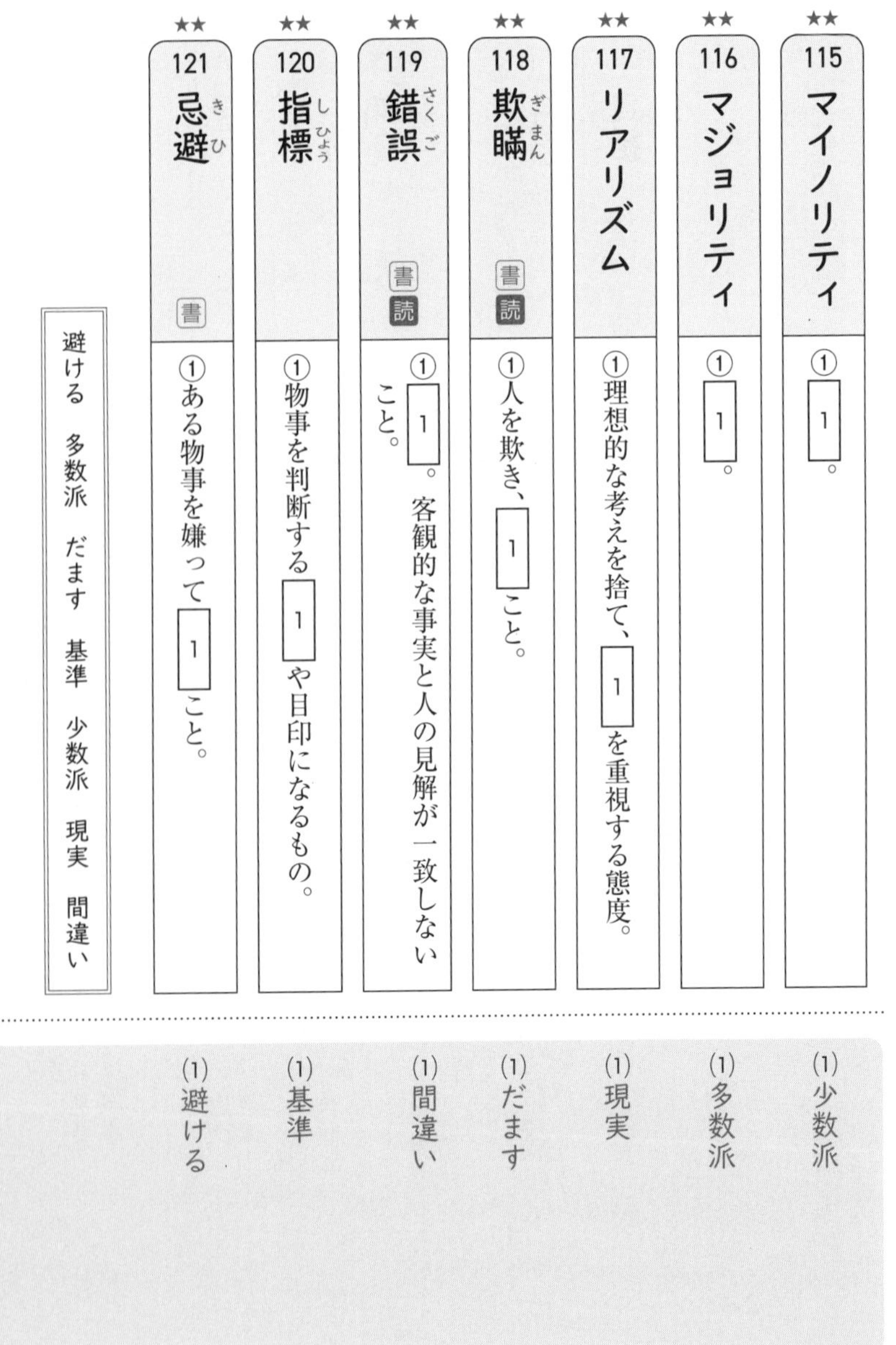

★★ 115 マイノリティ

①［1］。

★★ 116 マジョリティ

①［1］。

★★ 117 リアリズム

①理想的な考えを捨て、［1］を重視する態度。

★★ 118 欺瞞（ぎまん） 書 読

①人を欺き、［1］こと。

★★ 119 錯誤（さくご） 書 読

①［1］。客観的な事実と人の見解が一致しないこと。

★★ 120 指標（しひょう）

①物事を判断する［1］や目印になるもの。

★★ 121 忌避（きひ） 書

①ある物事を嫌って［1］こと。

避ける　多数派　だます　基準　少数派　現実　間違い

---

115 (1)少数派

116 (1)多数派

117 (1)現実

118 (1)だます

119 (1)間違い

120 (1)基準

121 (1)避ける

★★ 122 凝縮（ぎょうしゅく）
①凝り固まって縮むこと。
②考えや気持ちなどが一点に［1］していること。

★★ 123 情念（じょうねん）（パトス）
①［1］。特に愛憎などの強く抑えがたい感情。

★★ 124 ジレンマ［ディレンマ］
①二つの対立するものの［1］になり、どちらがよいのか決めかねる状態。

★★ 125 世俗（せぞく）（化（か）・的（てき））
①［1］の風習・風俗。
②世の中。俗世間。

★★ 126 敷衍（ふえん） 読
①伸ばし［1］こと。
②語を言い換えたり追加したりして［2］説明すること。

★★ 127 ユートピア
①想像上の［1］的な社会。理想郷。

詳しく　理想　広げる　世間
感情　板挟み　集中

---

122 (1)集中
123 (1)感情
124 (1)板挟み
125 (1)世間
126 (1)広げる (2)詳しく
127 (1)理想

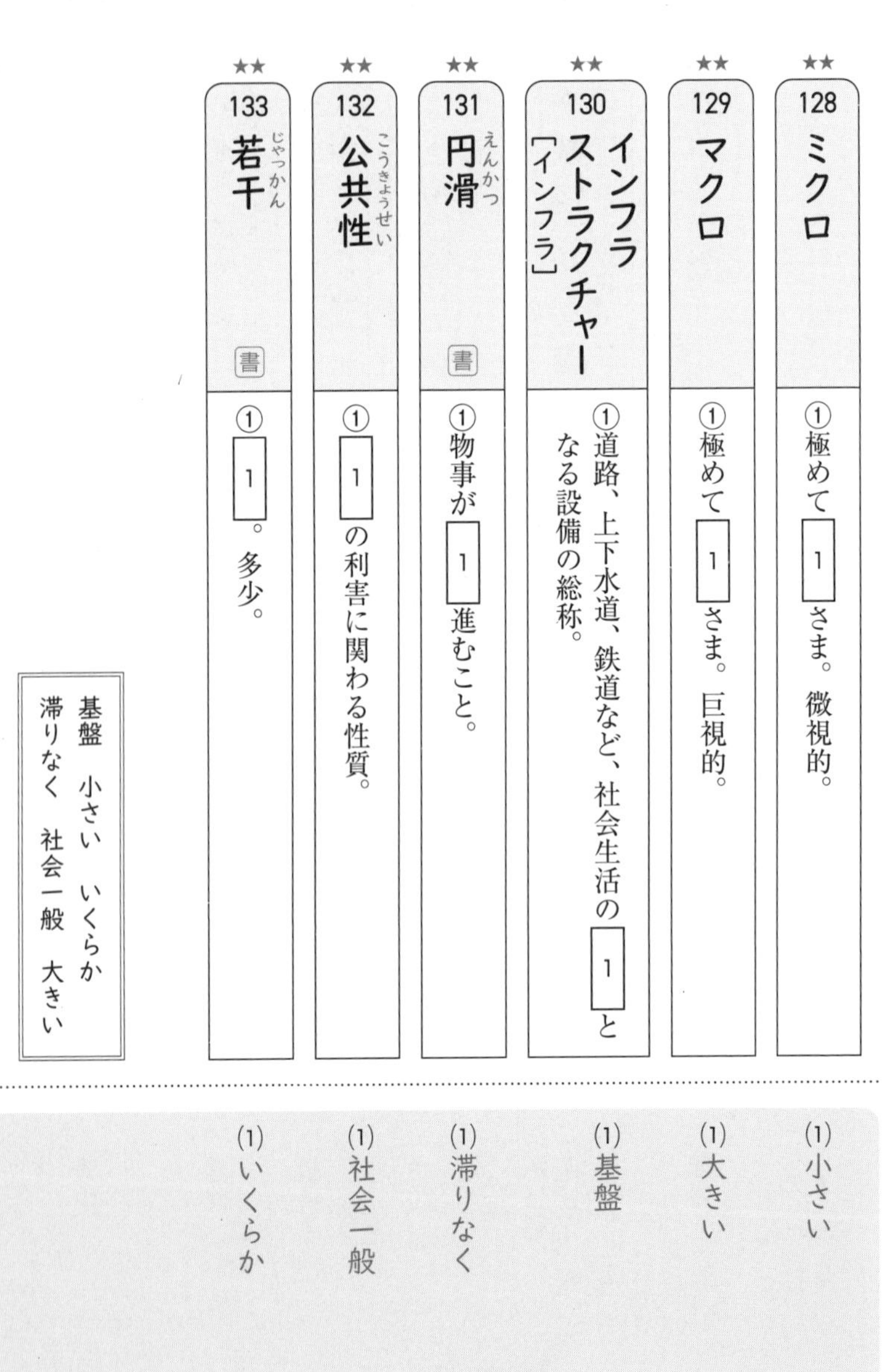

★★ 128 ミクロ

①極めて 1 さま。微視的。

★★ 129 マクロ

①極めて 1 さま。巨視的。

★★ 130 インフラストラクチャー［インフラ］

①道路、上下水道、鉄道など、社会生活の 1 となる設備の総称。

★★ 131 円滑（えんかつ）書

①物事が 1 進むこと。

★★ 132 公共性（こうきょうせい）

① 1 の利害に関わる性質。

★★ 133 若干（じゃっかん）書

① 1 。多少。

基盤　小さい　いくらか　大きい
滞りなく　社会一般

128 (1)小さい
129 (1)大きい
130 (1)基盤
131 (1)滞りなく
132 (1)社会一般
133 (1)いくらか

★★
134
反芻（はんすう）
読
①［1］考え、味わうこと。（＊）

★★
135
画期的（かっきてき）
書
①今までになかったことをはじめ、新しい［1］を開くさま。

★★
136
拮抗（きっこう）
読
①勢力が［1］の二者が張り合うこと。

★★
137
母語（ぼご）
①［1］期に自然と習得する言語。
②同じ系統に属するいくつかの言語が共通して源とする言語。

★★
138
露呈（ろてい）
書
①隠れていた事柄が［1］に現れること。

★★
139
畏怖（いふ）
書
①相手の威圧感などに［1］こと。

時代　おそれおののく　表
幼児　同等　繰り返し

134 (1)繰り返し
135 (1)時代
136 (1)同等
137 (1)幼児
138 (1)表
139 (1)おそれおののく

＊元は牛などに見られる、一度飲み込んだ食物を口内に戻してさらに噛み、再び飲み込む活動のこと。

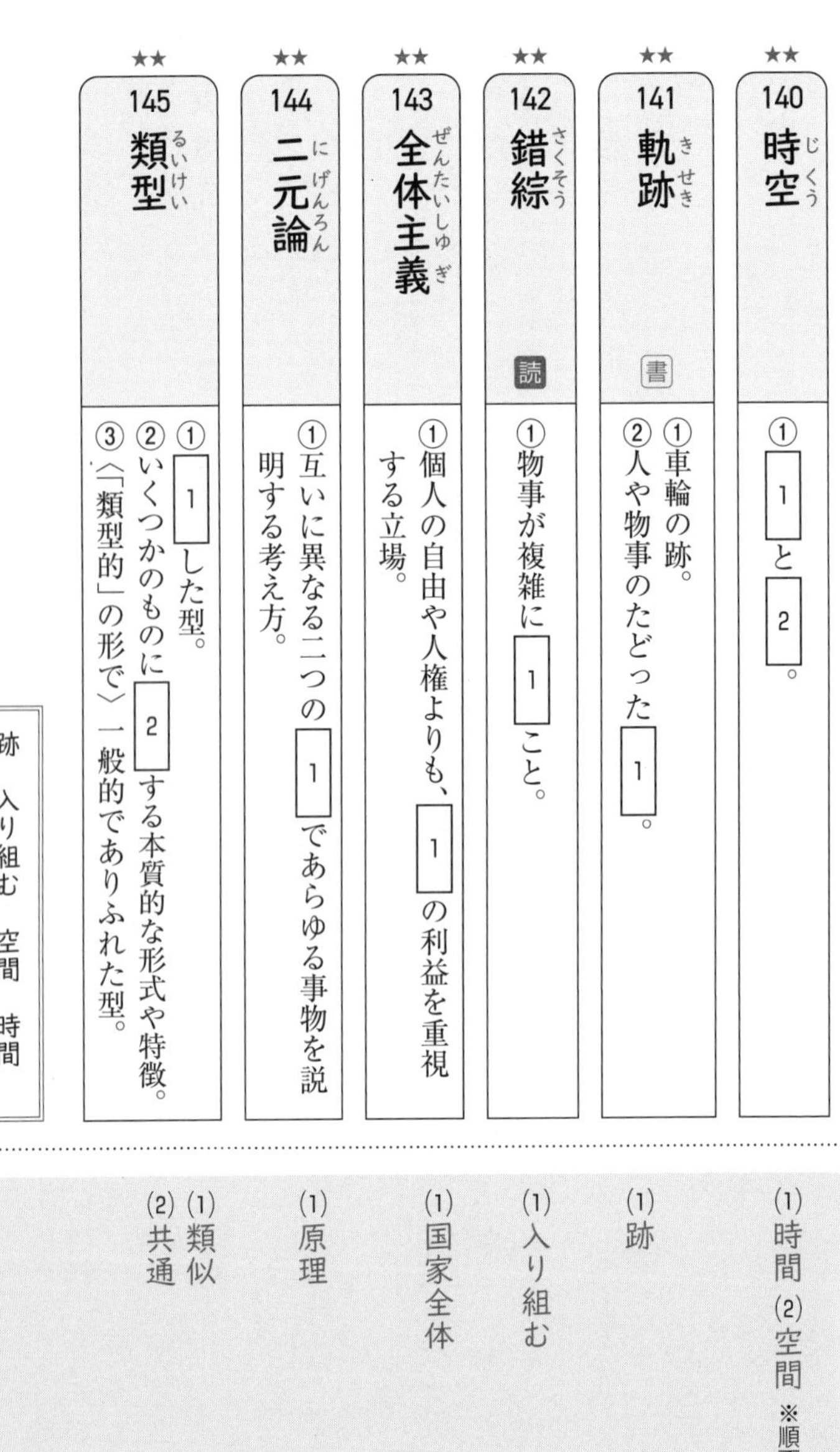

★★ 140 時空（じくう）
①［1］と［2］。

★★ 141 軌跡（きせき） 書
①車輪の跡。
②人や物事のたどった［1］。

★★ 142 錯綜（さくそう） 読
①物事が複雑に［1］こと。

★★ 143 全体主義（ぜんたいしゅぎ）
①個人の自由や人権よりも、［1］の利益を重視する立場。

★★ 144 二元論（にげんろん）
①互いに異なる二つの［1］であらゆる事物を説明する考え方。

★★ 145 類型（るいけい）
①［1］した型。
②いくつかのものに［2］する本質的な形式や特徴。
③〈「類型的」の形で〉一般的でありふれた型。

跡　入り組む　空間　時間
類似　原理　共通　国家全体

140 (1) 時間 (2) 空間 ※順不同
141 (1) 跡
142 (1) 入り組む
143 (1) 国家全体
144 (1) 原理
145 (1) 類似 (2) 共通

★★
146 感傷（かんしょう） 書
①物事に心を 1 こと。

★★
147 韻文（いんぶん）
①一定の 1 を持ち、形式の整った文。詩（特に定型詩）・和歌・俳句など。

★★
148 散文（さんぶん）
① 1 や定型にとらわれずに書いた文。普通の文章。

★★
149 自負（じふ）
①自分の才能や仕事ぶりに自信を持ち、 1 こと。

★★
150 真摯（しんし） 読
① 1 でひたむきなこと。

★★
151 類推（るいすい） 書
① 1 している点に基づき、あることから他のことを推察すること。

韻律　類似　誇る　真面目　痛める

146 (1)痛める
147 (1)韻律
148 (1)韻律
149 (1)誇る
150 (1)真面目
151 (1)類似

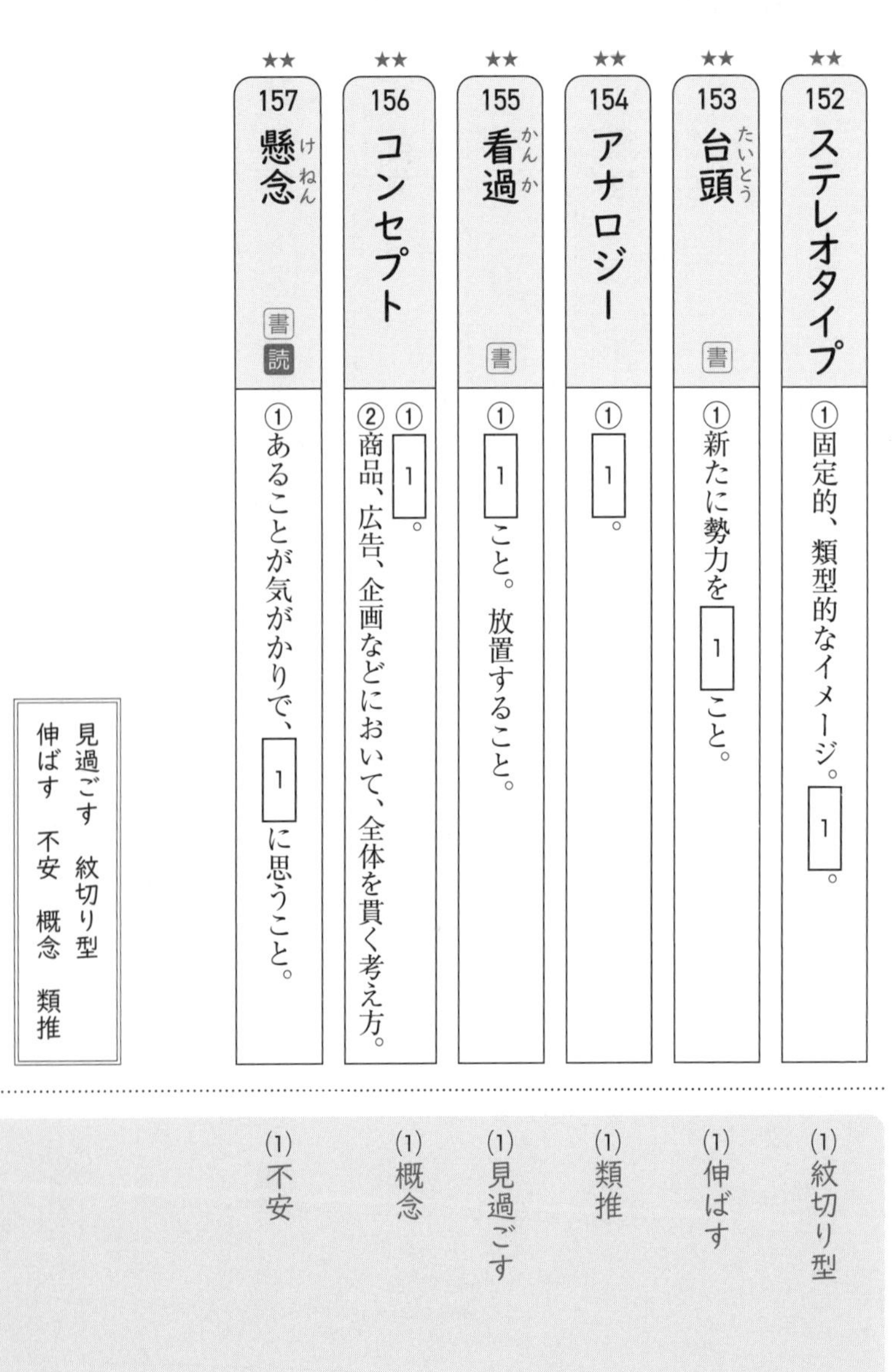

★★ 152 **ステレオタイプ**

①固定的、類型的なイメージ。[1]。

★★ 153 **台頭**（たいとう） 書

①新たに勢力を[1]こと。

★★ 154 **アナロジー**

①[1]。

★★ 155 **看過**（かんか） 書

①[1]こと。放置すること。

★★ 156 **コンセプト**

①[1]。
②商品、広告、企画などにおいて、全体を貫く考え方。

★★ 157 **懸念**（けねん） 書 読

①あることが気がかりで、[1]に思うこと。

見過ごす　紋切り型
伸ばす　不安　概念　類推

---

152 ⑴紋切り型

153 ⑴伸ばす

154 ⑴類推

155 ⑴見過ごす

156 ⑴概念

157 ⑴不安

158 ★★ **多義（性・的）**（たぎ（せい・てき））

①一つの語が 1 の意味を持つこと。

159 ★★ **端緒**（たんしょ） 書

①物事の 1 や手がかり。

160 ★★ **氾濫**（はんらん） 読

①川の水などが増えて 1 こと。洪水になること。
②あるものが世の中に多く 2 こと。

161 ★★ **萌芽**（ほうが）

①草木の芽が出ること。
②物事の始まり。1 。

162 ★★ **蔓延**（まんえん）

①良くないものが広がり、1 こと。

きざし　始まり　複数
溢れる　はびこる　出回る

---

158 (1) 複数

159 (1) 始まり

160 (1) 溢れる
(2) 出回る
▼②の意味では、好ましくない状況を指すことが多い。

161 (1) きざし

162 (1) はびこる

★★
163
具現（ぐげん）
①アイデアや理想といった、形のないものが〔1〕な形として現れること。また、現れたもの。

★★
164
形式的（けいしきてき）
①形だけを重視し、〔1〕が伴っていないさま。

★★
165
交錯（こうさく）　書
①複数のものが〔1〕こと。

★★
166
拘泥（こうでい）　書　読
①一つのことを必要以上に気にして、〔1〕こと。

★★
167
倒錯（とうさく）　書
①〔1〕になること。
②本能や感情などが、本来のものと反対の形で現れること。

具体的　逆さ　こだわる　入り混じる　内容

163 (1) 具体的
164 (1) 内容
165 (1) 入り混じる
166 (1) こだわる
167 (1) 逆さ

★★
168 メタ〇〇
①他の語の上に付いて、「1」「2」といった意味を添える。

★★
169 ユーモア
①相手を和ませるような、上品な1やおかしみ。

★★
170 理不尽（りふじん） 書
①1が通っていないこと。

★★
171 市民社会（しみんしゃかい）
①主体的に政治参加する自由な1から成る社会。

★★
172 覚醒（かくせい）
①目が1こと。

★★
173 思惟（しい）
①深く考えること。1すること。

さめる　思考　超　しゃれ
筋道　個人　高次の

(1)超 (2)高次の ※順不同
▼「メタ言語」「メタ認知」のように使われる。

(1)しゃれ

(1)筋道

(1)個人

(1)さめる

(1)思考
▼「しゆい」とも読む。

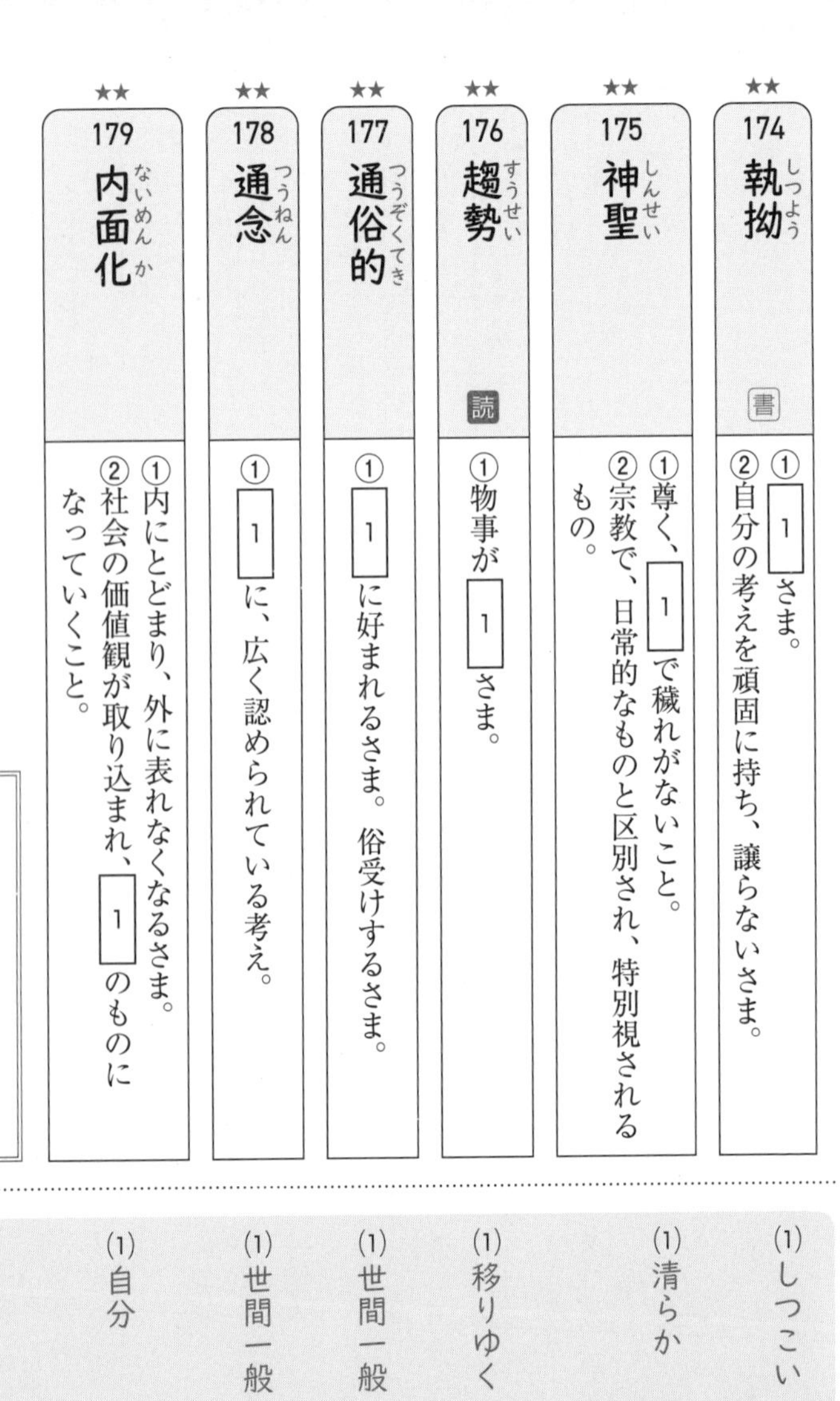

★★ 174 執拗（しつよう） 書
①［1］さま。
②自分の考えを頑固に持ち、譲らないさま。

★★ 175 神聖（しんせい）
①尊く、［1］で穢れがないこと。
②宗教で、日常的なものと区別され、特別視されるもの。

★★ 176 趨勢（すうせい） 読
①物事が［1］さま。

★★ 177 通俗的（つうぞくてき）
①［1］に好まれるさま。俗受けするさま。

★★ 178 通念（つうねん）
①［1］に、広く認められている考え。

★★ 179 内面化（ないめんか）
①内にとどまり、外に表れなくなるさま。
②社会の価値観が取り込まれ、［1］のものになっていくこと。

世間一般　自分　しつこい
移りゆく　清らか

174 (1) しつこい
175 (1) 清らか
176 (1) 移りゆく
177 (1) 世間一般
178 (1) 世間一般
179 (1) 自分

★★
180
如実（にょじつ）
書 読
①現実の 1 であること。

★★
181
畢竟（ひっきょう）
読
①つまるところ。1 。

★★
182
モチーフ
①文学や芸術などで、表現の動機となった中心的な思想。1 。

★★
183
野蛮（やばん）
書
① 1 が進んでいないこと。
②教養がなく、荒っぽい態度をとること。

★★
184
遠近法（えんきんほう）
①風物を遠近の 1 が感じられるように表す絵画の技法。

★★
185
遠近法主義（えんきんほうしゅぎ）
①認識は主体の立場によって制約されており、1 な認識は不可能であるとする考え方。

距離　普遍的　結局　文明
主題　ありのまま

(1) ありのまま
(1) 結局
(1) 主題
(1) 文明
(1) 距離
(1) 普遍的

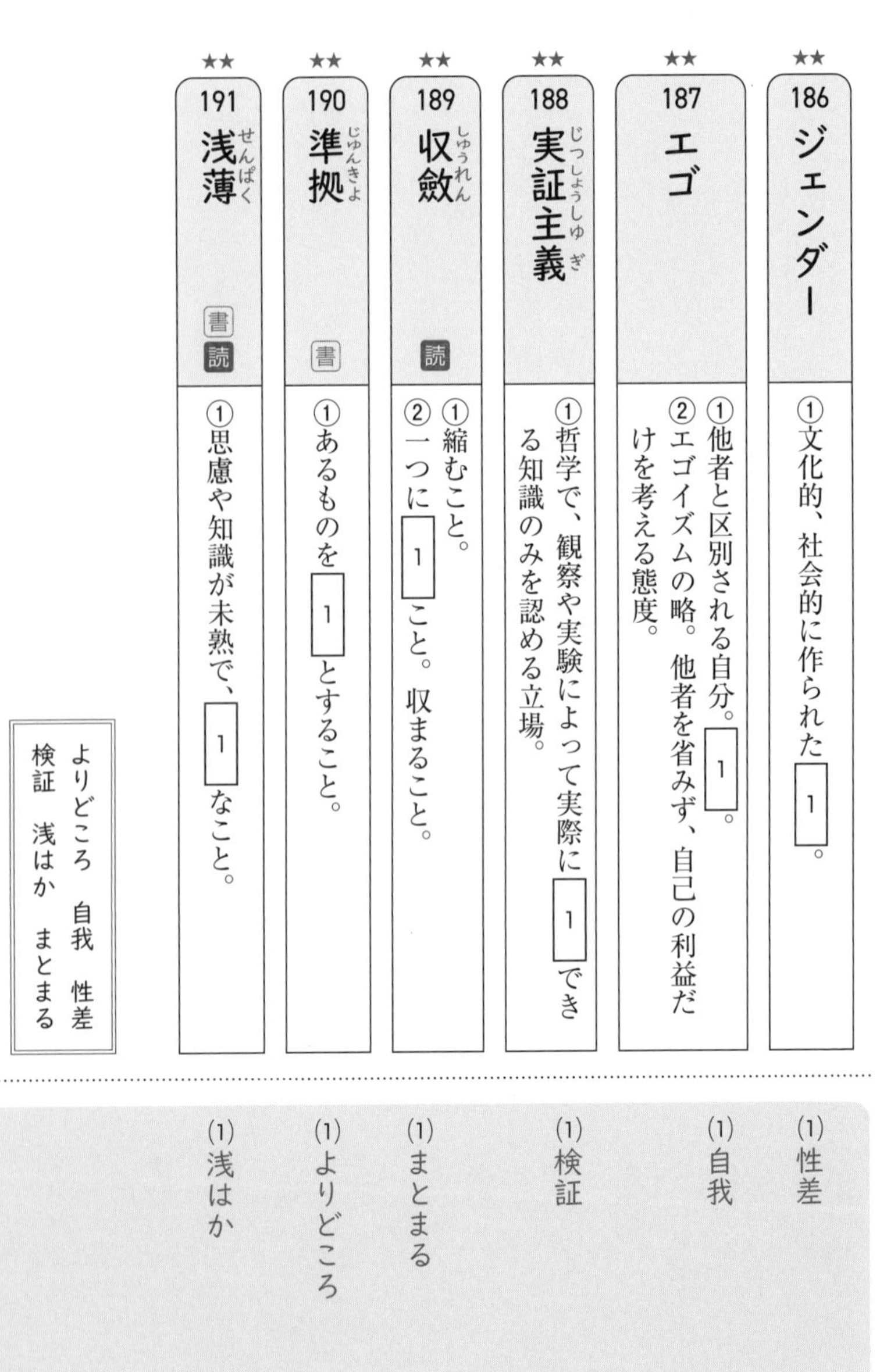

★★
186
ジェンダー
①文化的、社会的に作られた［1］。

★★
187
エゴ
①他者と区別される自分。［1］。
②エゴイズムの略。他者を省みず、自己の利益だけを考える態度。

★★
188
実証主義（じっしょうしゅぎ）
①哲学で、観察や実験によって実際に［1］できる知識のみを認める立場。

★★
189
収斂（しゅうれん）　読
①縮むこと。
②一つに［1］こと。収まること。

★★
190
準拠（じゅんきょ）　書
①あるものを［1］とすること。

★★
191
浅薄（せんぱく）　書　読
①思慮や知識が未熟で、［1］なこと。

よりどころ　自我　性差
検証　浅はか　まとまる

(1) 性差
(1) 自我
(1) 検証
(1) まとまる
(1) よりどころ
(1) 浅はか

★★
192 措定（そてい） 書 読
①ある事態や対象が[1]するとみなし、考えの前提とすること。

★★
193 標榜（ひょうぼう）
①善行をほめたたえ、その事実を世間に示すこと。
②自分の主義主張を公然と[1]こと。

★★
194 侮蔑（ぶべつ）
①あなどり、[1]こと。

★★
195 没（ぼつ）○○
①○○が[1]こと。

★★
196 モラル
①[1]。[2]。善悪の判断。

★★
197 シミュレーション
①ある現象の状況を、コンピューターや他のシステムによって[1]的に現すこと。

掲げる　見下す　道徳　決定
存在　ある　倫理　模擬　ない

192 (1)存在
193 (1)掲げる
194 (1)見下す
195 (1)ない
▼(例) 没個性…個性がないこと。
196 (1)道徳 (2)倫理 ※順不同
197 (1)模擬

★★ 198 惰性(だせい) 書

①しばらく続けてきた 1 や癖。

★★ 199 任意(にんい)

①その人の判断に 1 こと。

★★ 200 払拭(ふっしょく) 書 読

①すっかり 1 こと。完全に取り除くこと。

★★ 201 レッテル

①人物や事物に付けられた 1 な評価。

★★ 202 リベラリズム

① 1 。日本では、自由競争の重視という意味ではなく、社会的弱者の権利を尊重する立場という意味で使われることが多い。

★★ 203 功利主義(こうりしゅぎ)

①行為の結果として多くの人が 1 になることを重視する考え方。

自由主義　一方的　幸福　任せる　拭い去る　習慣

---

198 (1) 習慣

199 (1) 任せる

200 (1) 拭い去る

201 (1) 一方的

202 (1) 自由主義

203 (1) 幸福

★★
204
軋轢（あつれき）
読

①人や国家同士が［1］になること。

★★
205
意匠（いしょう）
書 読

①工夫を凝らすこと。
②［1］。美術品や工芸品などで、美しく見せるために色、形、模様などに工夫を凝らすこと。

★★
206
感銘（かんめい）
書

①忘れられないほど深く［1］すること。

★★
207
狭義（きょうぎ）

①ある語が複数の意味を持つとき、範囲が［1］方の意味。

★★
208
具象（ぐしょう）

①はっきりとした［1］を持って現れること。

★★
209
啓示（けいじ）
書

①物事がよくわかるように示すこと。
②人間の力では知りえない真理を、［1］が人間に対して示すこと。

不仲　形　デザイン
神　狭い　感動

204 (1)不仲
205 (1)デザイン
206 (1)感動
207 (1)狭い
208 (1)形
209 (1)神

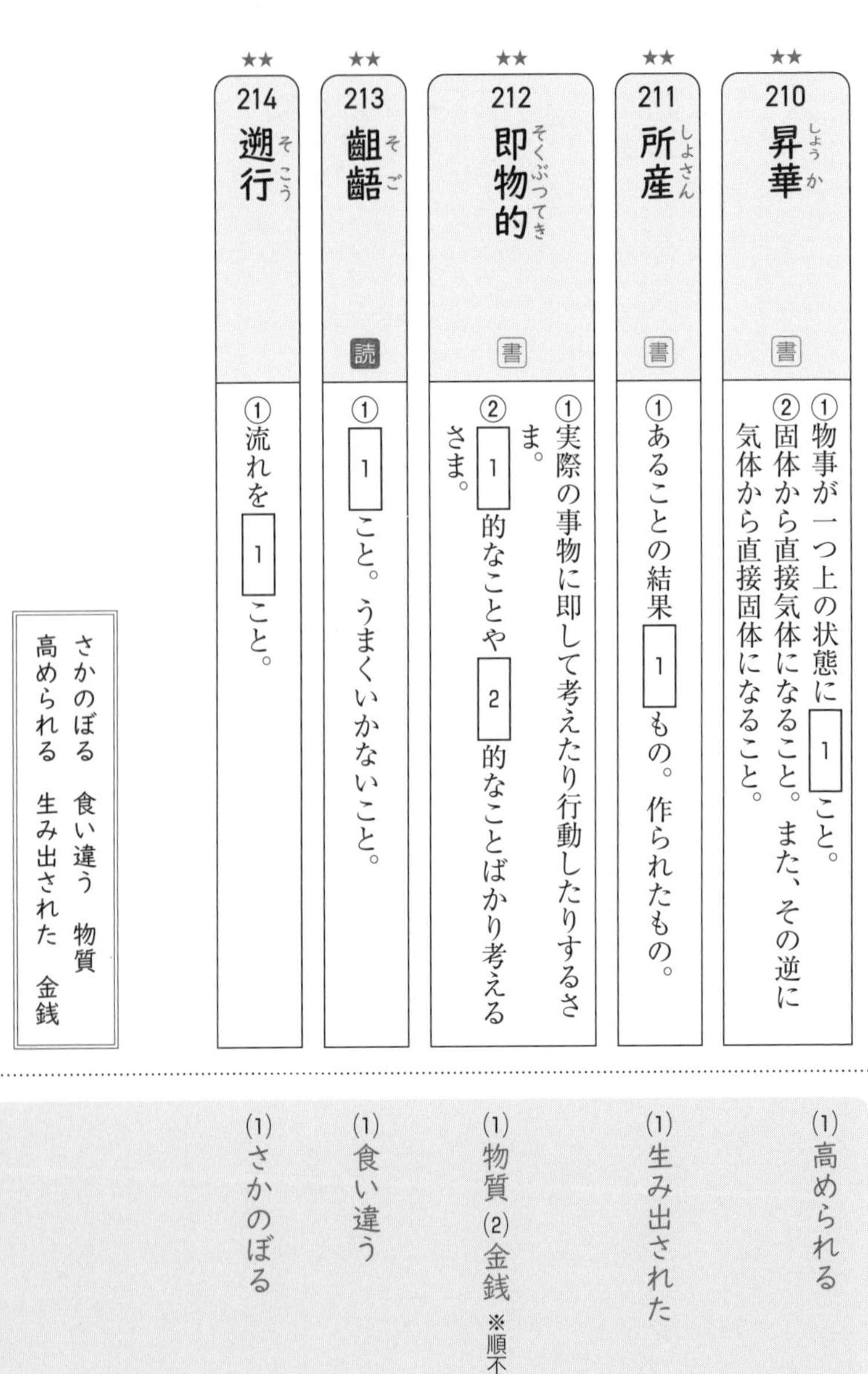

★★
210
昇華（しょうか）
書
①物事が一つ上の状態に[1]こと。
②固体から直接気体になること。また、その逆に気体から直接固体になること。

★★
211
所産（しょさん）
書
①あることの結果[1]もの。作られたもの。

★★
212
即物的（そくぶつてき）
書
①実際の事物に即して考えたり行動したりするさま。
②[1]的なことや[2]的なことばかり考えるさま。

★★
213
齟齬（そご）
読
①[1]こと。うまくいかないこと。

★★
214
遡行（そこう）
①流れを[1]こと。

さかのぼる　食い違う　物質
高められる　生み出された　金銭

(1)高められる

(1)生み出された

(1)物質　(2)金銭　※順不同

(1)食い違う

(1)さかのぼる

★★
215 ダイナミック
① 1 。力強く迫力があるさま。

★★
216 スタティック
① 1 。動きがないさま。

★★
217 陳腐（ちんぷ）
① ありふれていて古くさく、 1 こと。

★★
218 追従（ついしょう） 書
① 1 を言って機嫌をとること。
② 人の意見に従うこと。追従（ついじゅう）。

★★
219 陶酔（とうすい） 書
① 1 と心を奪われること。

★★
220 捏造（ねつぞう） 読
① ありもしないことを、事実のように 1 こと。

うっとり　つまらない　お世辞
でっち上げる　静的　動的

215 (1)動的
216 (1)静的
217 (1)つまらない
218 (1)お世辞
219 (1)うっとり
220 (1)でっち上げる

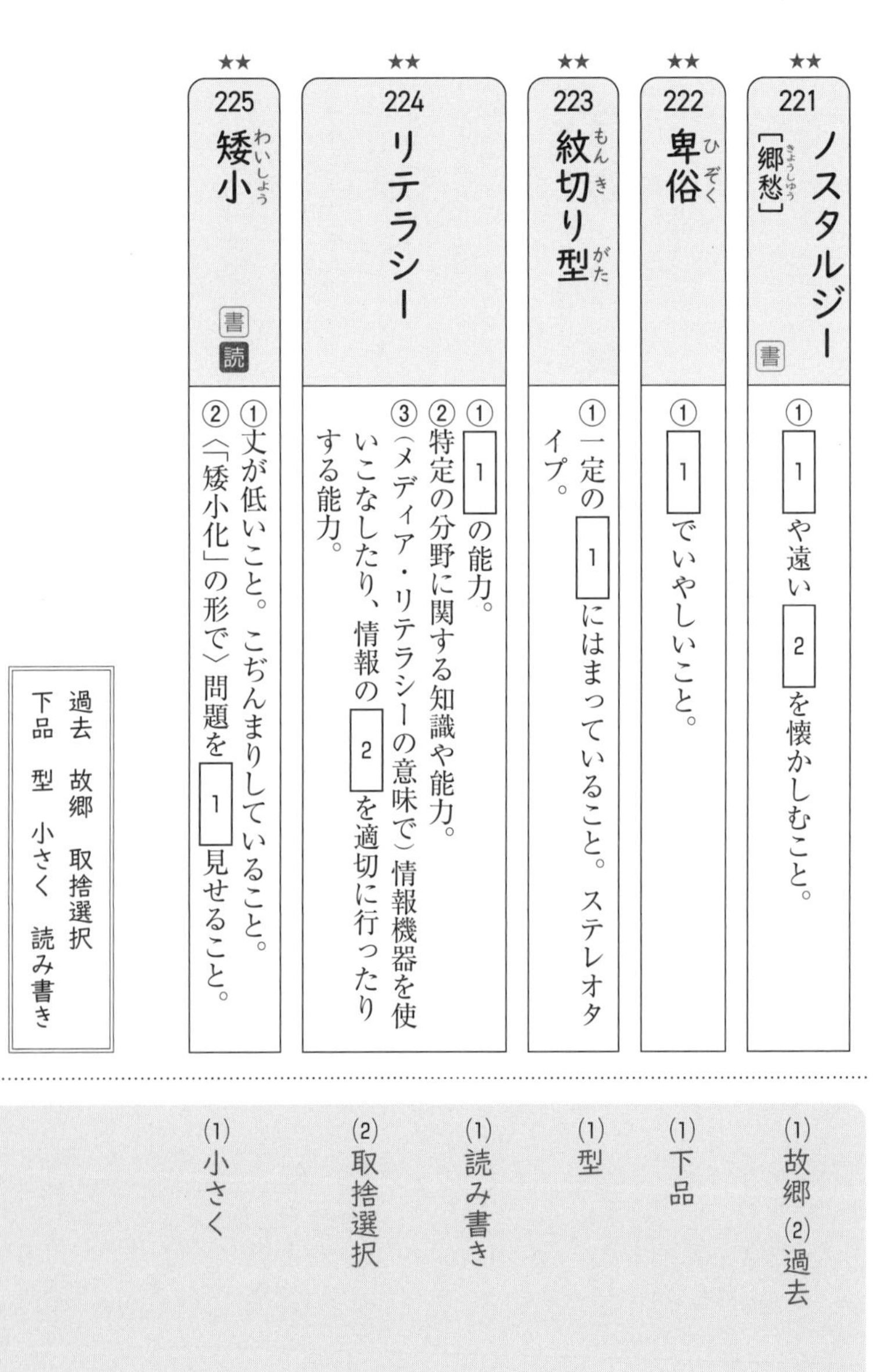

★★ 221 ノスタルジー［郷愁（きょうしゅう）］ 書

① [1] や遠い [2] を懐かしむこと。

★★ 222 卑俗（ひぞく）

① [1] でいやしいこと。

★★ 223 紋切り型（もんきりがた）

① 一定の [1] にはまっていること。ステレオタイプ。

★★ 224 リテラシー

① [1] の能力。
② 特定の分野に関する知識や能力。
③（メディア・リテラシーの意味で）情報機器を使いこなしたり、情報の [2] を適切に行ったりする能力。

★★ 225 矮小（わいしょう） 書 読

① 丈が低いこと。こぢんまりしていること。
②〈「矮小化」の形で〉問題を [1] 見せること。

過去　故郷　取捨選択
下品　型　小さく　読み書き

221 (1) 故郷 (2) 過去
222 (1) 下品
223 (1) 型
224 (1) 読み書き (2) 取捨選択
225 (1) 小さく

★★ 226 アカデミズム

①実践よりも学問的な［1］を重視する立場。
②学問的伝統や［2］を重視する立場。

★★ 227 コンプレックス

①複合したもの。
②［1］。インフェリオリティー・コンプレックスの略。

★★ 228 弛緩（しかん） 読

①［1］こと。

★★ 229 照応（しょうおう）

①二つのものが互いに関連し、［1］していること。

★★ 230 摂理（せつり） 書

①自然界を支配する［1］。
②キリスト教で、神の［2］。

緩む　法則　権威　劣等感
理論　対応　計画　崩れる

226 (1) 理論 (2) 権威
227 (1) 劣等感
228 (1) 緩む
229 (1) 対応
230 (1) 法則 (2) 計画

★★

231 **体裁**（ていさい） 書

①外から見たときの様子。
②他人の目に映る自分の格好。[1]。
③それらしく整った[2]。

★★

232 **内発**（ないはつ）

①外からの刺激によるものではなく、[1]から自然と生じるさま。

★★

233 **ナンセンス**

①無意味で[1]こと。

★★

234 **ヒエラルキー［ヒエラルヒー］**

①[1]によって秩序づけられた、ピラミッド型の階層組織。現代では、指揮命令によって秩序立てられた軍隊組織や官僚制などに用いる。

★★

235 **卑近**（ひきん） 書

①手近で[1]こと。俗っぽくてわかりやすいこと。

上下関係　世間体　ありふれている
ばかげている　内部　形式

231 (1)世間体 (2)形式

232 (1)内部

233 (1)ばかげている

234 (1)上下関係

235 (1)ありふれている

★★ 236 フィードバック

①ある行動の後、その結果を見て次の行動を［1］すること。

★★ 237 分別（ふんべつ）

①物事の損得や善悪をよく考え、［1］をわきまえていること。

★★ 238 唯物論（ゆいぶつろん）

①［1］的なものが万物の根源であると考え、人間の意識や精神も［1］に還元されると考える立場。

★★ 239 共産主義（きょうさんしゅぎ）

①生産手段（土地・原材料・機械など）を共有することで［1］な社会を実現しようとする思想、運動。社会主義と近いが、階級差別をなくし、［1］の徹底を目指す。

★★ 240 陥穽（かんせい） 書 読

①［1］。
②人を陥れるためのはかりごと。わな。

平等　物質　道理
調整　おとしあな

236 (1)調整
237 (1)道理
238 (1)物質
239 (1)平等
240 (1)おとしあな

★★
241 共時的（きょうじてき）
①［1］の中で対象を捉えるさま。

★★
242 通時的（つうじてき）
①対象の歴史的な［1］を捉えるさま。

★★
243 寓話（ぐうわ）
①［1］や風刺を含んだ内容を、動物などを題材に表した物語。

★★
244 形骸化（けいがいか） 書
①もともとの意味や内容を失い、［1］だけになること。

★★
245 蹂躙（じゅうりん） 読
①［1］こと。暴力的に侵害すること。

★★
246 信憑（性）（しんぴょう（せい）） 読
①［1］して頼ること。

★★
247 生得（しょうとく）
①ある性質を［1］持っていること。

生まれながら　同じ時代　変化　ふみにじる　信用　形　教訓

241 (1)同じ時代
242 (1)変化
243 (1)教訓
244 (1)形
245 (1)ふみにじる
246 (1)信用
247 (1)生まれながら

248 ★★ 相殺（そうさい） 書

①互いに［ 1 ］して、損得や貸し借りをなくすこと。

249 ★★ 多寡（たか） 書

①［ 1 ］ことと［ 2 ］こと。

250 ★★ 知己（ちき） 書 読

①自分をよく知る人。［ 1 ］。

251 ★★ 皮相（ひそう） 書

①物事の［ 1 ］。
②表面だけを見て判断を下すこと。

252 ★★ 風刺（ふうし） 書

①人物や社会を遠回しに［ 1 ］すること。また、からかうように表現すること。

253 ★★ 揶揄（やゆ） 読

①［ 1 ］、あざけること。

多い　からかい　表面　批判
親友　少ない　差し引き

---

248 (1) 差し引き

249 (1) 多い (2) 少ない ※順不同

250 (1) 親友

251 (1) 表面

252 (1) 批判 ▼「諷刺」とも書く。

253 (1) からかい

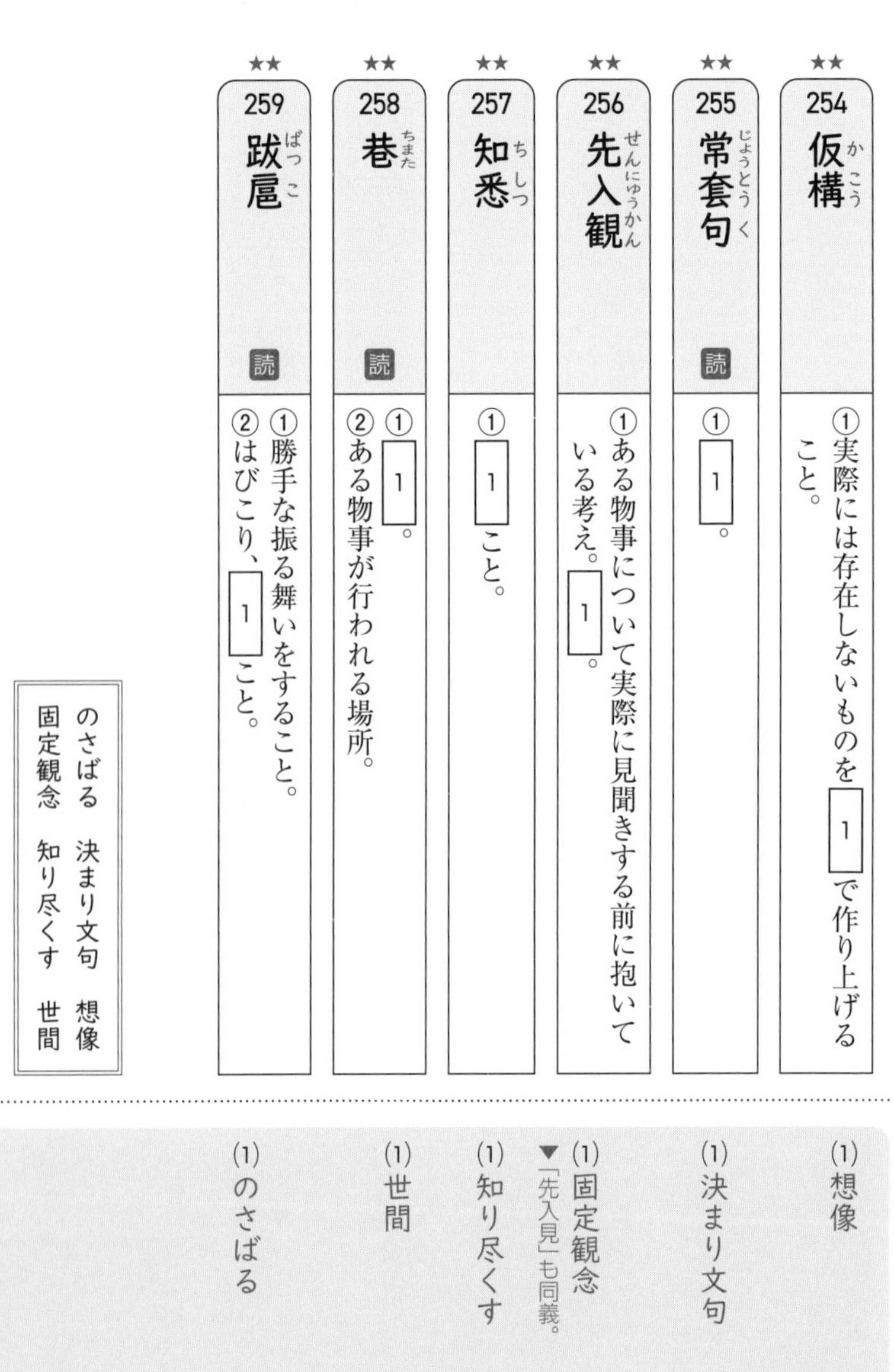

★★
254 仮構（かこう）
①実際には存在しないものを［1］で作り上げること。

★★
255 常套句（じょうとうく） 読
①［1］。

★★
256 先入観（せんにゅうかん）
①ある物事について実際に見聞きする前に抱いている考え。［1］。

★★
257 知悉（ちしつ）
①［1］こと。

★★
258 巷（ちまた） 読
①［1］。
②ある物事が行われる場所。

★★
259 跋扈（ばっこ） 読
①勝手な振る舞いをすること。
②はびこり、［1］こと。

のさばる　決まり文句　想像
固定観念　知り尽くす　世間

254 (1) 想像
255 (1) 決まり文句
256 (1) 固定観念
▼「先入見」も同義。
257 (1) 知り尽くす
258 (1) 世間
259 (1) のさばる

★★ 260 茫漠（ぼうばく）
①広くてまとまりがないさま。［1］しないさま。

★★ 261 放逐（ほうちく） 書
①［1］こと。

★★ 262 濫用（らんよう） 読
①限度を越して［1］用いること。

★★ 263 アポリア
①［1］な問題。

★★ 264 因習（いんしゅう）［因襲］
①古くから伝わる［1］や習わし。

★★ 265 往時（おうじ）
①［1］。

★★ 266 蓋然性（がいぜんせい） 読
①ある程度［1］さま。

追い払う　みだりに　確からしい
しきたり　過去　はっきり　解決困難

260 (1)はっきり
261 (1)追い払う
262 (1)みだりに
263 (1)解決困難
264 (1)しきたり
▼多くの場合、それを非難する意で用いる。
265 (1)過去
266 (1)確からしい

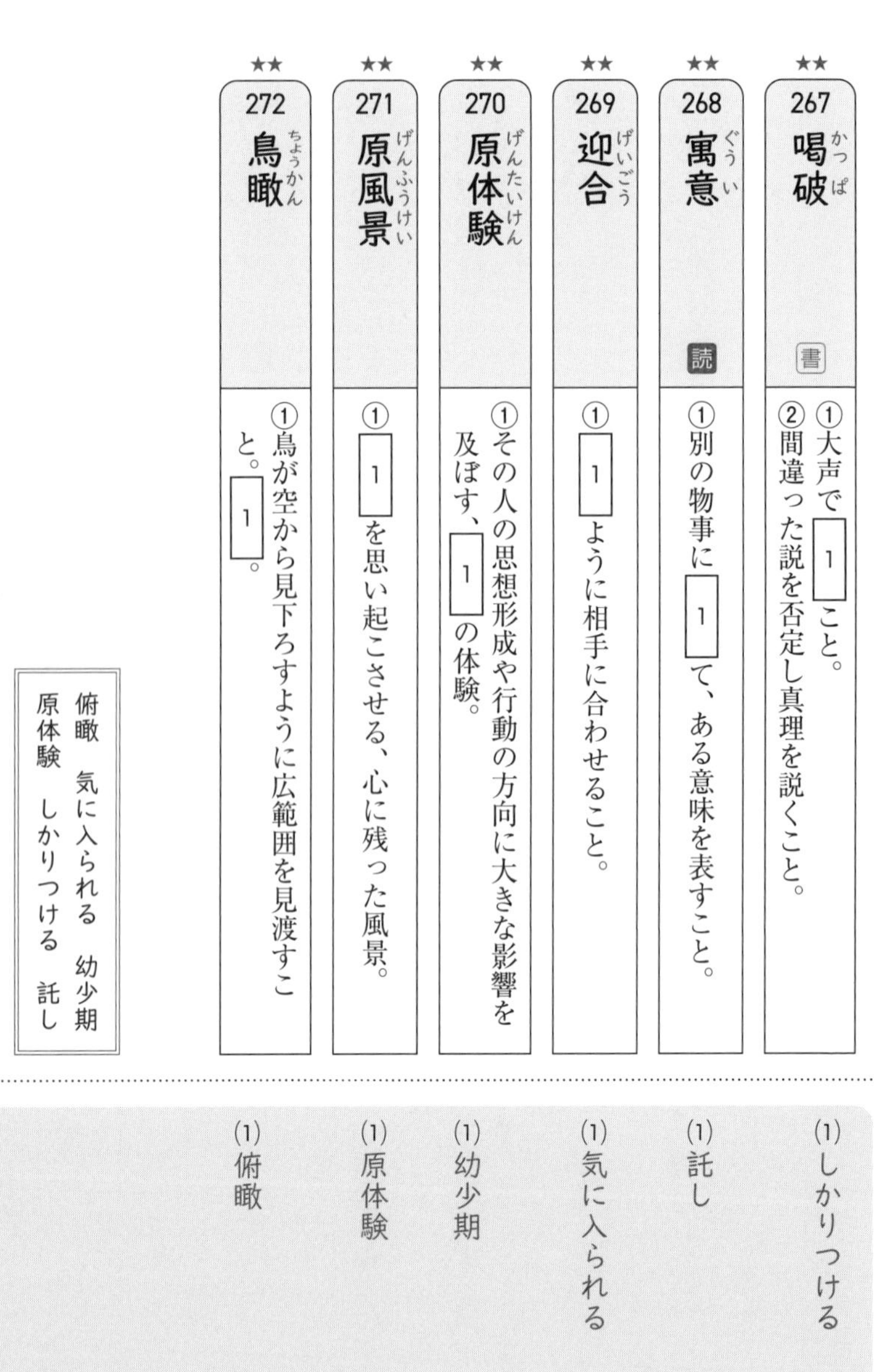

★★ 267 喝破（かっぱ） 書
①大声で 1 こと。
②間違った説を否定し真理を説くこと。

★★ 268 寓意（ぐうい） 読
①別の物事に 1 て、ある意味を表すこと。

★★ 269 迎合（げいごう）
① 1 ように相手に合わせること。

★★ 270 原体験（げんたいけん）
①その人の思想形成や行動の方向に大きな影響を及ぼす、 1 の体験。

★★ 271 原風景（げんふうけい）
① 1 を思い起こさせる、心に残った風景。

★★ 272 鳥瞰（ちょうかん）
①鳥が空から見下ろすように広範囲を見渡すこと。 1 。

俯瞰　気に入られる　幼少期
原体験　しかりつける　託し

267 (1) しかりつける
268 (1) 託し
269 (1) 気に入られる
270 (1) 幼少期
271 (1) 原体験
272 (1) 俯瞰

★★
273 俯瞰（ふかん） 読
①高いところから見下ろすこと。
②〈比喩的に〉［1］を捉えること。

★★
274 直截（ちょくせつ）
①すぐに決裁を下すこと。
②［1］言い切ること。回りくどくないこと。

★★
275 追体験（ついたいけん）
①作品などを通じて他人の体験をたどり、［1］の体験として感じること。

★★
276 未曾有（みぞう） 読
①これまで［1］もなかったこと。

★★
277 モード
①［1］。方法。
②服装などの［2］。

★★
278 歪曲（わいきょく） 読
①事実を［1］こと。

全体像　一度　きっぱり
ゆがめる　形式　自分　流行

273 (1)全体像
274 (1)きっぱり
275 (1)自分
276 (1)一度
277 (1)形式 (2)流行
278 (1)ゆがめる

03 差がつく重要語

★ 279 臨床（りんしょう）
①［1］に臨み、実際に病人を診察、治療すること。

★ 280 ディスクール
①［1］で表現されたもの。言説。
②〈フーコーの用語として〉制度や［2］と結び付いた言語表現。

★ 281 ポピュリズム
①エリートによる支配を批判し、［1］の支持を得ることで主張の実現を目指す政治運動。

★ 282 安楽死（あんらくし）
①［1］かつ［2］の状態において、薬物によって死期を早めること。

★ 283 脳死（のうし）
①脳の［1］が停止し、回復の見込みがない状態。

★ 284 私小説（ししょうせつ）
①作者が自らの生活体験に基づき、［1］を主人公として心境をつづった小説。

語群 ≫
機能　大衆　自己　権力　言語　不治　病床　末期

▼空欄にあてはまる語句を語群から選びなさい。同じ語句を繰り返し使う場合もある。

正解 ≪

279 (1) 病床
280 (1) 言語 (2) 権力
281 (1) 大衆
282 (1) 不治 (2) 末期 ※順不同
283 (1) 機能
284 (1) 自己
▼「わたくししょうせつ」とも読む。

★ 285 アイロニー

①［(1)］や反語。

②〈ソクラテスが用いた問答の方法で〉自身が無知を装うことで相手の無知を明らかにし、その知識が見せかけであると悟らせるやり方。

★ 286 毀損（きそん）

①物を［(1)］こと。

②名誉や利益に傷を付けること。

★ 287 機知（きち）

①場面に応じてすばやく働く［(1)］。

★ 288 強迫観念（きょうはくかんねん）

①考えないようにしても絶えず心に残り、［(1)］ことができない考えや気持ち。

★ 289 享楽（きょうらく）

①［(1)］にふけること。思うままに楽しむこと。

★ 290 禁忌（きんき） 書

①忌み避けるべきものとして禁止すること。［(1)］。

快楽　壊す　タブー　払いのける　知恵　皮肉

285 (1) 皮肉

286 (1) 壊す

287 (1) 知恵

288 (1) 払いのける

289 (1) 快楽

290 (1) タブー

★ 291 偶像（ぐうぞう） 書

①神仏を象（かたど）った、信仰の対象とされる像。

②[1]や憧れの対象となるもの。

★ 292 稀有（けう） 読

①[1]こと。

②不思議なこと。

★ 293 コントラスト

①[1]が際立つこと。対照。対比。

★ 294 市井（しせい） 読

①人や家の集まっているところ。[1]。

★ 295 折衷（せっちゅう） 書 読

①いくつかの物事から[1]を取り、一つに合わせること。

★ 296 漸次（ぜんじ） 書 読

①だんだんと。[1]。

次第に　ちまた　崇拝　差異
めったにない　良いところ

291 (1)崇拝
292 (1)めったにない
293 (1)差異
294 (1)ちまた
295 (1)良いところ
296 (1)次第に

★ 297 当為（とうい）

①［1］こと。［2］こと。

★ 298 踏襲（とうしゅう） 書 読

①過去のやり方をそのまま［1］こと。

★ 299 淘汰（とうた） 読

①不要、不適なものを取り除くこと。
②環境に［1］した生物だけが子孫を残し、他は滅びること。

★ 300 ニュートラル

①相対する二者のどちらにも属さないこと。［1］。中性。

★ 301 理非（りひ）

①［1］にかなっていることと、いないこと。

★ 302 陰影（いんえい）

①光の当たらない薄暗いところ。影。
②言葉や調子に［1］があり、趣が感じられること。ニュアンス。

なすべき　ある　受け継ぐ　なす
含み　道理　中立　適応　あるべき

297 (1) あるべき (2) なすべき ※順不同
298 (1) 受け継ぐ
299 (1) 適応
300 (1) 中立
301 (1) 道理
302 (1) 含み

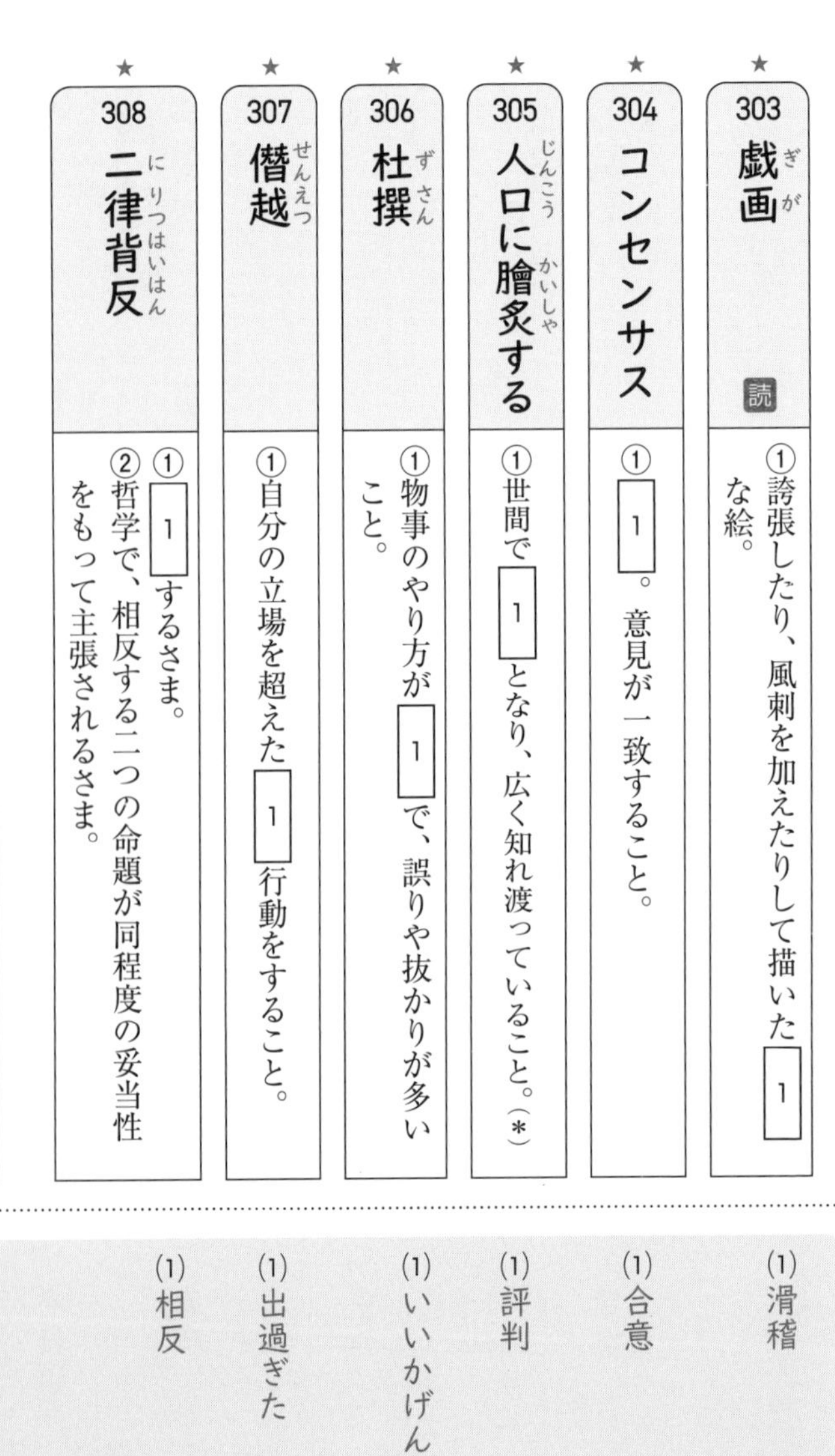

★ 303 戯画(ぎが) 読

①誇張したり、風刺を加えたりして描いた［1］な絵。

★ 304 コンセンサス

①［1］。意見が一致すること。

★ 305 人口(じんこう)に膾炙(かいしゃ)する

①世間で［1］となり、広く知れ渡っていること。(＊)

★ 306 杜撰(ずさん)

①物事のやり方が［1］で、誤りや抜かりが多いこと。

★ 307 僭越(せんえつ)

①自分の立場を超えた［1］行動をすること。

★ 308 二律背反(にりつはいはん)

①［1］するさま。

②哲学で、相反する二つの命題が同程度の妥当性をもって主張されるさま。

相反　いいかげん　合意
出過ぎた　滑稽　評判

303 (1)滑稽
304 (1)合意
305 (1)評判
306 (1)いいかげん
307 (1)出過ぎた
308 (1)相反

＊膾は「なます」、炙は「あぶった肉」のこと。どちらも味が良く人の口に合うことから①の意味ができた。

★ 309 反語（はんご）

①文末を疑問の形で結び、それとは［1］の意を強く伝える方法。（＊）

★ 310 トートロジー

①同じような言葉の無用な繰り返し。［1］。

★ 311 ドグマ

①宗教における、各宗教独自の［1］。
②独りよがりな説。［2］。

★ 312 モチベーション

①［1］。行動を起こす要因を与えること。
②物事を実行するやる気や意欲。

★ 313 サブカルチャー

①ある社会において支配的、［1］な文化に対して、その社会に属する一部の集団だけが持つ独自の文化。

★ 314 プリミティブ

①［1］な。素朴な。

独断　動機　伝統的　反対
同語反復　原始的　教義

309 (1)反対
310 (1)同語反復
311 (1)教義 (2)独断
312 (1)動機
313 (1)伝統的
314 (1)原始的

＊例えば、「誰が信じられるだろうか」という表現で、「誰も信じられない」の意を強調する。

★ 315 エスニシティ

①ある集団の言語・宗教・生活習慣といった文化的特徴。また、それを共有する人々の [1]。

★ 316 バーチャル・リアリティ

①仮想現実。コンピューターによって [1] のように感じられる環境を作る技術。

★ 317 侘び（わび）

① [1] に趣を見いだす日本的な美の理念。

★ 318 外発（がいはつ）

① [1] によって生じること。

★ 319 可塑性（かそせい）

①力を加えられると [1] し、元の形に戻らない性質。

変形　帰属意識　閑寂
外的要因　現実

---

(1)帰属意識

(1)現実

(1)閑寂

(1)外的要因

(1)変形

★ 320 カタルシス

①作品鑑賞などを通して感情が解放され、心が［ 1 ］されること。
②精神分析で、抑圧されたわだかまりを行動や情動で表出することによって症状をなくす療法。

★ 321 帰趨（きすう）

①物事が［ 1 ］ところ。

★ 322 共通感覚（きょうつうかんかく）

①世間の人々が共有する考え。常識。
②［ 1 ］を統合する働き。

★ 323 後天的（こうてんてき）

①生まれた後に身に付けるさま。
②［ 1 ］に基づくさま。

★ 324 国学（こくがく）

①江戸時代中期に興った、日本固有の精神や文化を明らかにするために「［ 1 ］」などの古い書物を研究する学問。

浮雲　風流仏　古事記　浄化
五感　行き着く　経験

320 (1)浄化
321 (1)行き着く
322 (1)五感
323 (1)経験
324 (1)古事記

★ 325 権化（ごんげ） 読

①［1］が、救済のために仮に人間の姿を取ってこの世に現れること。
②ある特性や思想を［2］化したかのように思われるものや人。

★ 326 超克（ちょうこく） 書

①困難に打ち勝ち、［1］こと。

★ 327 フェティシズム

①超自然的な力を持つとされるものを［1］すること。
②性的倒錯の一つで、異性の身に着けたものや体の一部などに異常な［2］を示すこと。

★ 328 あながち

①〈下に打消の語を伴って〉［1］。一概に。むやみに。

★ 329 アナキズム（アナーキー）

①政治権力による支配を否定し、個人が持つ［1］を最高のものとする思想。

乗り越える　必ずしも　具現
神仏　自由　執着　崇拝

325 (1)神仏 (2)具現
326 (1)乗り越える
327 (1)崇拝 (2)執着
328 (1)必ずしも
329 (1)自由

★ 330 アンビバレンス

①一つの対象に対して、愛情と憎悪などの［1］感情を同時に抱くこと。両面価値。

★ 331 嚆矢（こうし） 読

①物事の［1］。

★ 332 毫も（ごう）

①［1］。

★ 333 此岸（しがん）

①「彼岸（ひがん）」に対して、迷いや悩みの多い［1］。

★ 334 馴致（じゅんち）

①［1］こと。また、次第にある状態になること。

★ 335 シンメトリー

①［1］。左右の釣り合いが取れていること。

★ 336 逝去（せいきょ） 書 読

①［1］こと。亡くなった人を敬って用いる。

相反する　左右対称　現実世界　なれさせる　死ぬ　少しも　始まり

330 (1)相反する
331 (1)始まり
332 (1)少しも
333 (1)現実世界
334 (1)なれさせる
335 (1)左右対称
336 (1)死ぬ

★
337 セクシュアリティ
①人間の[1]のあり方。

★
338 紐帯（ちゅうたい） 読
①二つのものを[1]役割を果たすもの。
②社会を形作る、血縁・利害関係などの結び付き。

★
339 デカダンス
①虚無的・[1]なさま。

★
340 就中（なかんずく）
①中でも。[1]。とりわけ。

★
341 ナルシシズム
①[1]。自己愛。うぬぼれ。

★
342 背理（はいり）
①道理に[1]こと。

退廃的　反する　結び付ける
特に　性　自己陶酔

337 (1)性
338 (1)結び付ける
339 (1)退廃的
340 (1)特に
341 (1)自己陶酔
342 (1)反する

★ 343 不易（ふえき）

①いつまでも変わらないこと。（1）。

★ 344 モラトリアム

①（1）。
②〈比喩的に〉大人になるための準備期間。

★ 345 コスモロジー

①宇宙の構造を考える学問。天文学。
②（1）。自分を取り巻く世界の解釈の仕方。

★ 346 自己目的化（じこもくてきか）

①本来は目的達成のための（1）に過ぎないことが、目的そのものになってしまうこと。

★ 347 尊厳死（そんげんし）

①不治かつ末期の状態において、（1）をしないこと。ただし、痛みの緩和は行う。

★ 348 バリアフリー

①高齢者や身体の不自由な人が社会生活を送るうえで（1）となるものを取り除くこと。

延命治療　妨げ　手段
世界観　猶予期間　不変

343 (1) 不変
344 (1) 猶予期間
345 (1) 世界観
346 (1) 手段
347 (1) 延命治療
348 (1) 妨げ

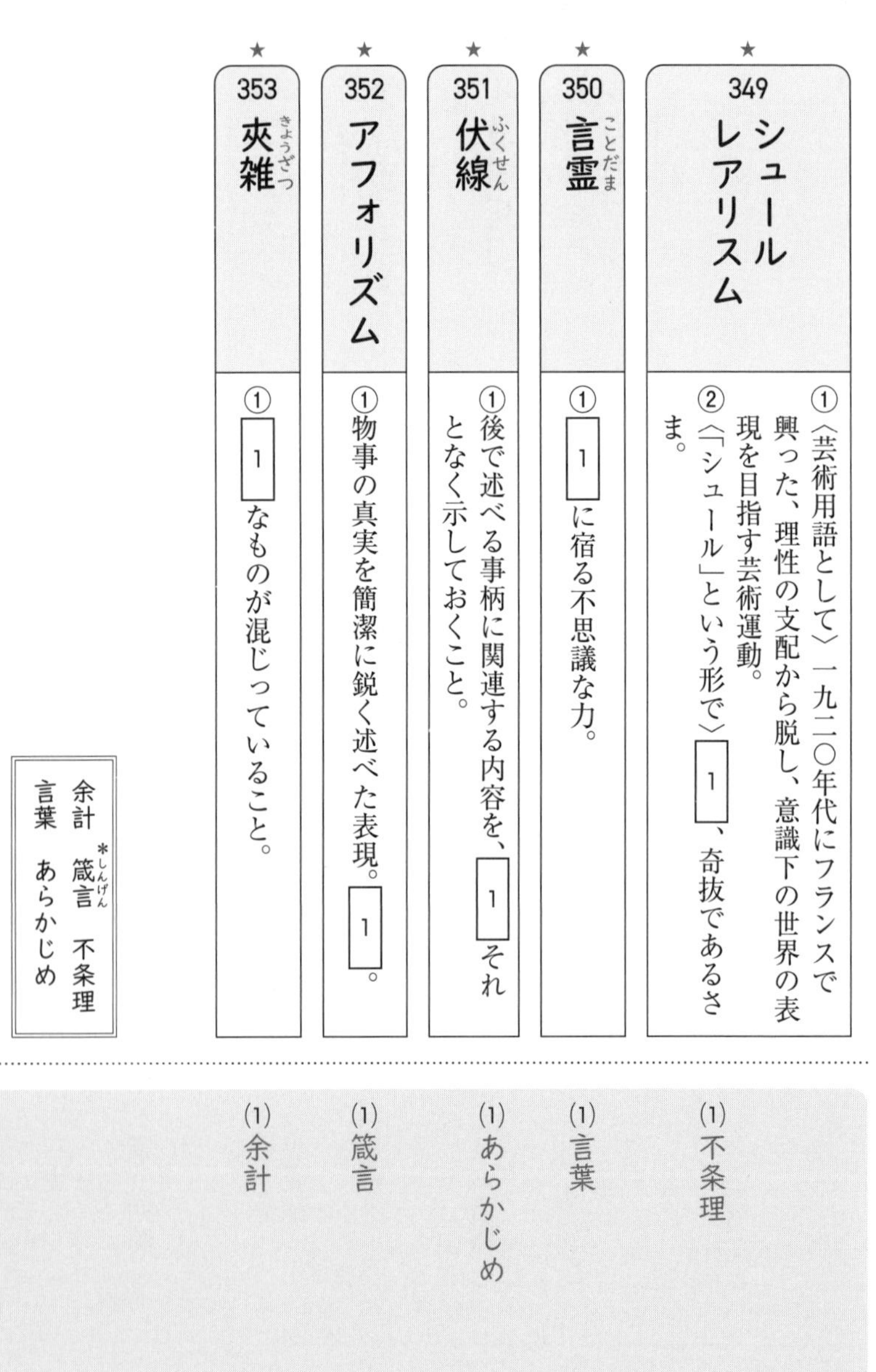

★ 349 シュールレアリスム
① 〈芸術用語として〉一九二〇年代にフランスで興った、理性の支配から脱し、意識下の世界の表現を目指す芸術運動。
② 〈「シュール」という形で〉［1］、奇抜であるさま。

★ 350 言霊（ことだま）
① ［1］に宿る不思議な力。

★ 351 伏線（ふくせん）
① 後で述べる事柄に関連する内容を、［1］それとなく示しておくこと。

★ 352 アフォリズム
① 物事の真実を簡潔に鋭く述べた表現。［1］。

★ 353 夾雑（きょうざつ）
① ［1］なものが混じっていること。

余計　箴言（しんげん）*　不条理
言葉　あらかじめ

---

349 (1) 不条理
350 (1) 言葉
351 (1) あらかじめ
352 (1) 箴言
353 (1) 余計

＊「箴言」とはいましめの言葉のこと。教訓の意味を持つ。

★ 354 つまびらか
① [1] ところまではっきりしているさま。

★ 355 デフォルメ
① 対象を意図的に [1]、誇張して表現すること。

★ 356 アナクロニズム
① [1]。

★ 357 エスプリ
① [1]。状況に応じて鋭く働く知恵。
② 精神。

★ 358 間欠（かんけつ）［間歇］的（てき）
① [1] の期間ごとに起こったりやんだりするさま。

★ 359 生成的（せいせいてき）
① [1] ものが生まれ出るさま。

一定　新しい　時代遅れ
機知　変形　細かい

354 (1) 細かい
355 (1) 変形
356 (1) 時代遅れ
357 (1) 機知
358 (1) 一定
359 (1) 新しい

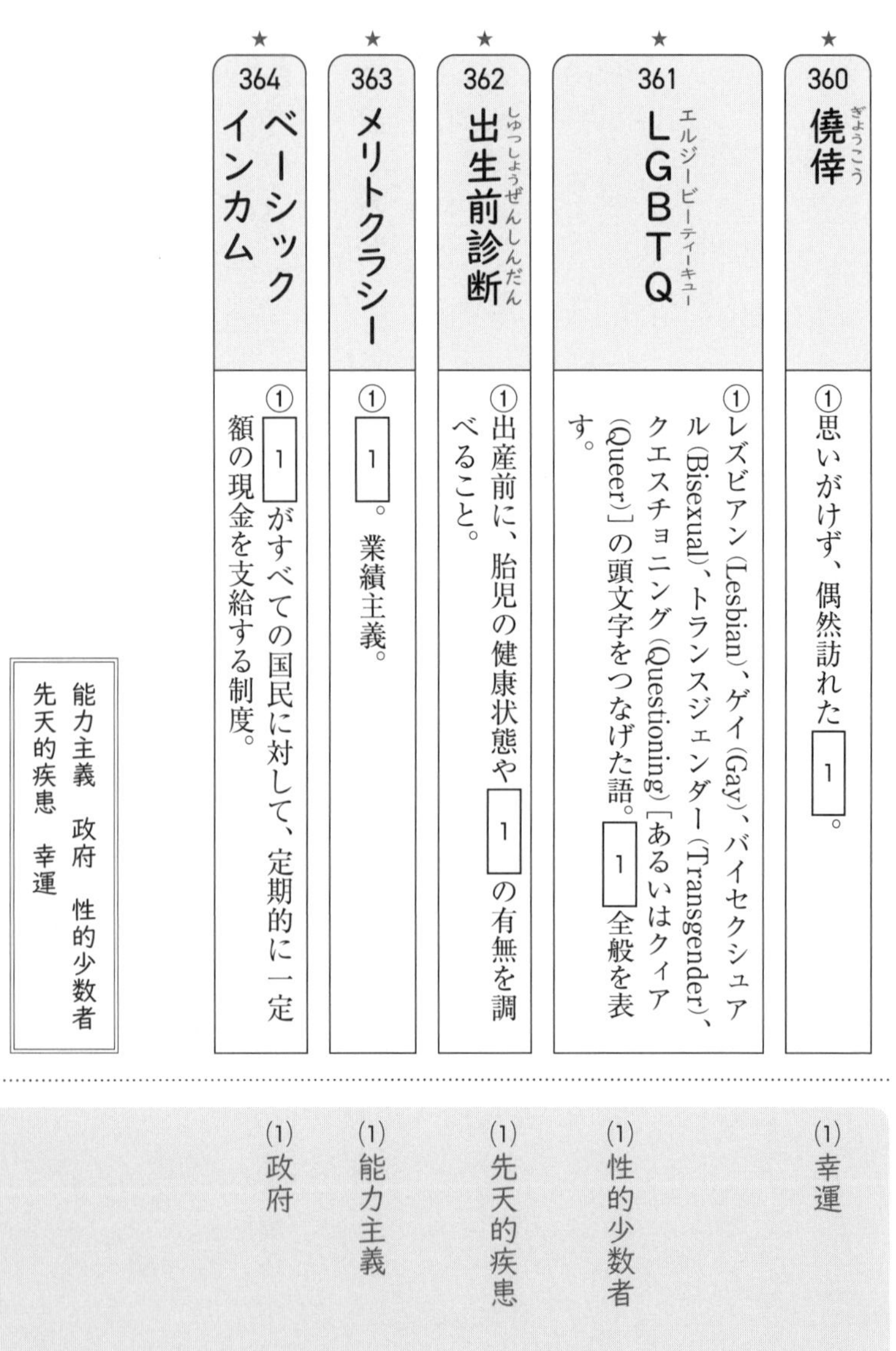

★ 360
僥倖（ぎょうこう）

①思いがけず、偶然訪れた［ 1 ］。

★ 361
LGBTQ（エルジービーティーキュー）

①レズビアン（Lesbian）、ゲイ（Gay）、バイセクシュアル（Bisexual）、トランスジェンダー（Transgender）、クエスチョニング（Questioning）［あるいはクィア（Queer）］の頭文字をつなげた語。［ 1 ］全般を表す。

★ 362
出生前診断（しゅっしょうぜんしんだん）

①出産前に、胎児の健康状態や［ 1 ］の有無を調べること。

★ 363
メリトクラシー

①［ 1 ］。業績主義。

★ 364
ベーシックインカム

①［ 1 ］がすべての国民に対して、定期的に一定額の現金を支給する制度。

能力主義　政府　性的少数者
先天的疾患　幸運

360 (1) 幸運
361 (1) 性的少数者
362 (1) 先天的疾患
363 (1) 能力主義
364 (1) 政府

★

365 海洋プラスチック汚染（かいようプラスチックおせん）

①大量のプラスチックが海に流入し、[1]に悪影響を与えている問題。

★

366 EBM（イービーエム）

①[1]に基づく医療。

★

367 NBM（エヌビーエム）

①[1]に基づく医療。

物語と対話
科学的根拠　生態系

(1)生態系

(1)科学的根拠（＊）

(1)物語と対話（＊）

＊EBM（Evidence Based Medicine）は統計的データを用いて、医師の判断の根拠を可視化することを目指すもの。NBM（Narrative Based Medicine）は患者との「対話」を重視し、病や今後の人生についての患者本人の「語り」に耳を傾けながら医療を組み立てるもの。

COLUMN 03

小説が苦手で内容が頭に入ってきません。どうしたらよいでしょうか？

とにかく手を動かしましょう。おすすめなのは、「ツッコミ」を書き入れながら読むという方法です。例えば、「姉のささくれだった言葉を聞きながら、僕は、姉の部屋に飾ってある三枚の写真を眺めた。高校のバレーボール部の写真、東京の叔父さんと叔母さんの写真、僕が生まれる前の家族写真だ。」という文があったとします。部屋に部活の写真を飾るのは珍しくないと思いますが、叔父や叔母の写真を飾る人は少ないのではないでしょうか。姉と叔父叔母は深い仲なのかもしれません。近くに「どんな関係？」などと書き込んでおきましょう。また、「僕が生まれる前の家族写真」も少しひっかかります。なぜ、「僕」も映っている家族写真にしないのでしょうか。姉の言葉が「ささくれだった」ものになっているのも、弟との関係が良くないからなのかもしれません。近くに「仲悪い？」などと書き込んでおきましょう。このように、「ちょっとした疑問」を書き留めるようにすると、一語一語に注意する姿勢が身に付き、小説世界に入り込みやすくなります。

また、「ビジュアル化」も効果的な方法です。小説が苦手な生徒は、作品を読んでいるときに場面の具体的なイメージが湧いていないように思います。棒人間のような簡単なもので構いませんので、その場の状況を余白に描いてみてください。場面が具体的にイメージできると、その後の内容が頭に入りやすくなります。

最後に、「人物関係の整理」も大切です。リード文や本文冒頭を読み、人物関係を図示してみましょう。書く過程で頭の中が整理されますし、「〈祖父と父の関係〉が〈父と僕の関係〉に重なるな」などと、登場人物の関係を構造的に捉えられるようになります。

第4章

小説語

第4章では、小説を読むうえで重要な182語を学習します。評論文の語と比べて、見慣れないことばも多いかもしれません。そのような場合は、まずその語がポジティブな意味を持つのか、ネガティブな意味を持つのかを押さえるようにするとよいでしょう。慣れてきたら、その語が使われている場面を頭の中で思い描いてみると、さらに学習しやすくなります。

01 行為・振る舞いに関する語句

★★ 001 容赦（ようしゃ）ない 書
①許さないこと。[1]しないこと。

★★ 002 不遜（ふそん） 書
①思い上がっているさま。[1]でないさま。

★★ 003 彷徨（ほうこう） 読
①[1]こと。

★★ 004 無情（むじょう）
①人情や[1]の心がないこと。

★★ 005 律義（りちぎ）
①[1]で義理堅いこと。

★★ 006 うごめく
①絶えず[1]動くこと。

語群 ≫
さまよう　きびきびと　真面目　手加減
思いやり　謙虚　もぞもぞと

▼空欄にあてはまる語句を語群から選びなさい。同じ語句を繰り返し使う場合もある。

正解 ≪

001 (1)手加減
002 (1)謙虚
003 (1)さまよう
004 (1)思いやり
005 (1)真面目
006 (1)もぞもぞと

★★
007 詰問（きつもん）
①相手を責め、[1]こと。

★★
008 詮索（せんさく） 書
①細かいところまで[1]こと。

★★
009 あくせく
①心にゆとりがなく、[1]さま。

★★
010 神妙（しんみょう） 書
①素直で[1]さま。

★★
011 あがなう
①[1]こと。
②何かを代償に、別のものを買い求めること。

★★
012 慰安（いあん）
①心をなぐさめること。[1]こと。

探る　せわしない　いたわる　罪を償う
おとなしい　問いただす

(1)問いただす

(1)探る

(1)せわしない

(1)おとなしい

(1)罪を償う

(1)いたわる

★★ 013 いつくしむ
① [1]、大切にすること。

★★ 014 徒労（とろう） 書
① [1]に労力を使うこと。また、苦労が報われないさま。

★★ 015 殊勝（しゅしょう） 書
① [1]で感心な様子。

★★ 016 ストイック
① 禁欲的。克己的。[1]的。

★★ 017 節操（せっそう）
① 自分の[1]を堅く守って変えないこと。

★★ 018 韜晦（とうかい）
① 自分の才能や本心を[1]こと。

包み隠す　けなげ　信念
無駄　かわいがり　求道

(1) かわいがり

(1) 無駄

(1) けなげ

(1) 求道

(1) 信念

(1) 包み隠す

★★
019 ぶっきらぼう
①言動に[1]がなく、そっけないこと。

★★
020 放恣（ほうし）
①[1]でだらしのないこと。

★★
021 いそしむ
①熱心に物事に[1]こと。

★★
022 嗚咽（おえつ）
①声を詰まらせ、[1]こと。

★★
023 地団駄（じだんだ）を踏（ふ）む
①[1]や[2]のあまり、地面を踏みならすこと。

★★
024 呻吟（しんぎん）
①苦しみ[1]こと。

励む　悔しさ　愛想　むせび泣く
うめく　勝手気まま　怒り

019 (1)愛想
020 (1)勝手気まま
021 (1)励む
022 (1)むせび泣く
023 (1)怒り (2)悔しさ ※順不同
024 (1)うめく

★★
025
償う（つぐなう）
①金品や労働などによって、犯した罪や与えた損失などの 1 をすること。

★★
026
披瀝（ひれき）
読
①心中を包み隠さず 1 こと。

★★
027
目［眼］を瞠る（めをみはる）
①目を大きく 1 こと。怒り、驚き、感心などの様子を表す。

★
028
あっけらかんと
①物事の意外さに驚きあきれてぼんやりとしたさま。
②物事をあまり気にせず、 1 でいるさま。

★
029
あてつけがましい
①相手への皮肉が 1 であるさま。

★
030
雄々しい（おおしい）
①男らしく、 1 さま。

打ち明ける　平気　見開く
露骨　埋め合わせ　勇ましい

---

(1)埋め合わせ

(1)打ち明ける

(1)見開く

(1)平気

(1)露骨

(1)勇ましい

★ 031 おこがましい

①[1]であること。

★ 032 寡黙（かもく） 書

①口数が[1]こと。

★ 033 生一本（きいっぽん）

①混じり気がなく、[1]であること。
②まっすぐで、ひたむきに物事に打ち込むこと。

★ 034 几帳面（きちょうめん）

①細部まで[1]物事を行うさま。

★ 035 華奢（きゃしゃ）

①姿形がほっそりして、上品で[1]に感じられるさま。

★ 036 自堕落（じだらく）

①生活が[1]さま。

繊細　純粋　だらしない
きちんと　身の程知らず　少ない

---

031 (1)身の程知らず
032 (1)少ない
033 (1)純粋
034 (1)きちんと
035 (1)繊細
036 (1)だらしない

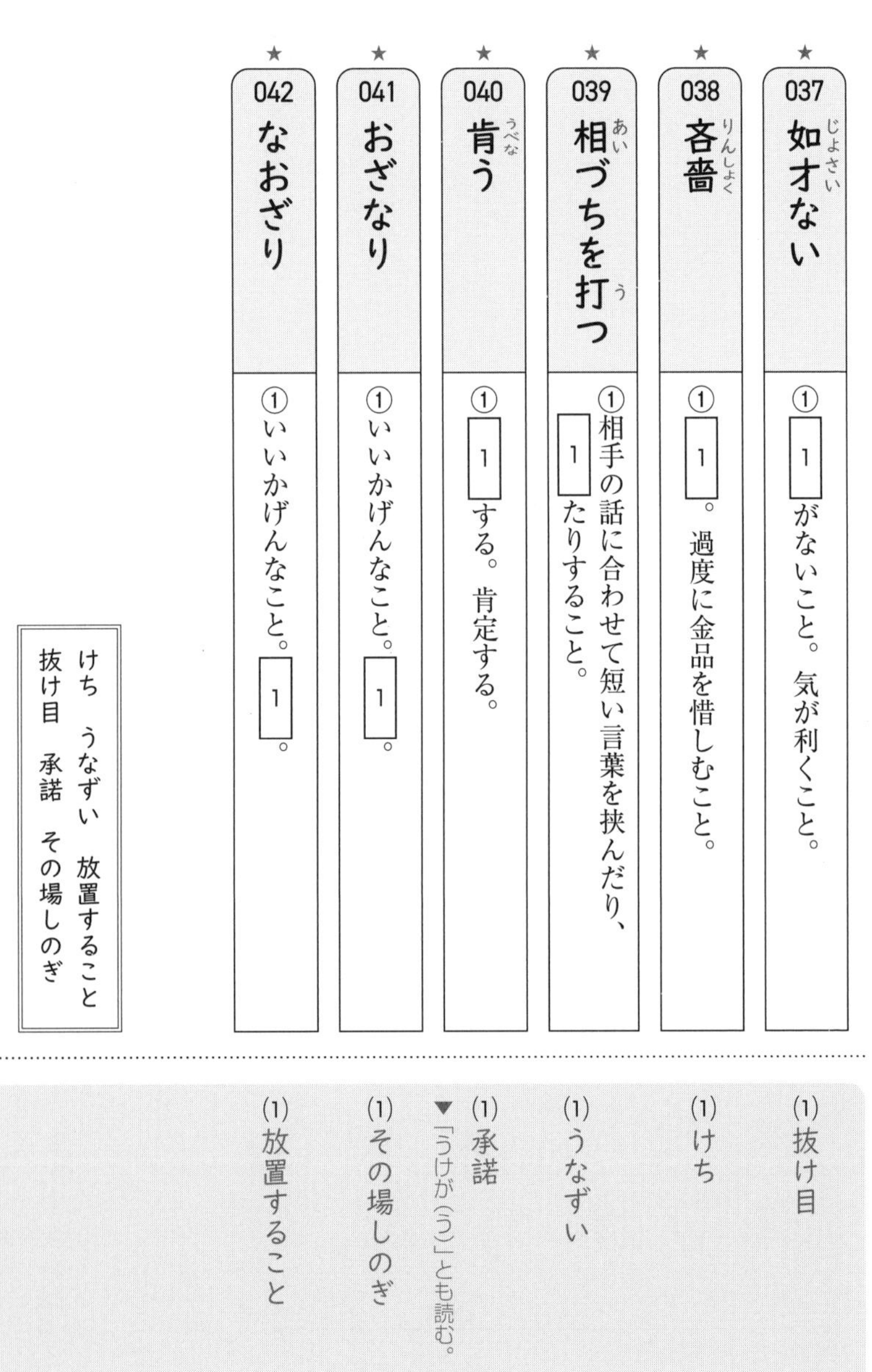

★ 037 如才（じょさい）ない
①［1］がないこと。気が利くこと。

★ 038 吝嗇（りんしょく）
①［1］。過度に金品を惜しむこと。

★ 039 相（あい）づちを打（う）つ
①相手の話に合わせて短い言葉を挟んだり、［1］たりすること。

★ 040 肯（うべな）う
①［1］する。肯定する。

★ 041 おざなり
①いいかげんなこと。［1］。

★ 042 なおざり
①いいかげんなこと。［1］。

けち　うなずい　放置すること
抜け目　承諾　その場しのぎ

(1) 抜け目

(1) けち

(1) うなずい

(1) 承諾
▼「うけが(う)」とも読む。

(1) その場しのぎ

(1) 放置すること

★ 043 かしずく

①大切に育てること。
②人に仕えて [1] をすること。

★ 044 豪語（ごうご）

①自信ありげに、[1] を主張すること。また、その言葉。

★ 045 鼓吹（こすい）

①元気付けること。鼓舞。
②意見を積極的に主張して、広く [1] を得ようとすること。

★ 046 姑息（こそく）

① [1] 。

★ 047 自虐（じぎゃく）

①自分で自分を [1] こと。

★ 048 殉死（じゅんし）

①主人が死亡したのち、臣下が後を追って [1] すること。

自害　大きなこと　賛同
その場しのぎ　苦しめる　世話

---

043 (1) 世話

044 (1) 大きなこと

045 (1) 賛同

046 (1) その場しのぎ
▼近年「ひきょう」の意で用いられることもある。

047 (1) 苦しめる

048 (1) 自害

★
049
垂涎（すいぜん）
書

①よだれを垂らすこと。
②あるものを［1］と強く望むこと。

★
050
たしなめる

①苦しめ、悩ませること。
②悪い点について［1］を促すこと。

★
051
瞠目（どうもく）する

①驚きや感動で［1］こと。

★
052
とりなす

①仲直りさせること。仲介すること。
②その場をうまく［1］こと。

★
053
頓狂（とんきょう）

①突然、その場にそぐわない言動をするさま。すっとんきょう。
②突然、［1］の声を発するさま。

★
054
なだめすかす

①慰めたりおだてたりして相手の気持ちをやわらげ、［1］こと。

反省　機嫌をとる　人と違う　目をみはる
調子外れ　手に入れたい　おさめる

(1)手に入れたい

(1)反省

(1)目をみはる

(1)おさめる

(1)調子外れ

(1)機嫌をとる

★
055
生返事（なまへんじ）
①はっきりしない返事。[1]な受け答え。

★
056
羽目を外す（はめをはずす）
①調子に乗って[1]こと。

★
057
物色（ぶっしょく）
①多くの中から適当なものを[1]こと。
②ものの色や形。景色。

★
058
夭逝（ようせい）
①[1]死ぬこと。

★
059
居丈高（いたけだか）
①[1]な態度をとるさま。

探し出す　威圧的　老いてから
度を越す　若くして　いいかげん

(1)いいかげん

(1)度を越す

(1)探し出す

(1)若くして

(1)威圧的

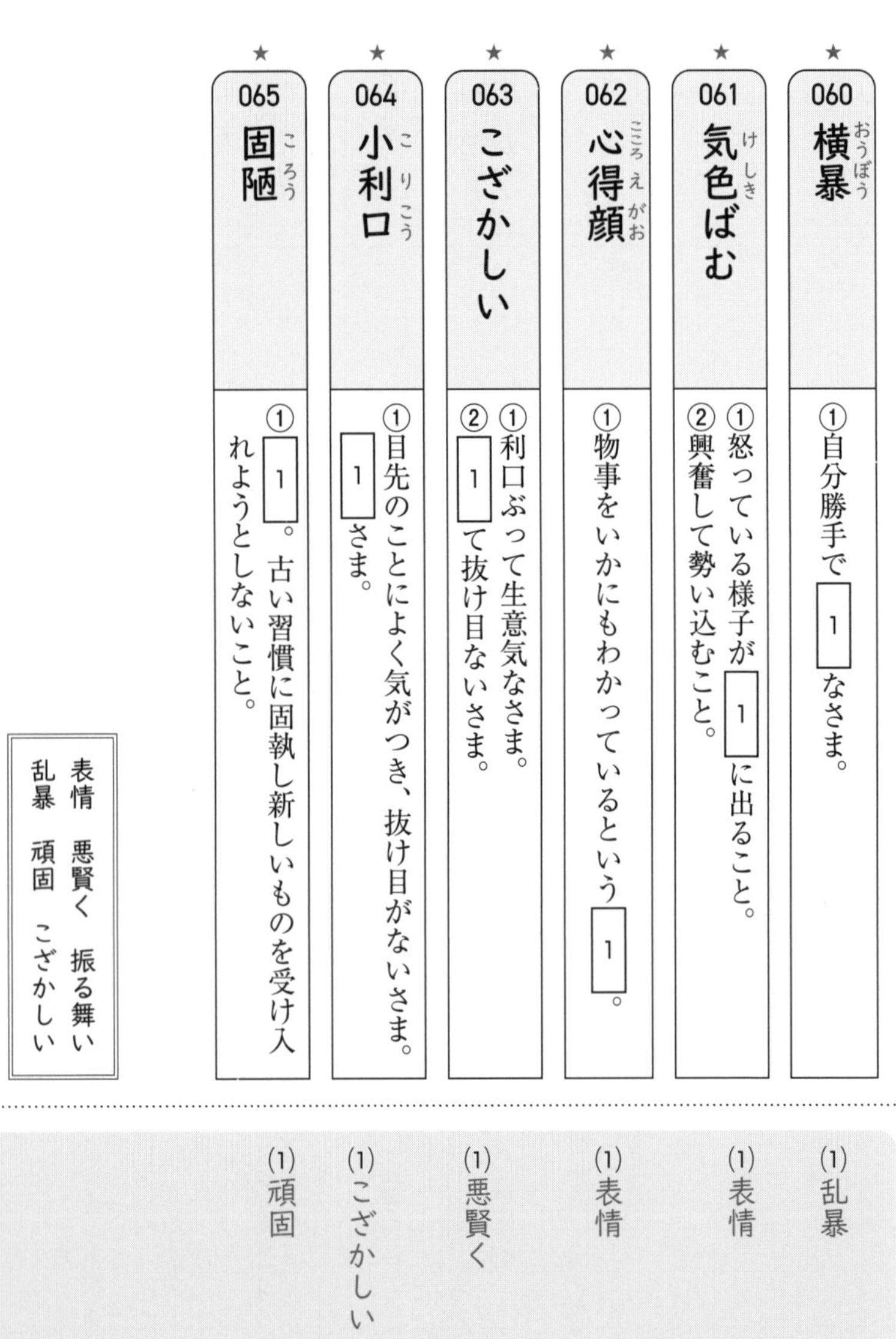

★ 060 横暴（おうぼう）
①自分勝手で［1］なさま。

★ 061 気色ばむ（けしきばむ）
①怒っている様子が［1］に出ること。
②興奮して勢い込むこと。

★ 062 心得顔（こころえがお）
①物事をいかにもわかっているという［1］。

★ 063 こざかしい
①利口ぶって生意気なさま。
②［1］て抜け目ないさま。

★ 064 小利口（こりこう）
①目先のことによく気がつき、抜け目がないさま。［1］さま。

★ 065 固陋（ころう）
①［1］。古い習慣に固執し新しいものを受け入れようとしないこと。

表情　悪賢く　振る舞い
乱暴　頑固　こざかしい

060 (1) 乱暴
061 (1) 表情
062 (1) 表情
063 (1) 悪賢く
064 (1) こざかしい
065 (1) 頑固

★ 066 従容（しょうよう） 読
(1) 何事にも動じず、ゆったりと［ 1 ］いるさま。

★ 067 すげない
(1) そっけなく、［ 1 ］がないさま。

★ 068 二の足を踏む（にのあしをふむ）
(1) 思い切れずに［ 1 ］すること。（*）

★ 069 顰蹙を買う（ひんしゅくをかう）
(1) 人を不快にさせるようなことをして［ 1 ］こと。

★ 070 仏頂面（ぶっちょうづら）
(1) ［ 1 ］な顔。不機嫌そうな表情。

★ 071 偏屈（へんくつ）
(1) ［ 1 ］でないこと。ひねくれていること。

嫌われる　躊躇（ちゅうちょ）　落ち着いて
無愛想　愛想　素直

---

(1) 落ち着いて
(1) 愛想
(1) 躊躇
(1) 嫌われる
(1) 無愛想
(1) 素直

＊二の足を踏む：「二の舞になる」と混同しないように注意！　「二の舞になる」は前の人と同じ失敗をすること。

★ 072 朴訥（ぼくとつ）

①素直で飾り気がなく、口数が［1］こと。

★ 073 凛々しい（りりしい）

①［1］して引き締まっているさま。堂々と勇ましいさま。

★ 074 老獪（ろうかい）

①様々な経験を積み、［1］こと。

★ 075 一矢報いる（いっしむくいる）

①相手からの攻撃に、わずかでも［1］すること。

★ 076 おためごかし

①表面上は他人のためになるように見せて、実際は［1］の利益を図ること。

★ 077 機先を制する（きせんをせいする）

①他人より先に行動してその計画や威勢をくじき、［1］に立つこと。

自分　反撃　優位　屈服　少ない
悪賢い　冷静である　きりっと

(1)少ない

(1)きりっと

(1)悪賢い

(1)反撃

(1)自分

(1)優位

★ 078 久闊（きゅうかつ）を叙（じょ）する

①［1］に会ってあいさつをする。長い間訪問や連絡をしなかったことをわびる。

★ 079 奇（き）を衒（てら）う

①わざと［1］なことをして、注意を引こうとするさま。

★ 080 薫陶（くんとう） 書

①自己の徳で人を［1］し、教え導くこと。

②〈「薫陶を受ける」の形で〉人徳のある人物に影響を受け、人格が磨かれること。

★ 081 匙（さじ）を投（な）げる

①解決の見込みがないとして［1］こと。

★ 082 奢侈（しゃし） 読

①度を過ぎた［1］。

★ 083 逍遥（しょうよう）

①気ままに［1］こと。

②世俗から離れ、悠々自適に楽しむこと。

久しぶり　諦める　歩き回る　ぜいたく　感化　奇抜

---

078 (1) 久しぶり

079 (1) 奇抜

080 (1) 感化

081 (1) 諦める

082 (1) ぜいたく

083 (1) 歩き回る

★
084
酔狂（すいきょう）
①酒に酔って心が乱れ暴れること。
②人と違う行動をとること。[1]。

★
085
出し抜け（だしぬけ）
①思いがけないさま。[1]。

★
086
たむろする
①一カ所に多くの人が[1]こと。

★
087
手すさび（てすさび）
①退屈をまぎらわすためになんとなくする[1]。

★
088
慟哭（どうこく）
①悲しみのあまり[1]で泣くこと。

★
089
鼻白む（はなじろむ）
①気おくれした顔をすること。
②[1]した顔をすること。

★
090
鼻を明かす（はなをあかす）
①敵を[1]、驚かせること。

興ざめ　手遊び　集まる　出し抜き　突然　大声　物好き

(1)物好き
(1)突然
(1)集まる
(1)手遊び
(1)大声
(1)興ざめ
(1)出し抜き

★ 091 不羈（ふき）

①物事に束縛されず、［1］に振る舞うこと。

★ 092 閉口（へいこう） 書

①言い負かされて言葉に詰まること。
②どうしようもなくて［1］こと。（＊）

★ 093 咆哮（ほうこう）

①獣などが［1］こと。

★ 094 やつす

①目立たないように［1］姿を変えること。
②やせてしまうほど思い悩むこと。

★ 095 気位（きぐらい）

①自分の［1］や誇りを高く保とうとするさま。

★ 096 慇懃無礼（いんぎんぶれい）

①丁寧すぎて、かえって［1］に映るさま。
②一見丁寧だが、実際には無礼で尊大なさま。

★ 097 気骨（きこつ）

①自分の［1］を曲げず、どんなことにも屈しない強い心。

品位　自由　ほえる　困る　信念　みすぼらしく　無礼

091 (1)自由
092 (1)困る
093 (1)ほえる
094 (1)みすぼらしく
095 (1)品位
096 (1)無礼
097 (1)信念

＊もともとは「（自分の意志で）口を閉じること」という意味だったが、そこから「（受動的に）口がきけなくなる」という意味が生まれ、さらに上記の意味が派生した。現代文では主に上記の意味で使われる。

02 内面に関する語句

★★ 098 鬱屈（うっくつ）
①気分が晴れず、[1]こと。

★★ 099 逡巡（しゅんじゅん）
①決心がつかず、ぐずぐずすること。[1]こと。

★★ 100 プライド
①[1]。自負。

★★ 101 憐憫（れんびん）
①かわいそうに思うこと。[1]をかけること。

★★ 102 焦燥（しょうそう） 書 読
①焦り、[1]こと。

★★ 103 放心（ほうしん）
①他の物事に気を取られ、[1]すること。

語群 ≫

ためらう　情け　ぼんやり　いらだつ　自尊心　ふさぎこむ

▼空欄にあてはまる語句を語群から選びなさい。同じ語句を繰り返し使う場合もある。

正解 ≪

098 (1)ふさぎこむ
099 (1)ためらう
100 (1)自尊心
101 (1)情け
▼「憐愍」とも書く。
102 (1)いらだつ
103 (1)ぼんやり

★★
104 沈潜（ちんせん）
①心を落ち着けて深く［1］すること。

★★
105 忸怩（じくじ）
①深く［1］さま。

★★
106 総毛立つ（そうけだつ）
①寒さや［1］などによって、全身の毛が逆立つこと。身の毛がよだつこと。

★★
107 薄情（はくじょう） 書
①義理や人情に薄く、［1］がないこと。

★★
108 肝に銘じる（きもにめいじる） 書
①心に深く［1］こと。忘れないようにすること。

★★
109 慚愧（ざんき） 読
①自分の行動を［1］し、深く恥じること。
②［2］を言うこと。

思いやり　没入　刻みつける
悪口　恥じる　反省　恐怖

---

104 (1) 没入

105 (1) 恥じる

106 (1) 恐怖

107 (1) 思いやり

108 (1) 刻みつける
▼×肝に命じる

109 (1) 反省
(2) 悪口

★★
110
辟易（へきえき） 読
①［ 1 ］すること。閉口すること。
②相手の勢いに押されて引き下がること。

★★
111
あっけにとられる
①予想外のことに出会い、驚きあきれること。［ 1 ］こと。

★★
112
憤懣（ふんまん）
①発散できず心に残る［ 1 ］。

★
113
固唾（かたず）をのむ 読
①ことの成り行きを案じて、［ 1 ］するさま。

★
114
高慢（こうまん）
①自分は人よりすぐれていると［ 1 ］、人をあなどること。

★
115
フラストレーション
①［ 1 ］。

呆然とする　うんざり　緊張
欲求不満　怒り　思い上がり

110 (1)うんざり
111 (1)呆然とする
112 (1)怒り
113 (1)緊張
114 (1)思い上がり
115 (1)欲求不満

116 取り越し苦労（とりこしくろう） ★
①先のことをあれこれ考えて余計な[1]をすること。

117 疎ましい（うとましい） ★ 書
①[1]がさして遠ざけたいこと。
②異様で薄気味悪いこと。

118 歓心（かんしん） ★
①喜び。
②〈「歓心を買う」の形で〉人に気に入られようとする。[1]をとる。

119 忌憚（きたん） ★ 書 読
①恐れ慎むこと。[1]こと。（＊）

120 思慕（しぼ） ★
①思い慕うこと。[1]思うこと。

121 辛酸（しんさん） ★ 書 読
①つらく、[1]経験。
②〈「辛酸をなめる」の形で〉つらく[1]目にあう。

機嫌　心配　嫌気
恋しく　苦しい　遠慮する

第4章 小説語02……内面に関する語句

116 (1)心配
117 (1)嫌気
118 (1)機嫌
119 (1)遠慮する
120 (1)恋しく
121 (1)苦しい

＊打消の語を伴うことが多い。(例) 忌憚のない意見を聞かせてほしい。

★ 122 気をのまれる(き)

①［1］に圧倒されること。予想外の出来事に呆然とすること。

★ 123 彷彿(ほうふつ)

①ありありと［1］さま。

★ 124 料簡(りょうけん)［了見・了簡］

①［1］。気持ち。分別。

★ 125 斟酌(しんしゃく) 読

①あれこれ照らし合わせて取捨選択すること。
②相手の事情や心情を［1］こと。
③遠慮すること。

★ 126 浮き足立つ(うきあしだつ)

①不安や期待などで［1］さま。

★ 127 厭世(えんせい)

①世の中を［1］ものだと思うこと。(*)

考え　落ち着かない　思い浮かぶ　嫌な　心理的　くみとる

122 (1)心理的

123 (1)思い浮かぶ

124 (1)考え

125 (1)くみとる

126 (1)落ち着かない

127 (1)嫌な

*「厭」は「いと(う)」と読み、「嫌うこと」を意味する。

★ 128 忖度(そんたく)
①他人の心中や考えなどを 1 こと。

★ 129 寝耳に水(ねみみにみず)
①思いがけない不意の出来事に 1 こと。

★ 130 無聊(ぶりょう)
①心配事で心が晴れないこと。
②何もすることがなく、 1 であること。

★ 131 ほぞをかむ
①今更どうにもならないことを 1 こと。

★ 132 胸がすく(むね)
①心につかえていたものが解消され、 1 こと。

★ 133 胸をなで下ろす(むね・お)
①心配事が解決し 1 すること。

★ 134 溜飲が下がる(りゅういん・さ)
① 1 が解消され、すっきりすること。

推し量る　退屈　驚く　悔いる　不平不満　安堵　心が晴れる

128 (1)推し量る
129 (1)驚く
130 (1)退屈
131 (1)悔いる
132 (1)心が晴れる
133 (1)安堵
134 (1)不平不満

03 その他の語句

★★
135 風情（ふぜい）
①［1］。味わい。

★★
136 たたずまい
①立っている様子。もののありさま。［1］。

★★
137 妙味（みょうみ）
①すぐれた味わい。なんとも言えない［1］。

★★
138 常軌（じょうき）を逸（いっ）する 書
①［1］から外れたことをするさま。

★★
139 まがまがしい
①［1］で悪いことが起こりそうな様子。

★★
140 糸口（いとぐち）
①［1］。手がかり。

語群≫
常識　きっかけ　不吉　雰囲気　趣

▼空欄にあてはまる語句を語群から選びなさい。同じ語句を繰り返し使う場合もある。

正解≪

135 (1)趣
136 (1)雰囲気
137 (1)趣
138 (1)常識
139 (1)不吉
140 (1)きっかけ

★★
141 度(ど)しがたい
① [1] こと。
② 理解させることができないこと。

★★
142 軌(き)を一(いつ)にする
① 立場や方針を [1] すること。

★★
143 瀟洒(しょうしゃ) 読
① すっきりと [1] さま。垢抜けているさま。

★★
144 手持(ても)ちぶさた
① 何もすることがなく、[1] であること。

★★
145 ものものしい
① 重々しく [1] さま。
② 大げさなさま。

★★
146 物心(ものごころ)がつく
① [1] のことがなんとなくわかるようになること。

しゃれている　素直　救いがたい
世の中　暇　厳しい　同じく

(1) 救いがたい
(1) 同じく
(1) しゃれている
(1) 暇
(1) 厳しい
(1) 世の中

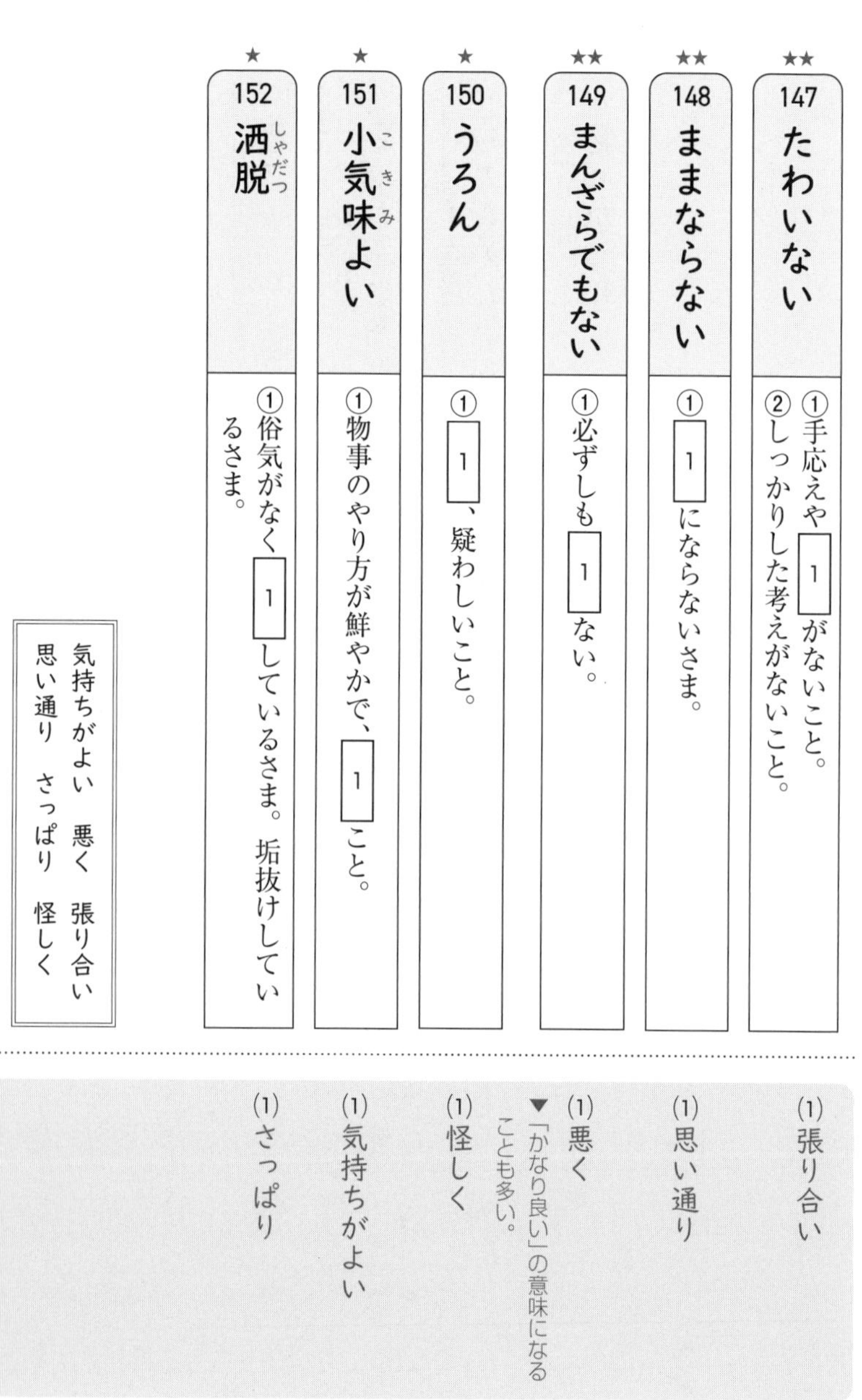

147 ★★
たわいない
①手応えや［1］がないこと。
②しっかりした考えがないこと。

148 ★★
ままならない
①［1］にならないさま。

149 ★★
まんざらでもない
①必ずしも［1］ない。

150 ★
うろん
①［1］、疑わしいこと。

151 ★
小気味（こきみ）よい
①物事のやり方が鮮やかで、［1］こと。

152 ★
洒脱（しゃだつ）
①俗気がなく［1］しているさま。垢抜けしているさま。

気持ちがよい　悪く　張り合い
思い通り　さっぱり　怪しく

(1) 張り合い

(1) 思い通り

(1) 悪く
▼「かなり良い」の意味になることも多い。

(1) 怪しく

(1) 気持ちがよい

(1) さっぱり

★ 153 小康（しょうこう） 書

①病気や争いなどが、一時的に［1］こと。

★ 154 お仕着せ（おしきせ）

①一方的に決められていること。
②［1］であること。

★ 155 細君（さいくん）

①［1］。

★ 156 言わずもがな（いわずもがな）

①言わないほうがよいと思われること。
②［1］こと。

★ 157 隠微（いんび）

①表面に現れない［1］なこと。

★ 158 名状しがたい（めいじょうしがたい）

①［1］で表現するのが難しいこと。

微妙　おさまっている　型どおり
妻　言葉　言うまでもない　子ども

153 (1) おさまっている

154 (1) 型どおり

155 (1) 妻

156 (1) 言うまでもない
▼「言わずと知れた」「言うも愚か」ともいう。

157 (1) 微妙

158 (1) 言葉

★ 159 小(こ)ざっぱり
① [1] があり、感じの良いさま。

★ 160 憔悴(しょうすい)
① 心労や病気などで [1] こと。

★ 161 堰(せき)を切(き)ったよう
① [1] ものがどっとあふれだすさま。

★ 162 やおら
① [1] 動き始めるさま。おもむろに。

★ 163 生粋(きっすい) 読
① 混じり気がなく、[1] であること。

★ 164 年端(としは)［年歯］のいかない
① [1] こと。

★ 165 肝胆相照(かんたんあいて)らす 書
① 互いに [1] まで打ち明け、理解しあって親しく付き合うこと。

こらえていた　幼い　ゆっくりと　緊張する
心の底　純粋　清潔感　やつれる

---

159 (1) 清潔感

160 (1) やつれる

161 (1) こらえていた

162 (1) ゆっくりと

163 (1) 純粋

164 (1) 幼い

165 (1) 心の底

★ 166 気(き)のおけない

①遠慮や気遣いの必要が［1］こと。

★ 167 沽券(こけん)に関(かか)わる

①［1］や品位などにさしつかえること。

★ 168 昵懇(じっこん)

①［1］付き合うこと。

★ 169 背(せ)に腹(はら)はかえられない

①差し迫った状況を回避するために、他のことを［1］にするのは仕方ないということ。

★ 170 (お)誂(あつら)え向(む)き 書

①［1］であること。

★ 171 あまつさえ

①［1］。

そのうえ　ない　希望通り
親しく　評判　犠牲　ある

---

166 (1) ない

167 (1) 評判

168 (1) 親しく

169 (1) 犠牲

170 (1) 希望通り

171 (1) そのうえ
▼多くの場合悪いことに用いる。

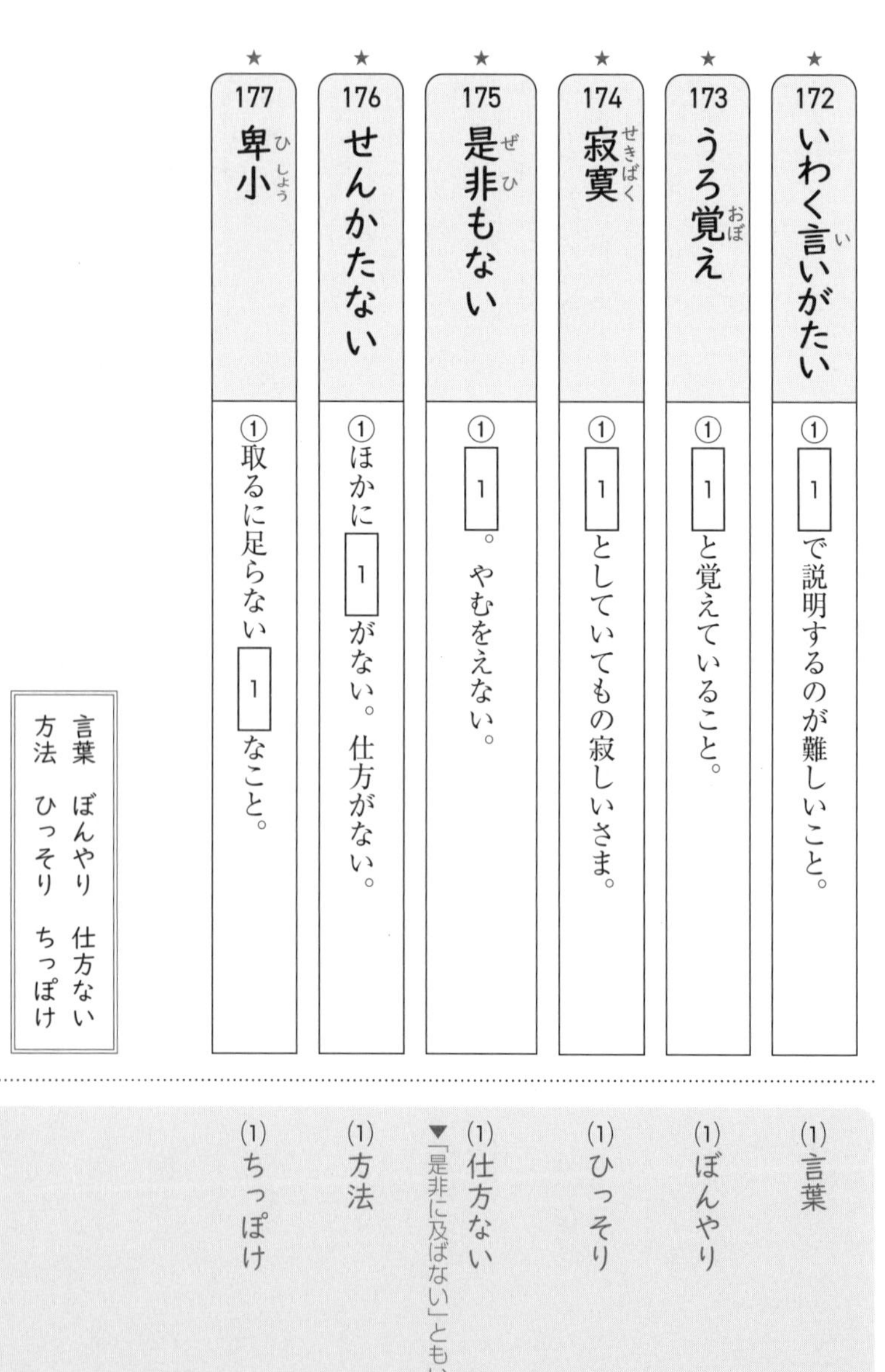

★ 172 いわく言い（い）がたい
①［1］で説明するのが難しいこと。

★ 173 うろ覚え（おぼ）
①［1］と覚えていること。

★ 174 寂寞（せきばく）
①［1］としていてもの寂しいさま。

★ 175 是非（ぜひ）もない
①［1］。やむをえない。

★ 176 せんかたない
①ほかに［1］がない。仕方がない。

★ 177 卑小（ひしょう）
①取るに足らない［1］なこと。

言葉　ぼんやり　仕方ない
方法　ひっそり　ちっぽけ

172 (1)言葉

173 (1)ぼんやり

174 (1)ひっそり

175 (1)仕方ない
▼「是非に及ばない」ともいう。

176 (1)方法

177 (1)ちっぽけ

★ 178
剽軽（ひょうきん）
①気軽で［1］なこと。

★ 179
覆水盆に返らず（ふくすいぼんにかえらず）　書
①一度してしまったことは、二度と［1］がつかないということ。

★ 180
牧歌的（ぼっかてき）
①［1］でゆったりとしているさま。

★ 181
矢面（やおもて）
①戦で敵からの矢が飛んでくる正面の位置。
②批判や攻撃、質問などが［1］する立場。

★ 182
ゆくりなく
①予想外に。［1］。

突然　滑稽　集中
取り返し　のどか

(1)滑稽
(1)取り返し
(1)のどか
(1)集中
(1)突然

さくいん

このさくいんには、本書の第1章～第4章で「見出し語」として掲載された語句が五十音順に整理されています。

※「見出し語」が掲載されているページ番号のみを記載しています。「解説」の文中で出現しているものは掲載していません。

あ 頁
相づちを打つ〈あいづちをうつ〉 234
アイデンティティ 44
アイロニー 211
アウラ 116
アカデミズム 201
あがなう 229
あくせく 229
あっけにとられる 246
あっけらかんと 232
軋轢〈あつれき〉 197
あてつけがましい 232
あながち 218
アナキズム(アナーキー) 218
アナクロニズム 223
アナログ 140
アナロジー 188
アニミズム 42
アフォリズム 222
アプリオリ 86
アポステリオリ 86
アポリア 207
あまつさえ 255
暗示〈あんじ〉 181
アンビバレンス 219
安楽死〈あんらくし〉 210

い 頁
慰安〈いあん〉 229
EBM〈イービーエム〉 225
いき(粋) 110
依拠〈いきょ〉 169
イギリス経験論〈イギリスけいけんろん〉 82
意匠〈いしょう〉 197
いそしむ 231
居丈高〈いたけだか〉 237
一義的〈いちぎてき〉 176
一元的〈いちげんてき〉 179
いつくしむ 230
一矢報いる〈いっしむくいる〉 240
逸脱〈いつだつ〉 170
一般〈いっぱん〉 18
イデア 78
イデオロギー 34
糸口〈いとぐち〉 250
畏怖〈いふ〉 185
いわく言いがたい〈いわくいいがたい〉 256
言わずもがな〈いわずもがな〉 253
陰影〈いんえい〉 213
因果〈いんが〉 169
慇懃無礼〈いんぎんぶれい〉 243
因習［因襲］〈いんしゅう〉 207
印象派〈いんしょうは〉 116
隠微〈いんび〉 253
インフォームド・コンセント 146
インフラストラクチャー［インフラ］ 184
韻文〈いんぶん〉 187
隠喩(暗喩)〈いんゆ(あんゆ)〉 156
韻律〈いんりつ〉 158

う 頁
浮き足立つ〈うきあしだつ〉 248
うごめく 228
鬱屈〈うっくつ〉 244
疎ましい〈うとましい〉 247
肯う〈うべなう〉 234
うろ覚え〈うろおぼえ〉 256
うろん 252

え 頁
AI〈エーアイ〉 130
エートス 56
エゴ 194
エコロジー 142
SNS〈エスエヌエス〉 136
SOL〈エスオーエル〉 146
SDGs〈エスディージーズ〉 142
エスニシティ 216
エスノグラフィー 104
エスプリ 223
NBM〈エヌビーエム〉 225
LGBTQ〈エルジービーティーキュー〉 224
演繹〈えんえき〉 32
円滑〈えんかつ〉 184
円環時間〈えんかんじかん〉 114
遠近法〈えんきんほう〉 193
遠近法主義〈えんきんほうしゅぎ〉 193
厭世〈えんせい〉 248

お 頁
(お)誂え向き〈おあつらえむき〉 255

王権神授説〈おうけんしんじゅせつ〉 60
往時〈おうじ〉 207
横暴〈おうぼう〉 238
嗚咽〈おえつ〉 231
雄々しい〈おおしい〉 232
おこがましい 233
おざなり 234
お仕着せ〈おしきせ〉 253
おためごかし 240
オリエンタリズム 52
オリジナル 181

か 頁

懐疑(的)〈かいぎ(てき)〉 173
蓋然性〈がいぜんせい〉 207
概念〈がいねん〉 20
外発〈がいはつ〉 216
海洋プラスチック汚染〈かいようプラスチックおせん〉 225
乖離〈かいり〉 179
カオス(混沌)〈こんとん〉 38
科学〈かがく〉 66
科学技術(テクノロジー)〈かがくぎじゅつ〉 66
科学の制度化〈かがくのせいどか〉 70
画一(化・的)〈かくいつ(か・てき)〉 177
覚醒〈かくせい〉 191
仮言命法〈かげんめいほう〉 86
仮構〈かこう〉 206
かしずく 235
可塑性〈かそせい〉 216
固唾をのむ〈かたずをのむ〉 246
カタルシス 217
画期的〈かっきてき〉 185
葛藤〈かっとう〉 170
喝破〈かっぱ〉 208
活版印刷〈かっぱんいんさつ〉 136
カテゴリー 172
寡黙〈かもく〉 233
看過〈かんか〉 188
喚起〈かんき〉 170
環境〈かんきょう〉 163
間欠[間歇]的〈かんけつてき〉 223
還元〈かんげん〉 68
感受〈かんじゅ〉 171
感傷〈かんしょう〉 187
歓心〈かんしん〉 247
感性〈かんせい〉 168
陥穽〈かんせい〉 203
肝胆相照らす〈かんたんあいてらす〉 254
観念〈かんねん〉 20
感銘〈かんめい〉 197
換喩〈かんゆ〉 156

き 頁

生一本〈きいっぽん〉 233
起因〈きいん〉 176
戯画〈ぎが〉 214
機械論〈きかいろん〉 68
危惧〈きぐ〉 173
気位〈きぐらい〉 243
記号〈きごう〉 24
気骨〈きこつ〉 243
擬古典主義〈ぎこてんしゅぎ〉 150
擬似〈ぎじ〉 177
疑似科学〈ぎじかがく〉 70
技術〈ぎじゅつ〉 66
擬人法〈ぎじんほう〉 156
帰趨〈きすう〉 217
軌跡〈きせき〉 186
機先を制する〈きせんをせいする〉 240
帰属〈きぞく〉 171
毀損〈きそん〉 211
忌憚〈きたん〉 247
機知〈きち〉 211
几帳面〈きちょうめん〉 233
拮抗〈きっこう〉 185
生粋〈きっすい〉 254
詰問〈きつもん〉 229
帰納〈きのう〉 32
気のおけない〈きのおけない〉 255
希薄〈きはく〉 174
規範〈きはん〉 165
忌避〈きひ〉 182
欺瞞〈ぎまん〉 182
肝に銘じる〈きもにめいじる〉 245
逆説〈ぎゃくせつ〉 22
客体〈きゃくたい〉 16
華奢〈きゃしゃ〉 233
客観〈きゃっかん〉 12
QOL〈キューオーエル〉 146
久闊を叙する〈きゅうかつをじょする〉 241
キュビスム 116
狭義〈きょうぎ〉 197
僥倖〈ぎょうこう〉 224
夾雑〈きょうざつ〉 222
共産主義〈きょうさんしゅぎ〉 203
共時的〈きょうじてき〉 204

享受〈きょうじゅ〉 168
凝縮〈ぎょうしゅく〉 183
共通感覚〈きょうつうかんかく〉 217
強迫観念〈きょうはくかんねん〉 211
享楽〈きょうらく〉 211
虚構〈きょこう〉 36
軌を一にする〈きをいつにする〉 251
奇を衒う〈きをてらう〉 241
気をのまれる〈きをのまれる〉 248
禁忌〈きんき〉 211
均衡〈きんこう〉 177
近代〈きんだい〉 48
吟味〈ぎんみ〉 178

く 頁
寓意〈ぐうい〉 208
偶然〈ぐうぜん〉 164
偶像〈ぐうぞう〉 212
寓話〈ぐうわ〉 204
具現〈ぐげん〉 190
具象〈ぐしょう〉 197
具体〈ぐたい〉 10
グローバリゼーション 60
薫陶〈くんとう〉 241

け 頁
ケ 114
ケア 146
経緯〈けいい〉 173
形骸化〈けいがいか〉 204
契機〈けいき〉 167
経験〈けいけん〉 162
迎合〈げいごう〉 208
啓示〈けいじ〉 197
形式的〈けいしきてき〉 190
形而上学〈けいじじょうがく〉 174
啓蒙〈けいもう〉 52
啓蒙思想〈けいもうしそう〉 52
稀有〈けう〉 212
気色ばむ〈けしきばむ〉 238
懸念〈けねん〉 188
権威〈けんい〉 166
顕在〈けんざい〉 178
原体験〈げんたいけん〉 208
顕著〈けんちょ〉 171
原風景〈げんふうけい〉 208
言文一致〈げんぶんいっち〉 150
原理〈げんり〉 163
権力〈けんりょく〉 164

こ 頁
公共性〈こうきょうせい〉 184
口語〈こうご〉 158
豪語〈ごうご〉 235
交錯〈こうさく〉 190
嚆矢〈こうし〉 219
構造〈こうぞう〉 162
構造主義〈こうぞうしゅぎ〉 104
拘泥〈こうでい〉 190
公的〈こうてき〉 169
後天的〈こうてんてき〉 217
高慢〈こうまん〉 246
毫も〈ごうも〉 219
功利主義〈こうりしゅぎ〉 196
合理（的・化・性）〈ごうり（てき・か・せい）〉 28
コード 177
小気味よい〈こきみよい〉 252
国学〈こくがく〉 217
国民国家〈こくみんこっか〉 60
沽券に関わる〈こけんにかかわる〉 255
心得顔〈こころえがお〉 238
こざかしい 238
小ざっぱり〈こざっぱり〉 254
個人主義〈こじんしゅぎ〉 48
鼓吹〈こすい〉 235
コスモス（秩序）〈ちつじょ〉 38
コスモロジー 221
姑息〈こそく〉 235
滑稽〈こっけい〉 176
言霊〈ことだま〉 222
小利口〈こりこう〉 238
固陋〈ころう〉 238
権化〈ごんげ〉 218
コンセプト 188
コンセンサス 214
コンテキスト「コンテクスト」 181
コントラスト 212
コンプレックス 201

さ 頁
細君〈さいくん〉 253
錯誤〈さくご〉 182
錯綜〈さくそう〉 186
匙を投げる〈さじをなげる〉 241
サブカルチャー 215
慚愧〈ざんき〉 245
産業革命〈さんぎょうかくめい〉 48
散文〈さんぶん〉 187

し 頁
思惟〈しい〉 191
恣意（的）〈しい（てき）〉 36
ジェンダー 194
自我〈じが〉 172

弛緩〈しかん〉 201
此岸〈しがん〉 219
自虐〈じぎゃく〉 235
時空〈じくう〉 186
忸怩〈じくじ〉 245
自己目的化〈じこもくてきか〉 221
示唆〈しさ〉 167
市場経済〈しじょうけいざい〉 126
私小説〈ししょうせつ〉 210
システム 164
市井〈しせい〉 212
自然〈しぜん〉 162
自然主義〈しぜんしゅぎ〉 150
自堕落〈じだらく〉 233
地団駄を踏む〈じだんだをふむ〉 231
昵懇〈じっこん〉 255
実証〈じっしょう〉 172
実証主義〈じっしょうしゅぎ〉 194
実存主義〈じつぞんしゅぎ〉 90
実体〈じったい〉 169
執拗〈しつよう〉 192
シニフィアン 122
シニフィエ 122
指標〈しひょう〉 182
自負〈じふ〉 187
思慕〈しぼ〉 247
資本主義〈しほんしゅぎ〉 126
シミュレーション 195
市民社会〈しみんしゃかい〉 191
自民族中心主義〈じみんぞくちゅうしんしゅぎ〉 100
自明〈じめい〉 168
社会契約説〈しゃかいけいやくせつ〉 60
社会主義〈しゃかいしゅぎ〉 126
奢侈〈しゃし〉 241
写実主義〈しゃじつしゅぎ〉 150
洒脱〈しゃだつ〉 252
若干〈じゃっかん〉 184
自由意志〈じゆういし〉 130
自由詩〈じゆうし〉 158
蹂躙〈じゅうりん〉 204
シュールレアリスム 222
収斂〈しゅうれん〉 194
主観〈しゅかん〉 12
○○主義〈○○しゅぎ〉 34
殊勝〈しゅしょう〉 230
主体〈しゅたい〉 16
出生前診断〈しゅっしょうぜんしんだん〉 224
受動的〈じゅどうてき〉 173
受容〈じゅよう〉 167
準拠〈じゅんきょ〉 194
殉死〈じゅんし〉 235
逡巡〈しゅんじゅん〉 244
馴致〈じゅんち〉 219
照応〈しょうおう〉 201
昇華〈しょうか〉 198
常軌を逸する〈じょうきをいっする〉 250
小康〈しょうこう〉 253
瀟洒〈しょうしゃ〉 251
情緒〈じょうしょ〉 171
憔悴〈しょうすい〉 254
焦燥〈しょうそう〉 244
象徴〈しょうちょう〉 24
常套句〈じょうとうく〉 206
生得〈しょうとく〉 204
情念(パトス)〈じょうねん〉 183
消費社会〈しょうひしゃかい〉 130
従容〈しょうよう〉 239
逍遥〈しょうよう〉 241
如才ない〈じょさいない〉 234
所産〈しょさん〉 198
所与〈しょよ〉 177
自律〈じりつ〉 40
ジレンマ[ディレンマ] 183
人為〈じんい〉 175
シンギュラリティ 130
呻吟〈しんぎん〉 231
人口に膾炙する〈じんこうにかいしゃする〉 214
辛酸〈しんさん〉 247
真摯〈しんし〉 187
斟酌〈しんしゃく〉 248
人新世〈じんしんせい〉 126
心身二元論〈しんしんにげんろん〉 82
神聖〈しんせい〉 192
身体感覚の伸縮〈しんたいかんかくのしんしゅく〉 96
身体知〈しんたいち〉 96
信憑(性)〈しんぴょう(せい)〉 204
進歩史観〈しんぽしかん〉 52
神妙〈しんみょう〉 229
シンメトリー 219
神話〈しんわ〉 78

す 頁

酔狂〈すいきょう〉 242
垂涎〈すいぜん〉 236
趨勢〈すうせい〉 192

すげない 239
杜撰〈ずさん〉 214
スタティック 199
ステレオタイプ 188
ストイック 230

せ 頁
逝去〈せいきょ〉 219
生-権力〈せい-けんりょく〉 62
生成的〈せいせいてき〉 223
生態系〈せいたいけい〉 142
制度〈せいど〉 163
生物多様性〈せいぶつたようせい〉 142
西洋〈せいよう〉 165
寂寞〈せきばく〉 256
堰を切ったよう〈せきをきったよう〉 254
セクシュアリティ 220
世間〈せけん〉 108
世俗化〈せぞくか〉 48
世俗(化・的)〈せぞく(か・てき)〉 183
世代間倫理〈せだいかんりんり〉 142
節操〈せっそう〉 230
絶対〈ぜったい〉 14
折衷〈せっちゅう〉 212
摂理〈せつり〉 201
背に腹はかえられない〈せにはらはかえられない〉 255
是非〈ぜひ〉 178
是非もない〈ぜひもない〉 256
前衛芸術〈ぜんえいげいじゅつ〉 116
僭越〈せんえつ〉 214
せんかたない 256
潜在〈せんざい〉 168
詮索〈せんさく〉 229
漸次〈ぜんじ〉 212
全体主義〈ぜんたいしゅぎ〉 186
先入観〈せんにゅうかん〉 206
浅薄〈せんぱく〉 194

そ 頁
相関〈そうかん〉 175
総毛立つ〈そうけだつ〉 245
総合〈そうごう〉 163
相殺〈そうさい〉 205
創造〈そうぞう〉 164
相対〈そうたい〉 14
疎外〈そがい〉 126
即物的〈そくぶつてき〉 198
齟齬〈そご〉 198
遡行〈そこう〉 198
措定〈そてい〉 195
尊厳死〈そんげんし〉 221
忖度〈そんたく〉 249

た 頁
体系(的)〈たいけい(てき)〉 164
対峙〈たいじ〉 178
大衆〈たいしゅう〉 166
対称〈たいしょう〉 174
対照〈たいしょう〉 174
対象化〈たいしょうか〉 26
台頭〈たいとう〉 188
ダイナミック 199
大陸合理論〈たいりくごうりろん〉 82
多寡〈たか〉 205
多義(性・的)〈たぎ(せい・てき)〉 189
多元的〈たげんてき〉 179
たしなめる 236
出し抜け〈だしぬけ〉 242
他者〈たしゃ〉 163
惰性〈だせい〉 196
たたずまい 250
多文化主義〈たぶんかしゅぎ〉 100
たむろする 242
他律〈たりつ〉 40
たわいない 252
端緒〈たんしょ〉 189
端的〈たんてき〉 167

ち 頁
知覚〈ちかく〉 168
知己〈ちき〉 205
知見〈ちけん〉 170
知悉〈ちしつ〉 206
知性〈ちせい〉 170
巷〈ちまた〉 206
抽象〈ちゅうしょう〉 10
紐帯〈ちゅうたい〉 220
超〇〇〈ちょう〇〇〉 175
超越(的)〈ちょうえつ(てき)〉 169
鳥瞰〈ちょうかん〉 208
超克〈ちょうこく〉 218
直截〈ちょくせつ〉 209
直線時間〈ちょくせんじかん〉 114
直喩(明喩)〈ちょくゆ(めいゆ)〉 156
直観〈ちょっかん〉 175
直感〈ちょっかん〉 175
沈潜〈ちんせん〉 245
陳腐〈ちんぷ〉 199

つ 頁
追従〈ついしょう〉 199
追体験〈ついたいけん〉 209
通時的〈つうじてき〉 204

通俗的〈つうぞくてき〉 192
通念〈つうねん〉 192
償う〈つぐなう〉 232
つまびらか 223
罪の文化〈つみのぶんか〉 108

て 頁
定型詩〈ていけいし〉 158
定言命法〈ていげんめいほう〉 86
帝国主義〈ていこくしゅぎ〉 180
体裁〈ていさい〉 202
ディスクール 210
デカダンス 220
テクスト 154
デジタル 140
手すさび〈てすさび〉 242
デフォルメ 223
手持ちぶさた〈てもちぶさた〉 251
典型(的)〈てんけい(てき)〉 165

と 頁
当為〈とうい〉 213
投影〈とうえい〉 171
韜晦〈とうかい〉 230
道具的理性〈どうぐてきりせい〉 62
慟哭〈どうこく〉 242
倒錯〈とうさく〉 190
洞察〈どうさつ〉 175
踏襲〈とうしゅう〉 213
陶酔〈とうすい〉 199
淘汰〈とうた〉 213
道徳〈どうとく〉 166
瞠目する〈どうもくする〉 236
トートロジー 215
ドグマ 215
度しがたい〈どしがたい〉 251
年端[年歯]のいかない〈としはのいかない〉 254
取り越し苦労〈とりこしくろう〉 247
とりなす 236
徒労〈とろう〉 230
頓狂〈とんきょう〉 236

な 頁
内在〈ないざい〉 168
内発〈ないはつ〉 202
内面化〈ないめんか〉 192
なおざり 234
就中〈なかんずく〉 220
ナショナリズム 172
なだめすかす 236
生返事〈なまへんじ〉 237
ナルシシズム 220
ナンセンス 202

に 頁
二義的〈にぎてき〉 176
二元論〈にげんろん〉 186
二の足を踏む〈にのあしをふむ〉 239
ニヒリズム 90
ニュアンス 173
ニュートラル 213
如実〈にょじつ〉 193
二律背反〈にりつはいはん〉 214
任意〈にんい〉 196
認識〈にんしき〉 162

ね 頁
捏造〈ねつぞう〉 199
ネット炎上〈ネットえんじょう〉 136
寝耳に水〈ねみみにみず〉 249

の 頁
脳死〈のうし〉 210
能動的〈のうどうてき〉 173
ノスタルジー[郷愁]〈きょうしゅう〉 200

は 頁
バーチャル・リアリティ 216
バイアス 180
媒介〈ばいかい〉 166
媒体〈ばいたい〉 170
背理〈はいり〉 220
薄情〈はくじょう〉 245
漠然〈ばくぜん〉 174
恥の文化〈はじのぶんか〉 108
パターナリズム 146
破綻〈はたん〉 177
跋扈〈ばっこ〉 206
鼻白む〈はなじろむ〉 242
鼻を明かす〈はなをあかす〉 242
パノプティコン 62
羽目を外す〈はめをはずす〉 237
パラダイム 70
パラドックス 180
バリアフリー 221
ハレ 114
反語〈はんご〉 215
反証主義〈はんしょうしゅぎ〉 70
反芻〈はんすう〉 185
氾濫〈はんらん〉 189

ひ 頁
ヒエラルキー[ヒエラルヒー] 202
美学〈びがく〉 179
卑近〈ひきん〉 202
非合理〈ひごうり〉 28

卑小〈ひしょう〉 256
皮相〈ひそう〉 205
卑俗〈ひぞく〉 200
畢竟〈ひっきょう〉 193
必然〈ひつぜん〉 164
皮肉〈ひにく〉 22
比喩〈ひゆ〉 167
剽軽〈ひょうきん〉 257
表象〈ひょうしょう〉 165
標榜〈ひょうぼう〉 195
披瀝〈ひれき〉 232
顰蹙を買う〈ひんしゅくをかう〉 239

ふ 頁

フィードバック 203
フィールドワーク 104
風刺〈ふうし〉 205
風潮〈ふうちょう〉 178
風土〈ふうど〉 178
不易〈ふえき〉 221
フェティシズム 218
フェミニズム 130
敷衍〈ふえん〉 183
俯瞰〈ふかん〉 209
不羈〈ふき〉 243
覆水盆に返らず〈ふくすいぼんにかえらず〉 257
伏線〈ふくせん〉 222
不合理〈ふごうり〉 28
風情〈ふぜい〉 250
不遜〈ふそん〉 228
ぶっきらぼう 231
払拭〈ふっしょく〉 196
物色〈ぶっしょく〉 237
物心二元論〈ぶっしんにげんろん〉 82
仏頂面〈ぶっちょうづら〉 239
侮蔑〈ぶべつ〉 195
普遍〈ふへん〉 18
プライド 244
フラストレーション 246
ブリコラージュ 104
プリミティブ 215
無聊〈ぶりょう〉 249
プロセス 165
プロテスタンティズム 56
文化〈ぶんか〉 100
文化相対主義〈ぶんかそうたいしゅぎ〉 100
文語〈ぶんご〉 158
分析〈ぶんせき〉 163
分節〈ぶんせつ〉 122
文体〈ぶんたい〉 176
分別〈ふんべつ〉 203
憤懣〈ふんまん〉 246
文明〈ぶんめい〉 100

へ 頁

閉口〈へいこう〉 243
ベーシックインカム 224
辟易〈へきえき〉 246
偏屈〈へんくつ〉 239
偏見〈へんけん〉 180
弁証法〈べんしょうほう〉 56

ほ 頁

萌芽〈ほうが〉 189
包括〈ほうかつ〉 181
彷徨〈ほうこう〉 228
咆哮〈ほうこう〉 243
放恣〈ほうし〉 231
放心〈ほうしん〉 244
放逐〈ほうちく〉 207
茫漠〈ぼうばく〉 207
彷彿〈ほうふつ〉 248
方法的懐疑〈ほうほうてきかいぎ〉 82
朴訥〈ぼくとつ〉 240
母語〈ぼご〉 185
保守主義〈ほしゅしゅぎ〉 176
ポストモダン 48
ほぞをかむ 249
没〇〇〈ぼつ〇〇〉 195
牧歌的〈ぼっかてき〉 257
ポピュリズム 210
本質〈ほんしつ〉 162

ま 頁

マイノリティ 182
まがまがしい 250
マクロ 184
マジョリティ 182
マスメディア 136
ままならない 252
蔓延〈まんえん〉 189
まんざらでもない 252

み 頁

ミクロ 184
未曾有〈みぞう〉 209
妙味〈みょうみ〉 250
ミラーニューロン 96
民主主義〈みんしゅしゅぎ〉 167
民俗学〈みんぞくがく〉 104

む 頁

無意識〈むいしき〉 62

無機的〈むきてき〉 30
矛盾〈むじゅん〉 22
無情〈むじょう〉 228
無常観〈むじょうかん〉 114
胸がすく〈むねがすく〉 249
胸をなで下ろす〈むねをなでおろす〉 249

め 頁
名状しがたい〈めいじょうしがたい〉 253
命題〈めいだい〉 171
メカニズム 169
メタ○○ 191
メディア 136
メリトクラシー 224
目[眼]を瞠る〈めをみはる〉 232

も 頁
モード 209
モチーフ 193
モチベーション 215
物心がつく〈ものごころがつく〉 251
物自体〈ものじたい〉 86
ものものしい 251
モラトリアム 221
モラル 195
紋切り型〈もんきりがた〉 200

や 頁
矢面〈やおもて〉 257
やおら 254
やつす 243
野蛮〈やばん〉 193
揶揄〈やゆ〉 205

ゆ 頁
唯物論〈ゆいぶつろん〉 203
有機的〈ゆうきてき〉 30
幽玄〈ゆうげん〉 110
ユートピア 183
ユーモア 191
所以〈ゆえん〉 180
ゆくりなく 257

よ 頁
容赦ない〈ようしゃない〉 228
夭逝〈ようせい〉 237
要素還元主義〈ようそかんげんしゅぎ〉 68
予定説〈よていせつ〉 56
世論〈よろん〉 179

ら 頁
濫用〈らんよう〉 207

り 頁
リアリズム 182
リアリティ 172
理性〈りせい〉 26
律義〈りちぎ〉 228
リテラシー 200
理念〈りねん〉 166
理非〈りひ〉 213
理不尽〈りふじん〉 191
リベラリズム 196
溜飲が下がる〈りゅういんがさがる〉 249
両義(性)〈りょうぎ(せい)〉 179
料簡[了見・了簡]〈りょうけん〉 248
凛々しい〈りりしい〉 240
臨床〈りんしょう〉 210
吝嗇〈りんしょく〉 234

る 頁
類型〈るいけい〉 186
類推〈るいすい〉 187
ルサンチマン 90

れ 頁
歴史的・文化的身体〈れきしてき・ぶんかてきしんたい〉 96
レッテル 196
レトリック 154
憐憫〈れんびん〉 244

ろ 頁
老獪〈ろうかい〉 240
浪漫主義〈ろうまんしゅぎ〉 150
ローカル 181
ロゴス 78
露呈〈ろてい〉 185
論理〈ろんり〉 165

わ 頁
歪曲〈わいきょく〉 209
矮小〈わいしょう〉 200
和魂洋才〈わこんようさい〉 48
侘び〈わび〉 216

My現代文重要語

▼覚えづらい語句をまとめるなど、自分で自由に書き込んで学習に役立てましょう。

001

002

003

004

005

006

007

008

《《《正解

016	015	014	013	012	011	010	009

024	023	022	021	020	019	018	017

032	031	030	029	028	027	026	025

【志望校レベルと本書のレベル対応表】

※主に文系学部（国公立大は前期）のレベル。偏差値は東進模試のデータに基づくおおよその目安です。

難易度	偏差値	志望校レベル 国公立大（例）	志望校レベル 私立大（例）	本書のレベル（目安）
難	～67	東京大，京都大	国際基督教大，慶應義塾大，早稲田大	⑥最上級編
	66～63	一橋大，東京外国語大，国際教養大，筑波大，名古屋大，大阪大，北海道大，東北大，神戸大，東京都立大，大阪公立大	上智大，青山学院大，明治大，立教大，中央大，同志社大	⑤上級編，⑥最上級編
	62～60	お茶の水女子大，横浜国立大，九州大，名古屋市立大，千葉大，京都府立大，奈良女子大，金沢大，信州大，広島大，都留文科大，静岡県立大，奈良県立大	東京理科大，法政大，学習院大，武蔵大，中京大，立命館大，関西大，成蹊大	④中級編，⑤上級編，⑥最上級編
	59～57	茨城大，埼玉大，岡山大，熊本大，新潟大，富山大，静岡大，滋賀大，高崎経済大，長野大，山形大，岐阜大，三重大，和歌山大，島根大，香川大，佐賀大，岩手大，群馬大	津田塾大，関西学院大，獨協大，國學院大，成城大，南山大，武蔵野大，京都女子大，駒澤大，専修大，東洋大，日本女子大	③標準編，④中級編，⑤上級編
	56～55	**共通テスト**，広島市立大，宇都宮大，山口大，徳島大，愛媛大，高知大，長崎大，福井大，新潟県立大，釧路公立大，大分大，鹿児島大，福島大，宮城大，岡山県立大	玉川大，東海大，文教大，立正大，西南学院大，近畿大，東京女子大，日本大，龍谷大，甲南大	②初級編，③標準編，④中級編
	54～51	弘前大，秋田大，琉球大，長崎県立大，名桜大，青森公立大，石川県立大，秋田県立大，富山県立大	亜細亜大，大妻女子大，大正大，国士舘大，東京経済大，名城大，武庫川女子大，福岡大，杏林大，白鴎大，京都産業大，創価大，帝京大，神戸学院大，城西大	①超基礎編，②初級編，③標準編
	50～	北見工業大，室蘭工業大，公立はこだて未来大	大東文化大，追手門学院大，関東学院大，桃山学院大，九州産業大，拓殖大，摂南大，沖縄国際大，札幌大，共立女子短大，大妻女子短大	①超基礎編，②初級編
易	-	一般公立高校（中学レベル）	一般私立高校（中学～高校入門レベル）	①超基礎編

【訂正のお知らせはコチラ】 

本書の内容に万が一誤りがございました場合は、東進 WEB 書店（https://www.toshin.com/books/）の本書ページにて随時お知らせいたしますので、こちらをご確認ください。☞

大学受験　一問一答シリーズ

現代文重要語 一問一答【完全版】

発行日：2024 年 3 月 25 日　初版発行

著　者：**西原剛**

発行者：**永瀬昭幸**

発行所：株式会社ナガセ
〒180-0003　東京都武蔵野市吉祥寺南町 1-29-2
出版事業部（東進ブックス）
TEL：0422-70-7456 ／ FAX：0422-70-7457
www.toshin.com/books（東進WEB書店）
（本書を含む東進ブックスの最新情報は、東進WEB書店をご覧ください）

編集担当：山村帆南

編集主幹：湯本実果里
校正・制作協力：松本六花　木下千尋　吉田美涼
カバーデザイン：LIGHTNING
本文イラスト：山村帆南
本文デザイン：東進ブックス編集部
印刷・製本：シナノ印刷株式会社

※落丁・乱丁本は着払いにて小社出版事業部宛にお送りください。新本におとりかえいたします。但し、古書店で本書を購入されている場合は、おとりかえできません。なお、赤シート等のおとりかえはご容赦ください。

ISBN978-4-89085-954-2　C7381

合格の秘訣1

全国屈指の実力講師陣

東進の実力講師陣 数多くのベストセラー参考書を執筆!!

東進ハイスクール・東進衛星予備校では、そうそうたる講師陣が君を熱く指導する!

本気で実力をつけたいと思うなら、やはり根本から理解させてくれる一流講師の授業を受けることが大切です。東進の講師は、日本全国から選りすぐられた大学受験のプロフェッショナル。何万人もの受験生を志望校合格へ導いてきたエキスパート達です。

英語

雑誌『TIME』やベストセラーの翻訳も手掛け、英語界でその名を馳せる実力講師。

宮崎 尊先生 [英語]

爆笑と感動の世界へようこそ。「スーパー速読法」で難解な長文も速読即解!

渡辺 勝彦先生 [英語]

100万人を魅了した予備校界のカリスマ。抱腹絶倒の名講義を見逃すな!

今井 宏先生 [英語]

本物の英語力をとことん楽しく!日本の英語教育をリードするMr.4Skills.

安河内 哲也先生 [英語]

関西の実力講師が、全国の東進生に「わかる」感動を伝授。

慎 一之先生 [英語]

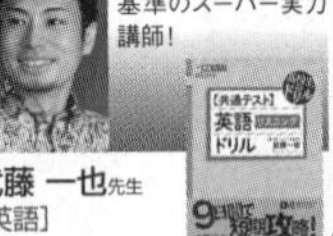

全世界の上位5%(PassA)に輝く、世界基準のスーパー実力講師!

武藤 一也先生 [英語]

いつのまにか英語を得意科目にしてしまう、情熱あふれる絶品授業!

大岩 秀樹先生 [英語]

数学

予備校界を代表する講師による魔法のような感動講義を東進で!

河合 正人先生 [数学]

「ワカル」を「デキル」に変える新しい数学は、君の思考力を刺激し、数学のイメージを覆す!

松田 聡平先生 [数学]

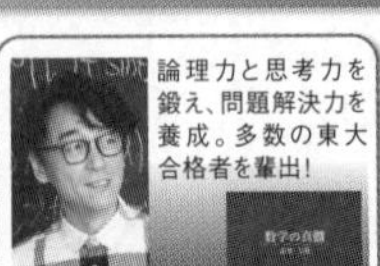

論理力と思考力を鍛え、問題解決力を養成。多数の東大合格者を輩出!

青木 純二先生 [数学]

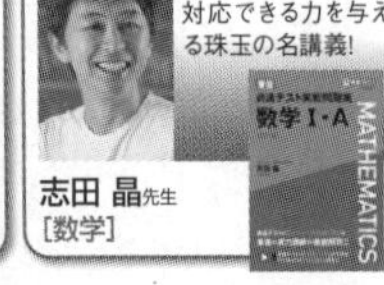

数学を本質から理解し、あらゆる問題に対応できる力を与える珠玉の名講義!

志田 晶先生 [数学]

国語

ビジュアル解説で古文を簡単明快に解き明かす実力講師。

富井 健二先生
［古文］

東大・難関大志望者から絶大なる信頼を得る本質の指導を追究。

栗原 隆先生
［古文］

明快な構造板書と豊富な具体例で必ず君を納得させる！「本物」を伝える現代文の新鋭。

西原 剛先生
［現代文］

「脱・字面読み」トレーニングで、「読む力」を根本から改革する！

輿水 淳一先生
［現代文］

文章で自分を表現できれば、受験も人生も成功できますよ。「笑顔と努力」で合格を！

石関 直子先生
［小論文］

幅広い教養と明解な具体例を駆使した緩急自在の講義。漢文が身近になる！

寺師 貴憲先生
［漢文］

縦横無尽な知識に裏打ちされた立体的な授業に、グングン引き込まれる！

三羽 邦美先生
［古文・漢文］

理科

「いきもの」をこよなく愛する心が君の探究心を引き出す！生物の達人。

飯田 高明先生
［生物］

「なぜ」をとことん追究し「規則性」「法則性」が見えてくる大人気の授業！

立脇 香奈先生
［化学］

化学現象を疑い化学全体を見通す"伝説の講義"は東大理三合格者も絶賛。

鎌田 真彰先生
［化学］

正しい道具の使い方で、難問が驚くほどシンプルに見えてくる！

宮内 舞子先生
［物理］

地歴公民

世界史を「暗記」科目だなんて言わせない。正しく理解すれば必ず伸びることを一緒に体感しよう。

加藤 和樹先生
［世界史］

"受験世界史に荒巻あり"と言われる超実力人気講師！世界史の醍醐味を。

荒巻 豊志先生
［世界史］

つねに生徒と同じ目線に立って、入試問題に対する的確な思考法を教えてくれる。

井之上 勇 先生
［日本史］

歴史の本質に迫る授業と、入試頻出の「表解板書」で圧倒的な信頼を得る！

金谷 俊一郎先生
［日本史］

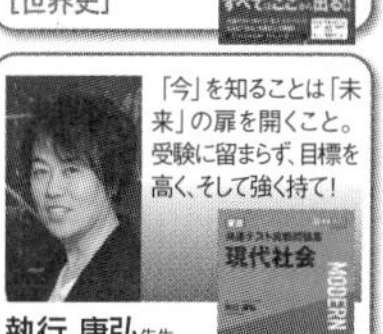

「今」を知ることは「未来」の扉を開くこと。受験に留まらず、目標を高く、そして強く持て！

執行 康弘先生
［公民］

政治と経済のメカニズムを論理的に解明しながら、入試頻出ポイントを明確に示す。

清水 雅博先生
［公民］

わかりやすい図解と統計の説明に定評。

山岡 信幸先生
［地理］

どんな複雑な歴史も難問も、シンプルな解説で本質から徹底理解できる。

清水 裕子先生
［世界史］

合格の秘訣2 基礎から志望校対策まで合格に必要なすべてを網羅した

学習システム

映像によるIT授業を駆使した最先端の勉強法

高速学習

一人ひとりのレベル・目標にぴったりの授業

東進はすべての授業を映像化しています。その数およそ1万種類。これらの授業を個別に受講できるので、一人ひとりのレベル・目標に合った学習が可能です。1.5倍速受講ができるほか自宅からも受講できるので、今までにない効率的な学習が実現します。

1年分の授業を最短2週間から1カ月で受講

従来の予備校は、毎週1回の授業。一方、東進の高速学習なら毎日受講することができます。だから、1年分の授業も最短2週間から1カ月程度で修了可能。先取り学習や苦手科目の克服、勉強と部活との両立も実現できます。

現役合格者の声

東京大学 文科一類
早坂 美玖さん
東京都 私立 女子学院高校卒

私は基礎に不安があり、自分に合ったレベルから対策ができる東進を選びました。東進では、担任の先生との面談が頻繁にあり、その都度、学習計画について相談できるので、目標が立てやすかったです。

先取りカリキュラム

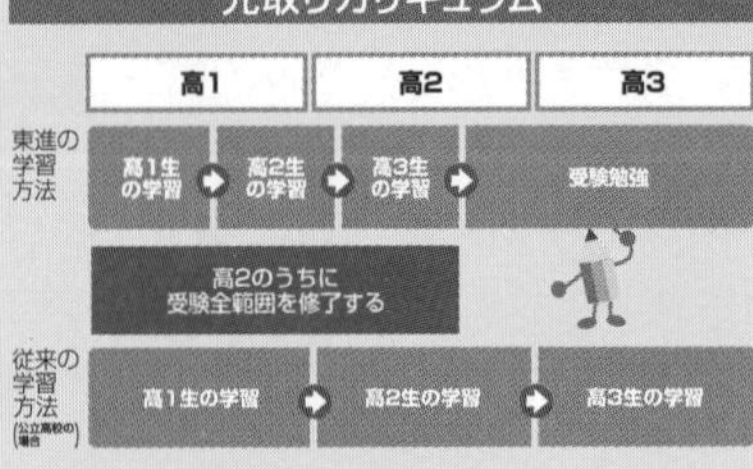

目標まで一歩ずつ確実に

スモールステップ・パーフェクトマスター

自分にぴったりのレベルから学べる 習ったことを確実に身につける

高校入門から最難関大までの12段階から自分に合ったレベルを選ぶことが可能です。「簡単すぎる」「難しすぎる」といったことがなく、志望校へ最短距離で進みます。

授業後すぐに確認テストを行い内容が身についたかを確認し、合格したら次の授業に進むので、わからない部分を残すことはありません。短期集中で徹底理解をくり返し、学力を高めます。

現役合格者の声

東北大学 工学部
関 響希くん
千葉県立 船橋高校卒

受験勉強において一番大切なことは、基礎を大切にすることだと学びました。「確認テスト」や「講座修了判定テスト」といった東進のシステムは基礎を定着させるうえでとても役立ちました。

パーフェクトマスターのしくみ

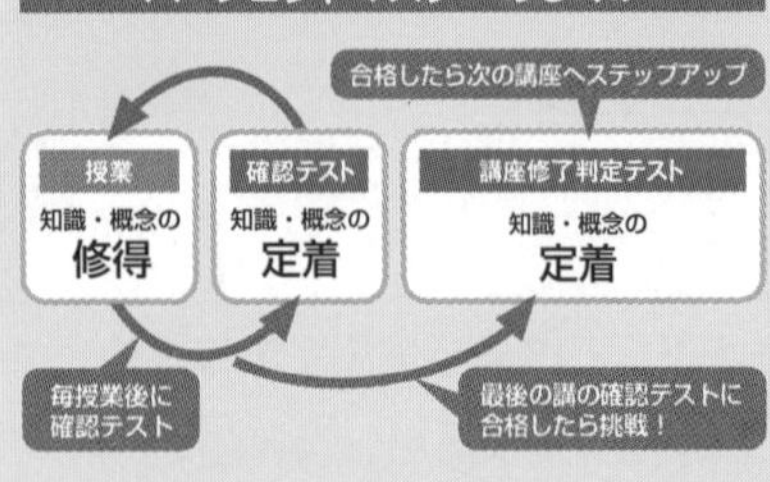

徹底的に学力の土台を固める

高速マスター基礎力養成講座

高速マスター基礎力養成講座は「知識」と「トレーニング」の両面から、効率的に短期間で基礎学力を徹底的に身につけるための講座です。英単語をはじめとして、数学や国語の基礎項目も効率よく学習できます。オンラインで利用できるため、校舎だけでなく、スマートフォンアプリで学習することも可能です。

現役合格者の声

早稲田大学 基幹理工学部
曽根原 和奏さん
東京都立 立川国際中等教育学校卒

演劇部の部長と両立させながら受験勉強をスタートさせました。「高速マスター基礎力養成講座」はオススメです。特に英単語は、高3になる春までに完成させたことで、その後の英語力の自信になりました。

東進公式スマートフォンアプリ

東進式マスター登場！

スマートフォンアプリでスキマ時間も徹底活用！

（英単語／英熟語／英文法／基本例文）

1）スモールステップ・パーフェクトマスター！

頻出度（重要度）の高い英単語から始め、1つのSTAGE（計100語）を完全修得すると次のSTAGEに進めるようになります。

2）自分の英単語力が一目でわかる！

トップ画面に「修得語数・修得率」をメーター表示。自分が今何語修得しているのか、どこを優先的に学習すべきなのか一目でわかります。

3）「覚えていない単語」だけを集中攻略できる！

未修得の単語、または「My単語（自分でチェック登録した単語）」だけをテストする出題設定が可能です。すでに覚えている単語を何度も学習するような無駄を省き、効率良く単語力を高めることができます。

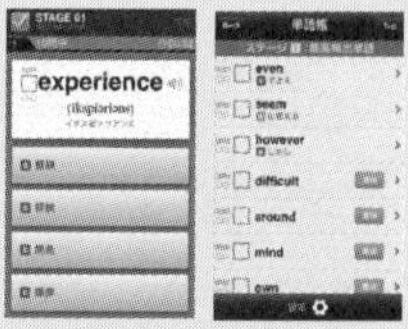

共通テスト対応 英単語1800
共通テスト対応 英熟語750
英文法 750
英語基本 例文300

「共通テスト対応英単語1800」
2023年共通テストカバー率99.8%！

君の合格力を徹底的に高める

志望校対策

第一志望校突破のために、志望校対策にどこよりもこだわり、合格力を徹底的に極める質・量ともに抜群の学習システムを提供します。従来からの「過去問演習講座」に加え、AIを活用した「志望校別単元ジャンル演習講座」、「第一志望校対策演習講座」で合格力を飛躍的に高めます。東進が持つ大学受験に関するビッグデータをもとに、個別対応の演習プログラムを実現しました。限られた時間の中で、君の得点力を最大化します。

現役合格者の声

京都大学 法学部
山田 悠雅くん
神奈川県 私立 浅野高校卒

「過去問演習講座」には解説授業や添削指導があるので、とても復習がしやすかったです。「志望校別単元ジャンル演習講座」では、志望校の類似問題をたくさん演習できるので、これで力がついたと感じています。

志望校合格に向けた最後の切り札

第一志望校対策演習講座

第一志望校の総合演習に特化し、大学が求める解答力を身につけていきます。対応大学は校舎にお問い合わせください。

東進×AIでかつてない志望校対策

志望校別単元ジャンル演習講座

過去問演習講座の実施状況や、東進模試の結果など、東進で活用したすべての学習履歴をAIが総合的に分析。学習の優先順位をつけ、志望校別に「必勝必達演習セット」として十分な演習問題を提供します。問題は東進が分析した、大学入試問題の膨大なデータベースから提供されます。苦手を克服し、一人ひとりに適切な志望校対策を実現する日本初の学習システムです。

大学受験に必須の演習

過去問演習講座

1. 最大10年分の徹底演習
2. 厳正な採点、添削指導
3. 5日以内のスピード返却
4. 再添削指導で着実に得点力強化
5. 実力講師陣による解説授業

東進で勉強したいが、近くに校舎がない君は…

東進ハイスクール **在宅受講コースへ**

「遠くて東進の校舎に通えない……」。そんな君も大丈夫！ 在宅受講コースなら自宅のパソコンを使って勉強できます。ご希望の方には、在宅受講コースのパンフレットをお送りいたします。お電話にてご連絡ください。学習・進路相談も随時可能です。

0120-531-104

2023年 東進現役合格実績
難関大グループ 現役合格 史上最高続出！

東大 現役合格 実績日本一[※1] 5年連続800名超！

※1 2022年の東大現役合格実績を公表している予備校の中で東進の853名が最大（2022年JDnet調べ）。

東大 845名

文科一類	121名	理科一類	311名
文科二類	111名	理科二類	126名
文科三類	107名	理科三類	38名
		学校推薦	31名

現役合格者の36.9%が東進生!

東進生現役占有率 845/2,284 **36.9%**

全現役合格者(前期+推薦)に占める東進生の割合

2023年の東大全体の現役合格者は2,284名。東進の現役合格者は845名。東進生の占有率は36.9%。現役合格者の2.8人に1人が東進生です。

学校推薦型選抜も東進!

東大 31名 推薦入試での東進生現役占有率 36.4%

現役推薦合格者の36.4%が東進生!

法学部	5名	薬学部	1名
経済学部	3名	医学部医学科の75.0%が東進生!	
文学部	1名		
教養学部	2名	医学部医学科	3名
工学部	10名	医学部健康総合科学科	1名
理学部	3名		
農学部	2名		

医学部も東進 日本一[※2]の実績を更新!!

※2 2022年の国公立医・医現役合格実績を公表している予備校の中で東進の1,032名が最大（2022年JDnet調べ）

国公立医・医 1,064名 昨対+32名

2023年の国公立医学部医学科全体の現役合格者は未公表のため、仮に昨年の現役合格者数(推定)を分母として東進生占有率を算出すると、東進生の占有率は29.4%。現役合格者の3.4人に1人が東進生です。

東進生現役占有率 29.4%

早慶 5,741名 昨対+63名

早稲田大 3,523名　慶應義塾大 2,218名

上理 4,687名 昨対+394名

上智大 1,739名
東京理科大 2,948名

明青立法中 17,520名 昨対+492名

明治大 5,294名　中央大 2,905名
青山学院大 2,216名
立教大 2,912名
法政大 4,193名

関関同立 13,655名 昨対+1,022名

関西学院大 2,861名
関西大 2,918名
同志社大 3,178名
立命館大 4,698名

私立医・医 727名 昨対+101名

604名 / 626名 / 727名 史上最高! '21 '22 '23

日東駒専 10,945名 昨対+934名 史上最高!

産近甲龍 6,217名 昨対+132名 史上最高!

国公立大 17,154名 昨対+652名

旧七帝大＋東工大・一橋大・神戸大 4,703名 昨対+91名

東京大	845名
京都大	472名
北海道大	468名
東北大	417名
名古屋大	436名
大阪大	617名
九州大	507名
東京工業大	198名
一橋大	195名
神戸大	548名

国公立 総合・学校推薦型選抜も東進!

国公立医・医 318名 昨対+16名

旧七帝大＋東工大・一橋大・神戸大 446名 昨対+31名

東京大	31名
京都大	16名
北海道大	13名
東北大	120名
名古屋大	92名
大阪大	59名
九州大	41名
東京工業大	25名
一橋大	7名
神戸大	42名

ウェブサイトでもっと詳しく
東進　検索

2023年3月31日締切

各大学の合格実績は、東進ネットワーク（東進ハイスクール、東進衛星予備校、早稲田塾）の現役生のみ、高3時在籍者のみの合同実績です。一人で複数合格した場合は、それぞれの合格者数に計上しています。

※2023年4月現在